Peter Rabins

The Why of Things

Causality in Science, Medicine, and Life

物事のなぜ

原因を探る道に正解はあるか

ピーター・ラビンズ

訳 依田光江

英治出版

我が師に捧げる

ドナルド・ギャラント

ポール・マクヒュー

フィリップ・スラヴニー

マーシャル・フォルスタイン

THE WHY OF THINGS
Causality in Science, Medicine, and Life

by Peter Rabins

This Japanese edition is a complete translation of the U.S. edition
specially authorized by the original publisher,
Columbia University Press, New York
through Tuttle-Mori Agency, Inc., Tokyo

物事のなぜ

▼

目次

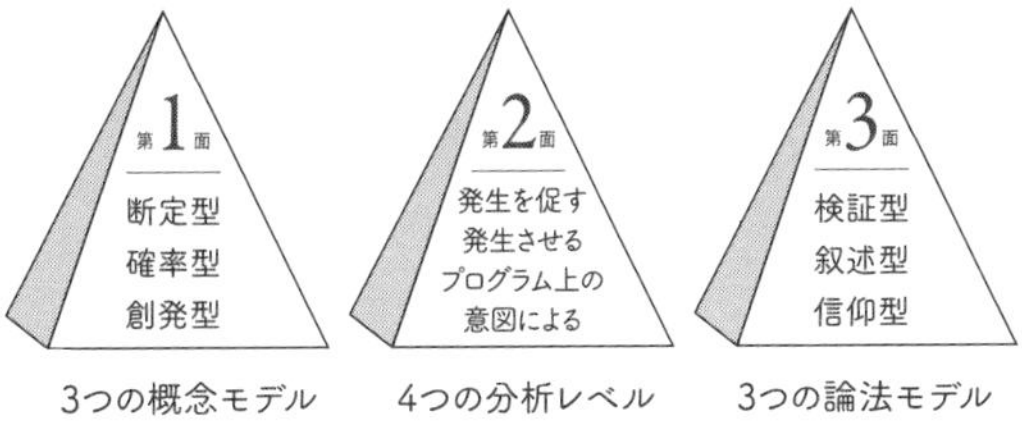

第1面
断定型
確率型
創発型
3つの概念モデル
第2面
発生を促す
発生させる
プログラム上の
意図による
4つの分析レベル
第3面
検証型
叙述型
信仰型
3つの論法モデル

凡例

- 原文の段落は、読みやすさを考慮して、適宜、改行した
- 「」に関しては、参考文献からの引用以外にも、読みやすさの観点から、適宜、追加した
- ［］内は、訳注
- 人名表記は、一般的なものに従いつつ、原音表記にしたがったものもある
- 未邦訳の書名は本文中に原題を併記した

物事のなぜ

原因を探る道に正解はあるか

はじめに

物事の「なぜ」を知るまで人は納得しない
――アリストテレス

二〇一一年三月一一日、日本の東北地域沿岸に立つ福島第一原子力発電所を津波が襲った。その四〇分前、沖合海域を震源とする地震によって、原子炉は設計どおりに緊急停止していた。だが、その後の津波が予備電源を破壊したために、原子炉の冷却に必要な電源が失われてしまう。原子炉六基のうち三基にメルトダウンが発生し、大規模な放射性物質の放出を引き起こした。

この大惨事を招いた原因は何だったのか。簡単に言ってしまえば、地震と津波だろう。しかし、専門家による検証では、「技術および組織上の脆弱《ぜいじゃく》さ」が指摘されていた。たとえば、発電所と電力会社内での指揮系統の弱さや、原子力発電所の運営・監督基準に、現場の自主性に任される部分があった点などだ。さらに、設計の落ち度を指摘する声もあった。たとえば、電源喪失が長期化した場合に備えて、冷却機能を維持する仕組みを用意しておかなかったことや、そもそも一か所にこれほど多くの原子炉を設けたこと自体、間違っていたのではないか。

この事故から三二年前の一九七九年三月、米国ペンシルベニア州のスリーマイル島で原子力発電所の重大事故が発生した。安全弁が開いたままとなったことをきっかけに、次々と異常が重なり、原子炉が危機に陥った。

社会学者のチャールズ・ペローは、スリーマイル島の原発事故を扱った著書『起こるべくして起こる事故（*Normal Accidents*）』のなかで、原子力発電所をはじめとする現代の高度な工業施設は、あまりにも複雑で、破滅的な事態は不可避だと述べ、今後も、こうした事故がおそらくは一〇年に一度くらいは起こるだろうと予測した（実際に、その後三二年のうちにチェルノブイリと福島の事故が起こっている）。

ペローがあげたスリーマイル島の事故の原因は多岐にわたる。発電所のさまざまな要素が互いに、しかも多重に絡み合っていたことや、設計や経営、行政による許認可、財務、災害対策などに携わる多くの部署が、事故の原因になりうるものすべてを予測することは人間にはできないということを認めたがらなかった事実――つまりは、人の傲慢《ごうまん》さも原因のひとつであった。

私は三五年以上、精神科医として働いてきた。仕事中に、「原因」についての質問をよく受ける。

「なぜ私は、うつになったんですか。何がいけなかったんですか。どうすればよかったんですか。ひょっとして、子どものころの経験のせいですか」

「母親がうつ病だったんです。これは遺伝ですか」
「神様の罰でしょうか」
「最後は離れていくような人と、なぜ私は友達になってしまうんですか」
「なぜ私は、上司と揉めては仕事を辞めてしまうのですか」

こうした質問を受けつづけたので、私はこの本を書こうと思い立った。「なぜ」という質問は自然で重要なことのように聞こえるし、たいていの人は答えがあるはずだと思っている。だが、「福島やスリーマイル島の事故はなぜ起こったのか」「なぜ人は、うつ状態になるのか」といった問いへの答えは、多くの因子が絡み、とても一言で言えるようなものではない。

安全弁が開きっぱなしになるとか、多重系統の製造プラントに内在する複雑性とか、そうした複雑なシステムを運転する際に起こりうる誤動作や危険な現象をすべて予測することは人間には不可能という現実など、さまざまに異なる因子をどうやってひとまとめに考察すればいいのだろう。

似たような成育歴や経験を持っていても、うつ状態になる人とならない人がいるとき、「遺伝」や「幼児期の体験」や「その人がいま置かれている環境」は、原因として、どう捉えればいいのか。手始めに、どれをどう選べばいいのだろう。答えが正しいかどうかを判定するルールや基準は何なのか。いや、そもそも基準など存在するのか。正しい答えを判定する方法がないなら、答えを探すのは不可能ではないか。

本書では、ひとつの事象が多くの要素から成っているとする多元的なアプローチを提案する。個々の問いには最良のアプローチがあると想定し、その問いに答えるのに最適な方法、あるいは答えを探索するのに最適なアプローチの組み合わせ方を決めるのは、あなた自身だという立場をとる。本書では、三つの面からなる因果性のモデルを提示していく。ここで概要を説明しておこう。

▼第一面は、因果関係の論理を表す三つの**概念モデル**からなる。

①**断定型**……イエスかノーかが明確なモデル。スリーマイル島の開きっぱなしの安全弁はこれにあたる。

②**確率型**……イエス・ノーを断じるのではなく、段階のあるモデル。たとえば、うつ状態の進行に遺伝が及ぼすリスクの程度は、これにあたると考えられる。

③**創発型**……中程度か重度のストレス要因が長くつづいたあとに、比較的小さなストレスでうつ病が発症することがあるが、これは原因と結果が直線的に対応しない、創発型の例である。

▼第二面は、四つの**分析レベル**を示すものだ。原因を四つに分ける考え方は、二四〇〇年前、すでにアリストテレスが唱えていた。スリーマイル島や福島を例にとると、次のようになる。

①**発生を促す原因**……作業員の訓練不足と監督体制の不十分さ。
②**発生させる原因**……津波。
③**プログラム上の原因**……緻密に入り組んで作用する原子力発電所の構成要素に元からあった複雑性。
④**意図による原因**……能力の不完全さを認めない、人の傲慢さ。

▼第三面は、原因の情報を得るための三つの**論法**を表す。

①**検証型**……科学的な手法を通じて、たとえば、うつ病の発生率の高い家系には、その構成員に遺伝的変異体が多く見られると断定する手法。
②**叙述型**……特定のストレス要因が誰かには作用し、別の誰かには作用しないことを論じるときに、それぞれの人生というような物語の関連性から議論を補強する手法。
③**信仰型**……そのおこないが、信仰や信条など、長いあいだ自分がよりどころとしてきたものに反していたからだとする考え方。

以上の三つの面を三角錐《すい》で表すと、左頁の図のようになる。この三角錐には、本書のアプローチの重要な要素が浮かびあがる。第一に、三つの面は完全に分離してはおらず、状況に応じて組み合わせて用いることができる（また、そうすべきである）こと。第二に、三つの面は階層構造にはなっていないこと。

三面モデルは複雑である。手に負えない印象を持つ読者もいるかもしれないが、三面モデルというアプローチを読者に納得してもらうことが本書の目的である。このモデルに行き着いたのは、物事の原因を特定しようとすれば、どうしても立ち向かわなければならない大きな課題が三つあったからだ。

①「原因」には、唯一の定義がないこと。
②原因をどう理解するかは、時間の経過によっても、また属する文化によっても変わること。
③原因や因果という概念の存在を、誰も「証明」できないこと。

そこで本書は、**原因は存在し**、**因果関係は発見でき**、**確認できる**という**前提**に立っている。あくまでも前提として述べなければならないのは、証明できないからだけでなく、反証もできないからである。高名な学者や思想家のなかには、原因とは、毎日の会話や、応用化学、論理的

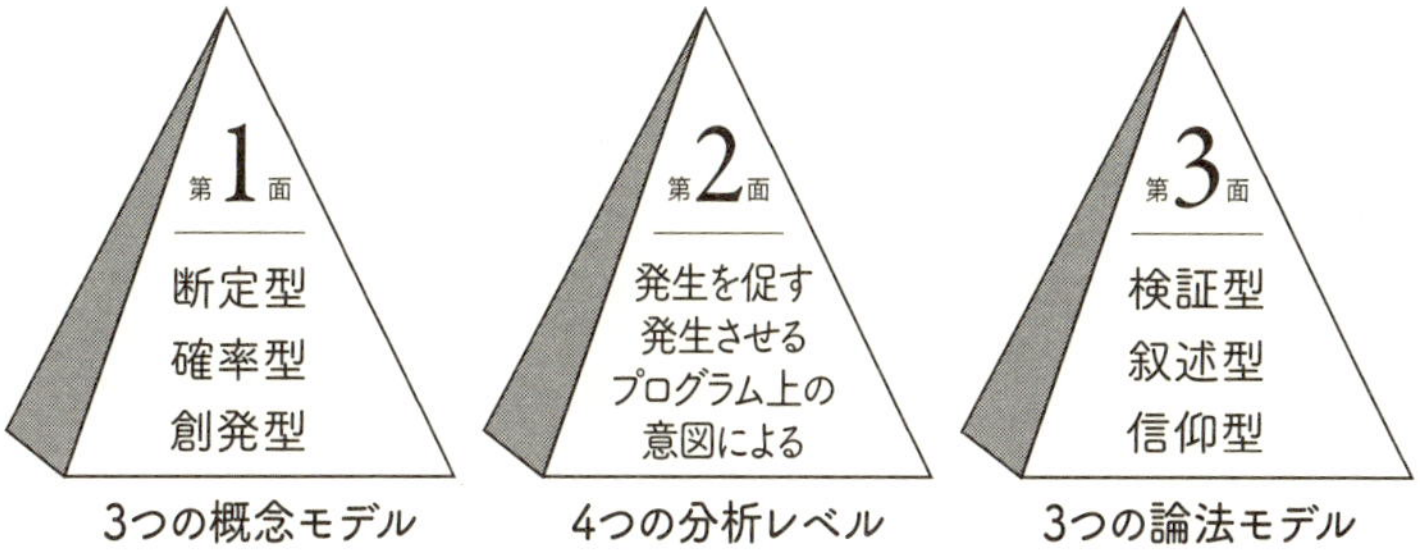

思考や宗教の場以外では意味を持たない、単なる便宜的な概念にすぎないと唱える人もいるほどである。また、文化の違いによって因果関係の捉え方も大きく変わることを引き合いに出し、因果関係とは、正当な、あるいは万人に共通の構図ではなく、単なる約束ごとだと主張する人もいる。

さらに厄介なのは、「物事のなぜ」の決め方やその定義が定まっていないことである。原因を特定する正しい方法や最適な方法がないのに、原因は存在し、正確に特定できると言えるのだろうか。原因を追究するための最良の方法が見つかる場合もある、と言ってよいのだろうか。こうした問いの答えが明らかになるのは、「原因の定義」と「原因という概念が進化してきた歴史」と「原因を特定するための方法の確立」の三つが一体化したときだと考えている。本書で述べる多元的モデルは、こうした三つの問題を融合させたところに構築したものである。本書では、さまざまな例を通じて、答えを見つけるのに特定の方法やモデルが適しているかどうかで問いを分類していく。同時に、そうした特定の方法やモデルの強みと限界も明らかにする。ただし、例を通じて一般原則をつかもうとする試みは、往々にして、現実世界の出来事を過剰に単純化しがちであることも知っておかなければならない。読者の皆さんは、本書の内容に健全な疑いを持ってほしい。そして、掲載されている例を、ここでの議論に妥当性があるかどうかの確認に使ってほしい。

第1章

歴史から学ぶ

因果性の四つのアプローチ

物事は、それを生み出す原因なしには起こりえない。

——ピエール゠シモン・ラプラス

［フランスの自然科学者。一八二七年没］

因果関係という概念は、私たちの生活に深く入り込んでいる。本当は土台からしてかなり複雑なのだが、それには気も留めず、私たちは日々、ささいなことから大事に至るまで、その原因について考えたり、話し合ったり、探ったりしている。

「なぜ、あそこでつまずいたんだ?」

「あの自動車事故は、どうして起こったの?」

「きょうの天気がこうなった理由は?」
「他の人より幸せな人がいるのは、どうしてだろう?」
「〈誰でもかかる病気〉にかからない人がいるのは、なぜ?」
「貧困は、景気循環は、薬物乱用は、悪事は、なぜ起こるのか?」
「宇宙は、どうやってできたの?」

こうした質問に完璧に答えることが本書の目的ではない。そもそも、できはしない。本書が目指すのは、こうした質問に答える**アプローチ**を示すことだ。

まずは「原因」ということばが表す意味を知るところから始めよう。「原因」の背後にあるものを正しく理解すれば、探究の道筋や見つけるべきものがはっきりしてくる。解決される論争もあるだろう。ここで言うアプローチとは、遠く古代ギリシャから受け継がれてきた「人の思考こそが英知の源」という前提を指している。

私たちがいつも口にする「原因」の意味を明確にするのはむずかしい。誰もが、ひんぱんに「なぜ」と問う――幼児だろうが成人だろうが、あるいは歴史家、遺伝学者、聖職者、倫理学者といった各分野の偉大な思索者たちも、「原因」の意味をずっと考えてきた。

「因果性とは何を意味するのか」を考察するにあたり、まず、歴史を振り返りながら、主な思想を概観していこう。現在の概念がいかに形成されてきたかを知ることで、「原因」について考えるときに誰もが直面する難問について明らかにしておきたい。

ただし、歴史を振り返るといっても、過去の思想や概念が「順を追って生まれてきた」とか「直線的に進化してきた」と言いたいのではない。ここで紹介する概念の多くは、世界のさまざまな地域で独自に育まれ、何世紀も経ってから別の地域に伝わったものだ。つまり、東洋と西洋では時代も異なり、相互に影響しあうことがなかったにもかかわらず、因果性について似たような発想が生まれ、発展してきたことからも見てとれる。

歴史をたどりながら考えるアプローチには利点がある。まったく違う思想を並べて考察するための枠組みが見つかるし、因果性という概念が時代とともにどう変化してきたかを見ることもできる。さらに重要なのは、有史以来、因果性の概念がどのように進展してきたかを追うことで、人類がどれほど長きにわたってこの問題と格闘してきたかを知り、この問題を完全に解明することがいかに困難かを実感できることだ。

歴史を振り返れば、いま私たちが頭に描いている因果性の概念が、数千年前に生まれて発展してきたさまざまな思想のブレンドであることもわかる。つまり、多くの集団や文化のなかで、長い時間をかけて変遷してきた思想から抽出されたものなのだ。

この章では、すべての思想を紹介することはできないが、よく議論にのぼり、検討に値するものを中心に見ていくことにしよう。

太古から始まった探究

因果性という概念が人類にとってどれほど重要だったかは、最古の記録——たとえば、シュメール人が楔形《くさび》文字を刻んだ五〇〇〇年前の粘土板にも、エジプト人による三五〇〇年前のパピルス紙にも見てとれる。そこには、いかなる力、いかなる存在によって世界が創造されたのかが記されている。ヒンドゥー教の『リグ・ヴェーダ』やユダヤ教の『タナハ』のような古代宗教書や『旧約聖書』も同じだ。こうした古代の書物は、目の前で起きている事象に、始まりの力あるいは存在がどのように影響しているのか、そのつながりも示している。

宇宙がいまの姿になったそもそもの原因を問うことは、現在、宗教界だけでなく、科学界にとってもきわめて重大なテーマである。現在の物理的宇宙の出現を、始まりの瞬間に起きた事象に関連づけて説明するビッグバン理論や、地球は一種の生命体であって、何かの要素に変化が生じれば別の要素で調整して全体の均衡を保つとする汎神論的なガイア理論など、さまざまな科学的仮説が日々、研究されている。つまり現代において、ある事象の始まりが超自然的な何かだとする考え方は、すべてとは言わないまでも多くの文化圏で見られ、因果性の概念を追究するためには避けて通ることができない。

「人間」が事象の原因になりうるという考えも、数千年にわたって洋の東西に存在した——もちろん、誰もがその考え方で因果性を概念化したとは証明できないが。ヒンドゥー教のカルマ

（業）という概念では、行為の責任は個人にあり、何に生まれ変わるかは、その人が過去に選択した結果だとする。つまり、原因の作用因子《エージェント》は個人だという立場に立つ。現存する最古の法典のひとつハムラビ法典［紀元前一七五〇年ごろ］でも、行為の責任は、その個人にあるとしている。聖書のアダムとイヴ、ノアの大洪水、十戒の説話も同じだ。こうした古代の文書から得られる重要な知見とは何か。それは、大昔から人の思考の中心をなしてきた「因果性の作用因子《エージェント》」という概念である。

▼プラトンのイデア論

モーセの時代から数百年後、ギリシャ人は「分析的思考が知識の源だ」とする西洋の思考様式をつくりあげた。古代ギリシャの哲学者デモクリトス［紀元前四〇〇年ごろ］は、「事象は最終的には単一の原因を持つ」と考えた。その一方で、因果性はときに非常に複雑であり、人が観察したり発見したりするのが困難な場合が多いとも述べている。

ほぼ同じ時期にプラトンは、椅子のような「物体」と、原因のような「概念」は、どちらもイデアとして存在し、そのイデアに照応させることで、現実の「椅子」も「原因」も、測定したり比較したりすることが可能だと唱えた。プラトンのイデアは、実際の事象を照らして測定する理想的なモデル、すなわち「模範」である。これは、人が生まれながらに持っているアプローチであることが、近年の認知神経科学の実験で明らかにされつつある。イデアには、本書に繰り返し登場する二つのテーマが内在する。

①いったん特定した基準に、完全に到達するのは不可能でも、近づくことはできるということ。
②イデアは、現実のなかだけでなく、抽象世界にも同じように存在すること。

プラトンは、こうした概念を、原因の研究につかうことはなかった。それでもイデアは、本書で取りあげるアプローチを支えてくれる。すなわち、よいものを取り入れ、有用性のなくなったものを捨て去ることで、かぎりなく理想に近い因果性のモデルを構築できるというアプローチだ。プラトン哲学によって、因果性という概念はより深まり、微妙なニュアンスが加味された。完全かつ普遍の定義には到達しえないという認識とあわせ、本書ではプラトンの発想を考察に盛り込んでいく。

▼アリストテレスの四つの分析

プラトンの弟子だったアリストテレスは、原因と結果の多元モデルを提案した。このモデルは、原因を複数の分析レベルに存在するものとする。表1に、アリストテレスが特定した因果性の四つのレベルと、私が新しい用語で言い換えたもの、さらにアリストテレスの著作でよく見られる例を示した。アリストテレスが「原因」に込めた意味は、私たちがいま使っている意味とは異なるが、考え方はいまでも通用する。アリストテレスはブロンズ像を例にし、その「原因」をこう説明した。

質料因（発生を促す原因）……青銅の材料と、人の肉体を細かく表現するのに適した材料の配合比率。

始動因（発生させる原因）……彫る職人と、その職人が発揮する技量。

形相因（プログラム上の原因）……理想の肉体と、それを理想的に表現するという概念。

目的因（意図による原因）……理想の肉体を称賛するとか、神の被造物を称えるなど、像を存在させる目的。

表1：アリストテレスによる原因のモデル

アリストテレスの用語	新しい用語での言い換え	定義	ゼウスのブロンズ像における原因
質料因	発生を促す原因	●本来備わっている ●元からあった	強度があり、鍛造できる青銅
始動因	発生させる原因	●起動する ●誘発する	彫刻家
形相因	プログラム上の原因	●体系的 ●相互作用に関わる	理想の肉体美
目的因	意図による原因	●理由 ●目的	精神の高揚と称賛

「像の原因は何か」という疑問は明らかに「何が像を存在させたか」と問うことだが、これは因果性のひとつの面にすぎない。現代の私たちは「像の原因」に大きな関心を寄せるわけではないが、アリストテレスの多元モデルは、その複雑さにもかかわらず、二〇〇〇年にもわたって私たちの思考に甚大な影響を与えてきた。たとえば、トマス・アクィナス〔一二二五～七四年〕が神学の観点から「原因」を論じたとき、アクィナスは、アリストテレスの四つのレベルのそれぞれで神を作用主として概念化した。

科学的手法の出現と発展により、この四〇〇年のあいだに、原因を概念化し、因果性を実証する手法が大きく変化した。私たちがいま目にしている科学的手法は、単一の理論から始まったわけではないが、フランシス・ベーコン〔一五六一～一六二六年〕は著作『ノヴム・オルガヌム――新機関』〔一六二〇年〕を通じて、科学的手法の特性と可能性を最初に認識した人物として、現代でもよく名があがる。ベーコン自身は実験主義者ではなかったが、正確な情報を獲得する手段として、次の三要素を組み合わせてアプローチすることが、知識の探究に新しい道を開くと認識していた。

①観察の反復
②仮説を支持する肯定的な結果と、仮説を支持しない否定的な結果の統合
③権威への懐疑主義

またベーコンは、知識探究のこの新しいアプローチの例として、デンマーク人の天文学者ティコ・ブラーエが残した「天体の動きに関する膨大な観測データ」と「一五七二年の新星の発見（アリストテレス学派の教えに反して、これは宇宙が不変ではないことの証しとなった）」をあげている。

▼ケプラーとガリレオ

一六世紀になされた他の発見でも、アリストテレス学派の宇宙モデルの矛盾が明らかになり、アリストテレス学派の学問的権威を無条件に受け入れる土壌は弱まっていった。たとえば、太陽系の中心にあるのは地球ではなく太陽であるとするコペルニクスの説（著作『天体の回転について』が彼の没年である一五四三年に刊行された）が、ヨハネス・ケプラー〔一五七一〜一六三〇年〕の研究でも裏づけられた。ケプラーは、惑星の軌道はアリストテレスが唱えたような真円ではなく楕円であり、それは数学的に証明できるとした。

ガリレオ・ガリレイ〔一五六四〜一六四二年〕は、木星のまわりを衛星が回っていることを突きとめた。これも「天体はすべて地球を中心に動いている」とするアリストテレス学派の主張に反するものだった。さらに、「動く物体の速度は自然に遅くなる」というアリストテレスの説は、ガリレオがおこなった「落下体は、一定の割合で速度が増す」という実験によって否定され、アイザック・ニュートン〔一六四二〜一七二七年〕が運動の法則として体系化した「運動量の概念（物体は、外部の力が働かないかぎり、同じ方向へ同じ速度で移動しつづける)」に置き換えられた。

ガリレオは著作『二つの新科学対話』〔一六三八年〕のなかで、アリストテレス学派の原因モデルを真正面から攻撃している。新しい知識は観察と測定によって獲得できるのであって、沈思黙考によってではないとした。『二つの新科学対話』では、ガリレオの見解を代弁する市民役が、落下体の加速度をガリレオは数学的に説明できることを引き合いに出し、その彼をもってしても加速度の原因を特定できないのだから、アリストテレス学派が言う「目的因(意図による原因)」を探そうとする試みは無意味だと断じている。

ガリレオは、アリストテレス学派の「原因には複数の意味がある」という考えを否定し、直接的な測定が可能な問い(アリストテレス学派が「始動因」と呼ぶ、原因の一側面に似ている)、あるいは事象の特定に重点を置くという姿勢をとった。いまでもそれは受け継がれている。

私は、原因のこの狭い定義を「**断定型モデル**」と呼ぶことにした。「断定」と名づけたのは、このモデルは「原因として単一の事象を探して」おり、その事象は「ある」か「ない」かの二者択一だからだ。原因をこのように狭義に捉える考え方は、アリストテレス以前にもあったが、アリストテレス学派のモデルの陰に追いやられていた。断定型モデルの役割が再び注目されるようになったのは、一七世紀の科学的手法が出現してからのことだった。

ガリレオの思想のなかで因果性の研究に影響を与えたものは他にもあり、二〇〇年後のジョン・スチュアート・ミルが、「必要にして十分」という表現を使ったことが有名だ。原因についてのこの概念は、「もしAがつねにBより先に発生し」「かつBがAなしでは発生しない場合」「AはBの必要にして十分な原因である」と述べている。これはかなり要求の厳しい基準である。ある事象が「たったひとつしか原因を持ちえない」と示唆しているからだ。この基準が当てはまる状況は多くないが、当てはまれば、因果関係が存在する可能性は高いということになる。

▼ニュートンとライプニッツ

ガリレオの見解は、アリストテレス学派による多元的なモデルから極端に遠ざかろうとしていたと私は述べたが、こうした見方が一般的になるのはずっと後の時代になってからである。当時は、科学者たちでさえ、ガリレオ以前の因果性の概念が覆されたとは感じていない。

たとえば、ニュートンとゴットフリート・ヴィルヘルム・フォン・ライプニッツ〔一六四六～一七一六年〕は、競い合ってともに高い業績をあげた一七世紀の著名な科学者だが、ふたりとも、四世紀前のアクィナスがしたように、神を究極の原因とする哲学論文を書いている。ニュートンは、自分の発見した法則に規則性があるのは、神の仕事の表れであることの証左だと信じていた。ライプニッツは、世界の仕組みは神の計画を反映しており、したがって、考えられるかぎり最高の方法で世界はいまの仕組みを持つに至ったと信じた。

ライプニッツとニュートンはともに、実験と数学的な考察の価値を認識していたが、それでも神が究極の原因だと確信していた。ふたりとも、この二重モデルを矛盾とは考えておらず、むしろ、互いに支え合う補完的な因果性モデルとして科学と宗教を概念化したのである。

アリストテレスに対するガリレオの批判は、アリストテレスのモデルを否定するというより、「発生させる原因」の重要性を再認識しようとしたのかもしれないが、転換が急激だったために、ガリレオの思想はそれから三五〇年にわたって、原因に対するアプローチに大きな影響を及ぼした。「十分な」要素の探索を、因果性の決定的な基準にし、原因の探索を、観察可能でテスト可能な要素に限定した。つまり、因果性の本質を「**発生させる**」事象の特定として定義したのである。この劇的な進展はなぜ起きたのか。何が引き起こしたのか。

私は、一六〜一七世紀に西洋で起きた変化の連鎖だと考えている。望遠鏡などの新しい技術、情報を収集し分析するための確率モデルといった新しい手法、ライプニッツ、ニュートン、ガリレオなどの偉大な思索者の出現。経済が発展し、傑出した才能には研究のための時間と経済的な支援が与えられ、教会の外で新しい知識を追求できるようになったこともあげられる。また、印刷機の発明により、情報を広く、かつてない速さで拡散できるようになったこと。さらに、欧州全体で教育施設が次々に設立され、新しい知見を得て、技術や手法を習得できる仕組みが整っていったことなどが考えられるだろう。

デカルトとヒューム――科学的手法の限界

ところがその後、科学の実践者たちのあいだでさえ、原因を特定できる能力が、科学的手法にあるのかという疑いが急速に広まった。たとえば、ルネ・デカルト〔一五九六～一六五〇年〕は、デカルト座標といった幾何学の研究や、物理学の基礎をなす数学的関係、運動量の概念の研究で多大な貢献をしたが、観察だけで知識を習得できるのか、疑念を表明している。デカルトは、公にされた原則を出発点とし、そこから真理を「推論」していくべきだと唱えた。これは、「我思う、ゆえに我あり《コギト・エルゴ・スム》」の命題から始め、神の存在と、精神と肉体の二重性を導こうとする彼の主張につながる。

感覚に頼ることへの懐疑は一五〇〇年前のギリシャのストア学派にも見られるが、原因を特定するうえで最も効果的な手法は推論であるとするデカルトの提唱に注目したい。何かを推論するのは私たちにとって身近なことであり、また、デカルトの主張にしたがえば、誰かが推論すべきと主張することは、まだ議論の余地があることの表れだからだ。

一方、スコットランドの哲学者デイヴィッド・ヒューム〔一七一一～七六年〕も、ガリレオとベーコンが、因果性の決定的な特徴として「発生させる原因」を重視したことに異議を唱えた。ヒュームは、因果性を明確に証明するのは不可能だと主張した。その理由は、因果性が「帰納的」な論法に依存していたからだ。つまり、二つの事象が必ず結びついていることを無批判に信じる必要があり、事実を跳び越えた結果を引き出すことになるからだという。事象Bがつねに事象Aのあとに起きるとしても、あくまでAがBを引き起こしているのを「推測している」だけで、この程度の結びつきでは因果性の「**証明**」にはならないとヒュームは論じた。

ヒュームは、帰納法を完全に却下したわけではないが、帰納法では因果性を確実に構築することはできないと述べている。帰納的推論に対するヒュームの懐疑は、いまでも影響を及ぼしており、自然現象に大ざっぱな解釈を与える態度を批判する科学者や、科学的な手法に反対する反科学者の集団にも受け継がれている。

それから二〇〇年後、カール・ポパーは、ヒュームが帰納法を拒否すること自体が帰納法だと指摘した。とはいえ、ヒュームの洞察が重要な警告だったことは間違いない。ヒュームは、帰納的推論には避けがたい限界があり、二つの事象が因果関係にあることを絶対的に「証明」できないと主張したが、原因の探索が無駄だと言っているわけではない。彼が繰り返しおこなった実験では、二つの事象がともに発生し、発生の順序が一方向であることを示す多元的な証拠が得られたという。これは因果性の証明にはならないが、裏づけにはなるとした。

ヒュームが英国で帰納法に懐疑を表明していたころ、イタリアの哲学者ジャンバッティスタ・ヴィーコ〔一六六八〜一七四四年〕は、歴史の分野で因果性についての理解が妥当かどうか、ヒュームと似たような懸念を投げかけている。ヴィーコは、史実に関する著作物のなかで、因果関係としてあげられているものの大半は、それが起きた「**あとの**」事象の分析に基づいていると指摘している。また科学的手法で収集した情報と、そうでない手法で収集した情報とは本来、区別すべきであると論じた。

カント——知覚の役割

帰納法に対するヒュームの激しい拒否は、それから三〇年後に登場したイマヌエル・カント〔一七二四〜一八〇四年〕の、原因と因果性の概念を再び系統化しようとする動きを加速した。カントは、原因の概念は人間の思考にもともと備わっている一面であると考えた。つまり原因が存在するのは、人間の脳が事象のなかから因果関係を考え出すような仕組みになっているからだと考えた。

この非常に断新な発想は、古代ギリシャ人にもすでに見られてはいたが、近代的なさまざまな実験によって裏づけを得ている。たとえば、分離脳〔二つの大脳半球を接続する脳梁《のうりょう》に部分的な切断が見られる疾患〕の手術を受けた患者は、因果関係を考えるときに、接続がうまくいかない二つの大脳半球のそれぞれで、二つの事象を違うふうに結びつけてしまうことがある。幼児を対象とした調査でも、因果関係というイメージが二〜三歳にかけて芽生えるという結果が出ている。

ただし、こうした実験の結果を解釈する際には、ある特定の行動が、因果性の概念の存在を示す合図だという合意を前提にしており、世界のどこでも同じように解釈されるわけではないことに注意したい。なお、ＭＲＩスキャンを使った最近の研究でも、カテゴリー化をおこなう脳内の神経基盤の存在が示唆されている。

シデナムとウィルヒョー——医学からのアプローチ

ガリレオとその追随者たちが提唱した、原因の「直接作用因子《ダイレクト・エージェント》」モデルは、一九世紀後半、新しい技術と知的活動によって強固になった。好例を医学知識の進歩に見ることができる。

何千年ものあいだ、医者は、発熱や息切れや発作、意識障害など、個別の症状に注目しがちだった。いまの私たちが「この病気なら、こんな症状だ」と考えるのと同じように、それぞれの症状を独立した存在と捉えていた。ところが一七世紀中ごろ、イギリスの医師トマス・シデナム〔一六二四～八九年〕が、多くの患者に複数の医学的症状が同時に発生することに気づいた。彼は、医学的症状のこのまとまり、すなわち現在では「**症候群**」と呼ばれるものが、実際の疾患を表すと考えた。そして「同じ医学的症状のまとまりが、世界のさまざまな地域および過去のさまざまな時代の患者に見られる」という仮説を立て、その検証を提案した。

さらに、こうした疾患の存在は、患者がどの時代に、どこで生活していたかに関わりなく、時間とともに予測どおりに進行し、予測どおりの結果となる事実を積み重ねることで証明できると唱えた。たとえば、世界中のどこにいても、発熱、咳、痰の三つの症状を訴える患者は肺の疾患である肺炎を疑われ、発熱、首のこわばり、錯乱の症状のある患者は、脳と中枢神経系の接続の疾患である髄膜炎が疑われる。

この画期的なアプローチによって、いま私たちが考えているような疾患の概念がもたらされた。それから二〇〇年後、この概念は、検死の現場で意識されるようになり、ドイツの病理学者ルドルフ・ウィルヒョー［一八二一～一九〇二年］などの一九世紀の医者が、臨床と病理を相関させた新しい手法を開発することにつながった。こうした臨床と病理の連結により、症状のまとまりを見るシデナムの手法で特定された症候群の患者の多くが、検死の際、身体の同じ部位に異常のあることが確かめられ、また、特定の部位の異常が特定の疾患の原因であることも明らかになった。

さらに重要なのは、臨床病理的アプローチは、特定の疾患の原因を明確にできる手法になったことだ。たとえば、「特定の部位にある異常」と「特定の臨床症候群」を結びつけることで、古代ギリシャ人が信じていた、病気とは四種の体液（黒胆汁、黄胆汁、粘液、血液）のアンバランスと環境中の物質（瘴気《しょうき》）によって引き起こされるという考えを捨て去ることができた。

検死は、こうした臨床と病理の関連を「証明する」方法をもたらし、ひいては、シデナムが提唱したモデルの価値と特異性を世に知らしめた。このモデルをもとにした疾患の考え方は、現在でも、医学の専門家と大衆の両方から広く受け入れられている。過去数百年に起きた医学上の進歩の多くは、シデナムの因果性モデルがいかに有効だったかを物語っている。一方、疾患の因果性を過度に単純化することには限界がある。これについては、あとで取りあげよう。

▼パスツールとコッホ

一九世紀の医学上の偉大な発見としては、他に細菌論がある。細菌論は、実験医学および臨床医学において因果性を構築する手法の体系化と直結する。一九世紀半ばにおこなわれた実験で、ルイ・パスツール［一八二二〜九五年］らは、バクテリアと呼ばれる微生物が肺炎や髄膜炎など多くの症候群に関連していることを発見した。だが、この因果関係を証明するには、どうすればいいか？

微生物学者のロベルト・コッホ［一八四三〜一九一〇年］は、ある微生物が感染症の原因であると認定されるための三つの基準を提唱した。これは、のちに「コッホの原則」と呼ばれることになる。

①特定の感染症にかかった個体からは、特定の病原微生物が必ず発見され、分離できる。
②分離した病原微生物を培養し、増殖させられる。
③動物または人間の身体に植えつけると、原病が再現される。

この原則には、関連事象が反復されれば因果関係の存在する可能性が高まるというヒュームの提唱が組み込まれている。さらに、因果性には、二つの事象のあいだに一定した関係があることが「**必須**」であり、疾患は作用因子《エージェント》がなければ発生しないとするガリレオのアイデアも組み込まれている。この基準は、それから一〇〇年のあいだに手直しされ、現在では「**十分**」の要素が加えられている。「十分」とは、「疾病は作用因子がなければ発生しない」もしくは「作用因子が、たとえば治療などによって除去されれば疾病は消滅する」という考え方である。

こうした基準は、生体システムにおいて原因(複数の場合あり)を特定するための科学的プロセスの本質を言い表している。第3章で説明する、単一原因(「イエス」か「ノー」か)の疾病モデルの強力な応用例である。より一般的な言い方をすれば、以下の状況が成立する場合、「AをBの原因だと証明できる」と仮定するものである。

①Aが**必ず**Bと関連する(相関性または関連性)**かつ**
②Aが投入されるとBが規則的に発生する(十分)**かつ**
③Aを除去するとBの解消につながる(必要)

ただし、コッホの原則(因果性の基準)は、微生物学の領域と因果性に広く関係するいくつかの課題を説明していない。たとえば、次のような課題だ。

菌を植えつけた個体で発症しないものがあるのは、なぜか?

同じ菌の株が別の個体で違う症状を示すのは、なぜか？
地理的に違う場所で、疾病の発生頻度（罹患率）が異なるのは、なぜか？

こうした課題から、原則の普遍性には限界があることが見えてくるが、過去数百年にわたって適用した実績の積み重ねと、そこから得た知識の進歩は、そうした原則の力と有用性を如実に示している。たとえば、ヒト免疫不全ウイルス（HIV）と後天性免疫不全症候群（AIDS）が直ちに結びついたのも、その原則があったからだ。とはいえ、先にあげた項目③（Aを除去するとBの解消につながる）については、HIVの発見から数十年経ったいまでも、人間では実証されていないが（つまり治療法が見つかっていない）。

コッホの原則では説明しきれない課題があるのは、原則に収まらない大きな問題が残っているからだと思われる。それは、**「因果性を構築するための一般原則を考え出せる能力は、つねに、因果性に関する問いの具体性によって制限される」**というものだ。

たとえば、感染の具体的な作用因子《エージェント》が、特定の疾患の原因であることを証明しようとする場合でも、さまざまな違いが出てくる。特定の病気を引き起こすとわかっている生命体のなかだけでなく（たとえば、ある生命体は抗生物質に耐性のできた遺伝子を持ち、別の生命体は持たない）、感染させる個体のなかでもばらつきが見られ（宿主《ホスト》の免疫因子）、宿主と作用因子が存在する環境によっても違いが出てくるのだ。

こうした事例には、因果性の連鎖（因果連鎖）として「作用因子」「宿主」「環境」といった三つの要素があり、これら三つのさまざまな面が対象の事象（ここでは感染症）とその因果連鎖に影響する。この問題は、本書全体を通じて、さまざまな切り口で登場する、きわめて重要なものなので、あらためて一般的な表現で記しておこう。

一度きりの事象に対する原因を予測する能力は、「原因の可能性がある、作用因子Aの詳細」と「作用する相手である、対象物Oの詳細」と「発生環境の詳細」などに影響される。

因果性を見きわめる能力におけるこうした限界は、ヒュームの言う帰納法の限界にも通じる。事象Aを再現しようとしても、もとの事象の完全な複写にはならない。つまり、完全に同じものを再現しようとどれだけ注意を払って操作しても、再現行為がそれぞれに違うのである。再現性の限界は、原因を一般化しようとする私たちの能力の限界を浮き彫りにするが、実験で多くの手順を踏むことで、差異をかなり小さくすることはできる。

微生物学での大きな成功と、コッホの原則に含まれる推論が多くの分野で適用され成果をあげていることを考えれば、的確な一般化は可能だといえよう。つまり、因果性についての一般的なルールは導き出せる。しかし、それでも多くの場合で例外は起こりうるし、したがって限界もある（むろん、この言明自体が一般化であるから、この一般化に限界があるということは、例外にも例外があるということだ。つまり、限界のない一般化が存在しうるという論法になってしまう。これは、叙述型推論で用いる修辞学的手法の限界を示しているが、これについては第9章で説明しよう）。

因果関係を特定するためのいかなる基準であっても、その限界を見つけることは、適用の指針をつくるうえで重要な手順である。限界を知ることは、実際には、因果関係の探索を強化してくれる。というのも、絶対の確かさをもって因果関係を確立することはできないと強調し、どのようなアプローチにも限界があると認識することで、私たちは、調べようとしている因果関係をいっそう強固にする情報を広く探そうとするはずである。

因果関係が存在するかしないかを判定する手法は、過去数百年でかなりの進化をとげ、ほぼ絶対か、それに近い関係が存在する可能性を表明できるのである。とはいえ、「ほぼ」という修飾語は、絶対の確かさをもって因果性を構築できると信じる人にとっては受け入れがたいものだろうし、「ほぼ」と限定されるなら、因果関係の構築など不可能だと結論づける人もいるだろう。ここで述べているのは、因果性という概念の限界である。この限界は、概念に組み入れることによって、かえってその概念を強化する。

因果性を証明できる、単一の公式集をつくることはできない。あらゆる事象は、固有の時間を有しており、どんな状況でも、結果に影響を及ぼす要素は必ず存在する。しかも、その要素が何であるかを示すことはできない。いずれにせよ、因果性は、「絶対の確かさ」ではないにしても、「定

量化可能な確かさ」で確立することは可能である。

ヴェーバーとヤスパース――説明と了解

一九世紀の終わりには、医学、物理学、生物学などの各分野で、因果性のメカニズムを明確化するアプローチとして、科学的手法が広く浸透するようになった。科学的手法さえあれば因果性を証明できると多くの人が考えた。帰納法に対するヒュームの批判は、哲学者のあいだではよく知られていたが、科学分野ではほとんど無視されたり否定されたりしていた。ただし、ヒュームより五〇年前にヴィーコが指摘していた、似たような基準を歴史分野に当てはめることの問題点は認識されはじめていたし、「純粋な」科学と「社会的な」科学との違いに気づく人も増えていた。

社会学という学問分野を創設したひとりであるマックス・ヴェーバー〔一八六四〜一九二〇年〕は、科学と歴史のあいだに横たわる敵対意識を解消しようとした。因果性を構築するアプローチには二つあって、「科学的課題の研究」と「歴史の研究」から取り組むのが適していると提唱した。これは、二〇〇年前にヴィーコが提唱したものと似ている。ヴェーバーの思想は、カール・ヤスパース〔一八八三〜一九六九年〕によってさらに深化することになる。ヤスパースは実存主義の哲学者で、一九一三年に刊行された著書『精神病理学原論』で広く名を知られることになった。

ヤスパースは、原因に関する二つの概念モデルを論じた。ひとつは、因果性の「説明《エアクレーレン》」のモデルだ。このアプローチは、現象が複数の観察者によって観察可能で、さらに理想的には複数回に及ぶ再現可能な状況で因果性を決定する。ガリレオの実験、コッホの原則、臨床と病理の手法は、「**説明**」がうまく収まる分野の例である。

もうひとつのアプローチは、事象同士を結びつける「了解《フェアシュテーエン》」のモデルだ。「**了解**」の基本は、状況の直観的な認識と、それに至る事象同士の結びつきである。知識のある当事者間で、特定の因果性の結びつきが正確におこなわれているとの合意が形成されれば、それは「**了解**」の精度が確保されたということである。

ヴェーバーとヤスパースは、この二つの因果性の論理が互いに補完しあうと考えた。二人は二種類の論理を、二種類の因果性を決定する別個の手法として概念化し、それぞれの適切な使い方は考察対象の状況によって決まると考えた。その結果、二人は、両者を衝突したり競合したりする存在としてではなく、異なる状況でも適切に取り入れられる補完アプローチとして捉えた。であれば、それらの正確さを判断するための基準が異なるのは当然である。このヴェーバー型モデルによれば、因果性モデルをうまく取り入れられるかどうかは、各手法を適用するのに適したタイミングを判断できるかどうかにかかっている。

因果性のモデルが複数あるという思想は、もちろん目新しいものではない。二〇〇〇年以上前に、アリストテレスは、因果関係の理解には複数のアプローチが必要だと唱えていた。だが、ヴェーバー型モデルが他と違うのは、状況が異なれば異なるモデルを適用すべきだと提唱した点にある。これに対してアリストテレス型は、同じ課題に複数レベルの分析をおこなうモデルである。ヴェーバー型もアリストテレス型のように、どの分析手法がベストか選択する指針として、問うている質問そのものを使用する。

だがこれは、ヒュームが提起した問題を解決しない。帰納的飛躍の必要性が残るからだ。しかしながら、帰納的飛躍の根拠が質問によって変わるであろうことは明確にしている。社会科学では、帰納的推論の「飛躍」は、二つの事象が因果関係で結びつけられることを共感理解することに依存している。物理学や生物学では、「飛躍」に対して、そうした結びつけは不要だ。ただし、場合によっては、もっともらしさ（実現可能性）が基準になることもある。

ヴェーバーの提案はあまり評価されず、受け入れられなかったようだ。因果性のアプローチはひとつだけと信じている人が多かったからだ。さらに、複数の手法やアプローチに納得している人でも、どれかひとつの手法が他より優れていると考える傾向にある。実際、複数のアプローチを受け入れるかどうかは、因果性をめぐる現在のさまざまな論争の核心である。たとえば、ヴェーバーが提案した二つのモデルには、それぞれ信奉者がいるが、互いに他方のアプローチを「非科学的」「証明できない」「冷淡で感性がない」などと、非難しあっている。

私が「説明」と「了解」を区別しないのは、判断に飛躍が混じることへのヒュームの強い警告を受け入れているからだ。物質的な問いか社会的な問いかどうかは関係ない。区別は絶対的ではないと認識しつつも、「種類の異なる因果性の問いに向き合うには、種類の異なる推論が有用である」とするヴェーバー型の提案を私は受け入れたい。それは同時に、区別するための基盤と基準の明快さを提示する必要があるということだ。

ヴェーバーの言う区別は単に、チャールズ・パーシー・スノウ〔一九〇五～八〇年〕が世に影響を与えた著作『二つの文化と科学革命』のなかで述べた科学／非科学の分離ではない。歴史学者や政治学者、社会学者は、たとえば出生率のような情報や文献を調べて、事象のなかからありそうな因果関係を拾いあげ、客観的データであるとの合意が得られそうな資料をもとに結論を出す。一方、生物学者や物理学者は、宇宙の始まりのようなひとつの事象の原因や、自然選択が他の道筋ではなくその道筋を選んだ理由をひたすら考え、マウスやラットの行動をもとに人の行動を予測し、暴力や同属意識やうつ状態などについて結論を出す。

ドイツ語の「**了解**《フェアシュテーエン》の論理」と「**説明**《エアクレーレン》の論理」の両方がこれだけ広く使われているのに、自分はひとつの手法しか使わないと考えるのには無理がある。自分を科学者だと思う人は、両方使う。人文科学や社会科学の実践者も同じである。ヒュームが偉大なのは、どんな実験にも「**説明**」のときに判断の飛躍が付随すると示したことである。逆に、「**了解**」の推論をおこなう場合には、適用例の多くは、少なくとも信頼性については検証できる観察手法を通じて収集した情報（データ）に依存する。

分析に際して、単一の手法をやみくもに信奉し、論争を繰り広げる事例は他にもある。因果性について、科学界と宗教界が長年にわたって衝突してきたのもその一例だ。この衝突が、一一〜一二世紀にかけてのイスラム科学の終焉を招いたのかもしれない。ガリレオが『天文対話』で公表した思想を強制的に撤回させられた直後、欧州では科学が宗教とは違う分野として発展したことも、この衝突の影響かもしれない。

こうした敵対意識は現在でも、進化論や宇宙の始まりの論争で見ることができる。論争のどちらの側も、ひとつの（しかし互いに異なる）手法を用いて、自分たちが重要な難問を解決したと主張する――それも、「それぞれが手にしている前提が非常に異なること」「因果性を推論するモデルが非常に異なること」「求める答えは、それを説明する手段によって決まること」を認めようとはせずに。

アリストテレスが提案した解決策は、「因果性の存在を明らかにするためのアプローチはひとつではなく、与えられた問いに最も適した手法は、その問いと、探している原因とのあいだの関係によって決まることを受け入れること」だった。

ヴィーコとヴェーバーが提案した解決策は、「多種多様な知識が存在するが（これはアリストテレスの思想にもある）、そうした知識の理解を深めたり、知識の本質を追究したりするのに適した手法は異なる」という前提に立っていた。これらの提案に共通するのは、因果性を深く理解するためのモデルや手法は、ひとつだけではないという考え方だ。

アインシュタインの相対性理論

物理学での発見と、社会学での先鋭的な新しい発想は、長年受け入れられてきた常識への挑戦でもあった。同じように、因果性の概念も二〇世紀に入ると劇的な変化にさらされた。特に物理学の分野では、相対性理論や量子力学がそれまで定着していた物理的世界の捉え方を一新し、因果性の新たな概念化にめざましい進展をもたらした。

相対性理論は「思考実験」（「熟考」と言い換えてもいい）から生まれた。アルベルト・アインシュタイン〔一八七九〜一九五五年〕は、観察者の動きが観察対象物に直接的な影響を及ぼすことを思考実験を通じて示したのだ。この結論は、光速は有限な値（秒速一八万六〇〇〇マイル）を示すという、当時わかったばかりの研究成果から得られた。もしそれが本当なら、「動かない事象から観測者が光速で遠ざかれば、その観測者にとって時間は止まることになる」とアインシュタインは考えた。

光速よりわずかに遅い速度で遠ざかれば、その観測者にとって時間は遅く流れ、観測者が光速より速く動けば、事象が逆の順番で起きているように見える。すなわち、タイムトラベルである。この発想は、一連の事象は発生した形でしか存在しえないという、人が経験的に体得している感覚とは大いにかけ離れていた。また、観察の精度は「観察する側の動き」と「観察される事象の動き」の両方によって決まる、ということも示唆していた。

哲学的なレベルでも（確かにかなりの飛躍だが）、相対性理論は、「絶対的な測定」とか「絶対的な確かさ」という概念を崩した。相対性理論は広く一般からも興味を集め、その熱気は、『ニューヨーク・タイムズ』紙の一面に大きく記事が載ったことでもわかる。太陽くらいの大きな物体なら、重力で光さえも歪めるという相対性理論の予測が、一九一九年の日食で実際に裏づけられたという記事だった。

相対性理論には驚くべき示唆が含まれている。時間にはそもそも方向がなく、つまり「前方（未来）」にも「後方（過去）」にも動くことができ、その方向は、観察者と観察対象の速度によって決まるというのである。それまで構築されてきた原因モデルにとっては、新たな、そしてきわめて大きな難題だ。因果関係が存在するかどうかの判別には、事象の起きる順番に大きな意味があったからである。少なくともアリストテレス以降、時間の特性は不変と考えられてきた。

ドイツの哲学者アルトゥル・ショーペンハウアー〔一七八八〜一八六〇年〕は、「時間は人間のつくり出したもので、実際には根拠はない」と提唱していた。だが、アインシュタインの「時間は、観察者の速度によって変わる」という理論は、定量化が可能な、したがって実験が可能な属性を時間の関係に持ち込んだのである。

因果性に重大な影響が及ぶのは間違いない。なぜなら、時間の方向が絶対ではないという前提のもとでは、次のいずれかの立場を選ばなければならないからだ。

● 「AがBの原因である場合、AはBより先に起きなければならない」という前後関係が因果性の決定的な特徴であるとする要件を捨てる。

● 相対性理論は誤りだと切り捨てる。

● 相対性理論の適用範囲を原子以下の粒子に限定する。つまり、相対性理論は、私たちが経験している「目で見える世界」には当てはまらないとする。

● **時間にはひとつの方向しかなく、それは私たちにとっての「前方（未来）」である**、と仮定する。

最後の、時間は一方向とする仮定に立てば、光速より大幅に遅い速度で起きる状況に限定されるが、因果性に関する議論を前に進めることができる。本書は、この立場を取る。したがって、本書での考察や結論は、光速に近いか、それを超える速度で起きる事象には関係しない（こうした種類の事象にも、第6章で少し触れる）。

また、本書で扱わない現象としては、他に「**同期性**」がある。これは、「離れたところに事象Aと事象Bがあり、Aが発生する瞬間に、事象Bに影響しうる」という量子力学の予測である。実験ではすでに、数メートルの距離でこの現象が確認されており、過去数年、実験を重ねるたびに距離が延びてきた。

「時間は一方向」「光速近辺での事象は除外」「同期性は考慮しない」という立場は、「限界を明らかにすることで、かえって目的の議論を進展させる」という例でもある。限界を明らかにすることで、議論の適用範囲が定まるからだ。これはまさに、ガリレオがアリストテレス型モデルを複雑すぎるとして否定したときの考えに通じる。範囲を狭めれば、引き出される結論の普遍性は削がれるものの、考察している概念への理解が深まる可能性があるといえよう。

▼ハイゼンベルクの不確定性原理

量子力学のもうひとつの副産物は、ハイゼンベルクの不確定性原理である。これは、「測定という行為そのものが他に影響を及ぼすために、物体の速度と位置を同時に知ることはできない」とする理論である。空間における物体の位置が、絶対の確かさをもって決定できないのであれば、因果性の研究にも大きな影響を与える。もうすこし別のことばで、言い換えてみよう。

いかなる現象についても、収集できる情報の量には限界がある。なぜなら、測定それ自体が測定の過程に影響するからである。

この素粒子物理学の原理を、私たちが暮らしている「目で見える世界」にも当てはめるなら、因果性を宣言することは一〇〇％不可能だと言える。AがBの原因かどうか判別しようとする行為自体が、AとBの関係に影響してしまうからだ。

時間と、前後の因果関係を考える場合に、なぜ、不確定性原理は受け入れるのに、相対性理論による時間の可逆性は受け入れないのか。この問いに対する私の答えは、現実に即した立場を取るためだ。もちろん、なるべく普遍性の高い定義を見つけたい。定義が当てはまるかどうかを考えるときに、前提を設けたり制限をかけたりするのは、必要不可欠のときだけに限定したい。しかし、時間が順次的に流れることは、因果関係の考察にとって不可欠の要素なのだ。したがって、時間の向きについては、制限をかけざるをえない。

一方、ヒュームの「因果関係を主張するにも証明するにも、ある程度の不確かさが、つねにつきまとう」という主張は、反駁の余地がないうえ、この主張を受け入れても、因果関係の考察を妨げることはない。不確定性原理の作用は、より高次の現象にも見られ、そのひとつを、数学者グレゴリー・チャイティンがコンピュータ・プログラムに展開してみせた。不確定性原理のなかで特に本書に関係が深いのは、「閉鎖したシステムでは、因果性の認識も含めて、いかなる認識にも限界が存在する」という指摘である。

▼ゲーデルの不完全性定理

似たような限界は、クルト・ゲーデル〔一九〇六〜七八年〕が一九三一年におこなった証明にも表れている。「あらゆる定理を導き出せる数学的体系を構築することはできない」というものだ。ゲーデルのこの不完全性定理は、「すべての数学的体系には、その体系の**外に出なければ**証明できない命題がある」と論じている。数学は物理科学の中核であるため、もし（非常に大きな「もし」だが）すべての因果性は数学的に記述できるという前提を受け入れるとすれば、ゲーデルの不完全性定理は、「あらゆる事象の原因を突き止められる物理的なシステムを形容したり特定したりすることはできない」と言い換えられる。

いかなる閉鎖的システムにおいても、可変体の測定（定義）は、他のすべての可変体に直接的あるいは間接的な影響を及ぼす。これはすなわち、いかなる閉鎖的システムにおいても、可変体に不確かさがあるのは避けられないということである。そのため、いかなる因果関係も厳密には証明できず、仮説を立てたり推理したりしなければならない要素が、つねに存在することになる。

ここで特筆すべきは、ゲーデルの不完全性定理もハイゼンベルクの不確定性原理も、そもそも科学的手法が突破できない限界が存在することを明らかにした点である。ヒュームが示した帰納的推論の限界を、別の分野に当てはめたとも言える。素粒子物理学の原理にのっとり、数学で考えるシステムを、完璧な確かさで形容したり特定したりすることができない以上、いかなる閉鎖システムにおいても「**すべての**」原因を特定したと証明することは、ましてや正確に測定したと証明することは不可能である。つまり、そのシステムの「外側」にある知識または前提が必ず必要なのである。

▼ポパーの反証可能性

二〇世紀に入り、科学的手法の影響力がいかに甚大だったかは知識の増大に見てとれるが、それだけでなく、精神分析学やマルクス主義でも、それぞれの実践者たちが、自らの学問を科学だと主張したことからも理解できる。だが、オーストリア出身の哲学者カール・ポパー［一九〇二～九四年］は、この捉え方に反論するための方策として、科学的手法の核心が何かを探ろうとした。

その結果、ポパーは「原因を、絶対の確かさで特定できない」としたヒュームの思想に行き着く。科学は真の関係を発見できるから、精神分析などの他の学問とは異なる。だとすれば、科学は、二つの事象の関係が因果性かどうかを判定することも可能だと考えた。ポパーは、ベーコンの著作からひとつの教義を選んで強調した。「科学の特異さは、その理論あるいは関係を**否定または反証できる**ことが必須な点にある」。この考え方は「**反証可能性**」と呼ばれる。

ベーコンやヒュームと同じく、ポパーは、実験によって、二つの事象のあいだに順次的な関係があると明らかになれば、因果関係の主張の裏づけになると認めた。その一方で、自身の反証可能性の「発見」が、因果性の探索には必ず帰納的推論（証明されていない飛躍）が含まれるとするヒュームの見解への答えになると考えた。つまり、ポパーの主張が正しいとするなら、科学的知識と非科学的知識を厳密に区別でき、ひいては、科学的手法で突き止めた因果性と、非科学的手法で突き止めた因果性を絶対的に区別できることになる。

　しかし、科学のコミュニティが科学的として取り入れている多くの活動や理論は、ポパーの言う反証可能性の基準に合致していない。たとえば、過去の、あるいは一時的な事象は、実験を通した研究には適さないものが多い。このため、反証可能性の有無を判断する能力が制約を受ける。「真でない」ことを示して仮説を排除することは可能かもしれないが、反証可能性の判定テストを作成するのは、つねに可能とは限らない。たとえば、進化論という理論は、科学的という合意がほぼできているものの、それを肯定するための裏づけとなる証拠は、反証可能ではないのである。

　ポパーが重視したのは、科学的推論を定義することであって、因果関係の存在を証明する基準を特定することではなかった。それでも、反証可能な仮説と分析をもとに、他の選択肢を除外できれば、因果関係の存在を補強する基準となりうる。すなわち、二つの事象のあいだに関係があることを示す複数の肯定的な証拠が存在し、反証可能性の判定によって他の説明の可能性を排除できれば、因果関係の強力な裏づけとなる。反事実の手法は、この考え方の応用である（「反事実」に関しては、第8章の終わりで取りあげる）。

因果性を探究するための出発点

　ここまでで概観してきたのは、よく話題にのぼる思想、すなわち、意図的な判断や前提に基づいて考察を進める哲学的課題である。この章で取りあげた「前提」は、次章以降で述べる内容の根底をなしており、この前提に同意できない方は、おそらく、それをもとに構築された見解にも同意できないだろう。

前提を明確にすることは、どこに同意できないかをはっきりさせるのに役立つはずだが、不同意を解消することにはならない。なぜなら、不同意は、事実（「何を知るか」）から生まれるのではなく、考え方の違い（「どう理解するか」）から生まれるからである。したがって、解決策も結局は、実験に基づく手法（**説明**《エアクレーレン》）ではなく、修辞的な手法（**了解**《フェアシュテーエン》）に依存することになる。

本書における前提をここでまとめておこう。

①因果性の概念は妥当である。これは、ある事象が別の事象を引き起こす、または別の事象が起きる可能性を高くするプロセスを説明する。
②原因は、発見可能である。ただし、因果関係に絶対の確かさを求めることはできない。
③時間は、過去から未来へ一方向に流れるものとする。
④因果性のモデルは、ひとつではない。複数のモデルは、互いに否定したり、押しのけたりするのではなく、補完しあう。「反論の余地がない」「普遍性がある」「他と置き換えられない」と言い切れる因果性のモデルは、本書で提案するものも含めて、ひとつも存在しない。

⑤どの因果性のモデルを適用するかは、問いの種類と、検討している具体的な事象の因果の要素によって決まる。

本章のまとめ

この章では、歴史のなかから、いくつかの探究を選んで説明を加え、原因という概念が有史以来、四〇〇〇年のあいだに劇的に様変わりしたことを明らかにした。私たちが現在、超自然の力と呼ぶものが、さまざまな文化のなかで生まれた文献や思考体系において、森羅万象の、そして日々の出来事の究極の原因として位置づけられている。

西洋では、ギリシャの哲学者たちが、二五〇〇年後の現在にまで影響する合理主義のアプローチをつくりあげた。こうした概念化のなかには、因果性には複数の意味があるとしたアリストテレスの思考も含まれる。

東洋では、「定かなものはないこと（無常観）」「ある事象が別の事象に影響すること（縁起）」「時間が循環すること（輪廻）」などの概念が生まれた。一六〜一七世紀にかけて科学的手法が開花したことで、直接の原因に焦点を合わせ、描写や実験を緻密におこなうことを重視するようになった。

ヒュームなどの哲学者たちが、帰納法的な論法で「原因」を証明するには限界があると提示したことは、現在、因果性のモデルが複数あることや、因果性の存在や効用が一部で否定されるという状況をもたらした。さらに、これらのアプローチにはそれぞれ熱心な信奉者がいて、その多くは、自分たちのアプローチこそが原因を判別する唯一の方法（あるいは、原因の存在を否定できる唯一の方法）として容認できると信じている。しかし、どのアプローチにも限界があるということは、往々にして見過ごされている。

確かに、因果性の概念は、時代とともに変わってきた。ある思想が他より目立っただけの時期もあったが、新しい技術の進歩によって、さまざまな変化が促されたのも事実だ。このプロセスは有史以来、何度も繰り返されてきた。おそらくこれからも、因果性の概念は変化しつづけていくだろう。ひいては、因果性の「意味」と、その知識を得るための「手法」も変化していくに違いない。

第2章

三面モデルで考える

因果性を考察するための多重手法

前の章で述べたように、因果性は、何世紀にもわたってさまざまに概念化されてきた。現在では、因果性には複数の意味があり、状況によって意味が変わると考えられている。

本書の目的は、あるモデルを示し、それを通じて、因果性のさまざまな見解をひとつのアプローチにまとめあげることだ。その過程で、各モデルの「強みと限界」「因果性全体に果たす役割のなかで、他の見解と補完しあえる部分」「それぞれの手法を同時に適用する場合の二重性の問題」「どの手法を、いつ適用するかについて」なども考察する。ただし、厳格な指針を作成

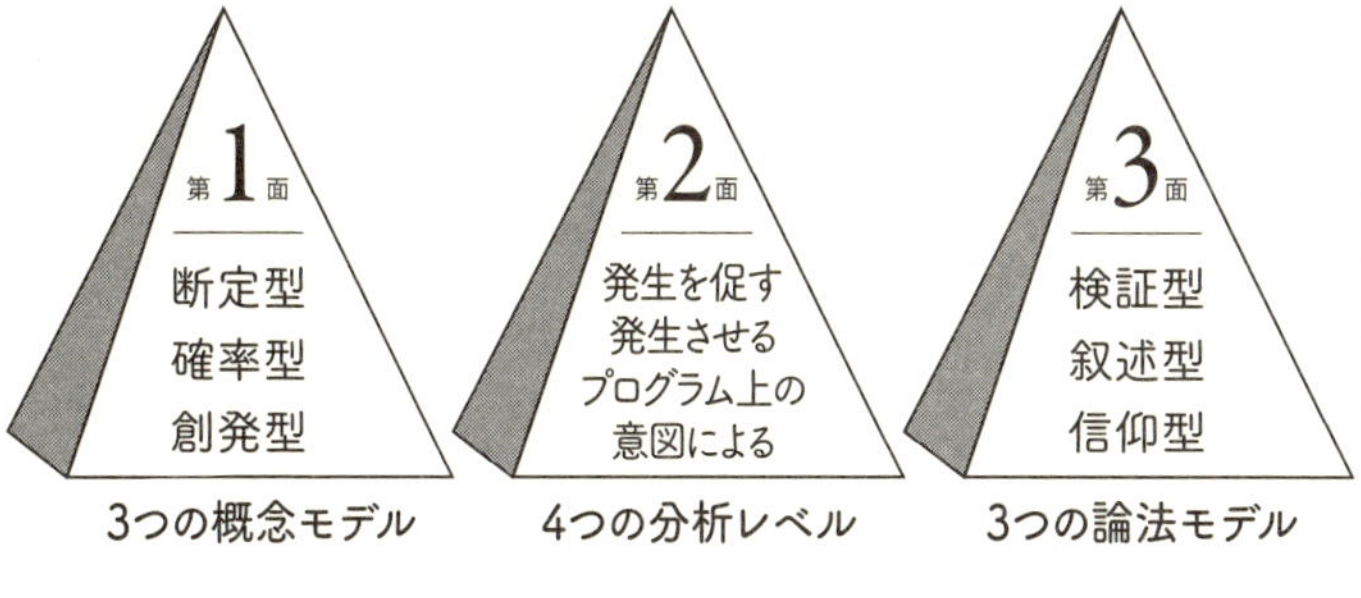

することは不可能である理由についても触れる。この章では、三つのモデルの概要を見ていこう。

提案モデル

私が提案するモデルは、因果性を考察する三つの面の融合を目指す、いわば多重概念と多重手法をまとめたものである。

▼第一面——概念モデル

原因には、次の三つの**概念モデル（型）**がある。

①**断定型**……二者択一で、明白に答えが決まる（「イエス」か「ノー」）
②**確率型**……連続体のどこか中途の点をとる幅のある型《ディメンショナル》（「〜しやすい」か「〜しにくい」）
③**創発型**……非線形

断定型は、ある事象を直接引き起こした原因を特定する。たとえば、自動車事故でムチ打ち症になった場合、断定型では、ムチ打ち症の原因は、自動車事故である。断定型は、「イエス」か「ノー」で考えると、わかりやすい。

確率型は、ある事象の起こりやすさに関係する。たとえば、道路が雨で濡れていると事故が起こりやすい、といった例だ。「〜しやすい」か「〜しにくい」で考えると、わかりやすい。

創発型は、たとえば突発的にハイドロプレーニング現象（雨の日に車を加速しすぎて、タイヤと路面のあいだに水膜ができて、コントロールが利かなくなる現象）が起こった場合に相当する。このモデルでは、ハイドロプレーニング現象を発生させた状況、すなわち、「タイヤと路面の摩擦係数」「路面の水量」「運転手がブレーキを踏んだときの運動量の減衰」などを、まとめて考察する。

▼第二面――分析レベル

ここでは、因果性を、四種の**分析レベル**で分析する。アリストテレスが最初に唱えた手法をもとに、ここでは現代の事情に合うように大幅に手直しした。この第二面は、二つの前提に基づいている。ひとつは、「原因の探究方法として最適なのは、所定のレベルで因子を分析すること」、もうひとつは、「どのレベルの分析をおこなうべきかは、問いの内容と、原因を考察している課題（イシュー）の特性によって決まること」だ。課題によっては、複数のレベルの分析をおこなうほうが、理解が深まる場合もある。この分析の種類は、四つある。

① **発生を促す原因**……事象が発生する前に存在していて、事象が発生する可能性を高める因子

② **発生させる原因**……その近接が事象の発生に必須であり、その近接がなければ、事象が発生

しなかった因子

③**プログラム上の原因**……事象の発生にかかわる要素のなかで、特に発生への関与が大きい複数要素間の相互作用

④**意図による原因**…………事象が起きる「理由」

自動車事故の例で考えてみよう。事故の**「発生を促す原因」**としては、「スピードの出し過ぎ」「ストレスでカッとしやすい運転手の気性」「すり減ったタイヤ」「大雨」などだ。だが、ハイドロプレーニング現象が起こる状況下であっても、スピードを出し過ぎなければ、ハイドロプレーニング現象は起こらず、事故もおそらく起こらなかったと考えられる。であるなら、「スピードの出し過ぎ」を、「**発生を促す原因**」ではなく「**発生させる原因**」として捉えることも可能だろう。

「プログラム上の原因」としては、「ハイドロプレーニング現象が起こりやすくなるような道路の設計や舗装の仕上がり」「タイヤを早く摩耗させ、濡れた路面との摩擦を小さくしてしまうタイヤの材質と表面の溝の設計」「スピードの出し過ぎにつながる運転手の性格と、そのときの状況」などがある。事故を起こした運転手が「誰も大けがをしなかったのは奇跡です。今回の事故は、もっと慎重に行動するようにという、神様の思し召しでしょう」と語るなら、そこには**「意図による原因」**が示されている。

▼第三面——論法モデル

これは、原因を判別するための、三つの**論法**を表す。

①**検証型**……実験を通して、答えが確かめられる問いを必要とする。実験は、反復したり、結果を再現したりできる。あるいは、何らかの方法で仮説やデータを確認する。

②**叙述型**……複数の事象が、整然とわかりやすく、納得できるように結びついているように捉える。また、因果性のつながりは、それに関わった人や集団が因果をどう理解しているかによって異なると見なされる。

③**信仰型**……絶対知が存在していることが集団内の共通理解となっていて、因果性について考えるときも、その共通理解をもとに考察する。

検証型の証拠とは、実験を通して、「すり減ったタイヤは、溝の深いタイヤよりも、濡れた路面との接触を失う度合いが圧倒的に大きいこと、および、タイヤの溝の設計が、タイヤと路面のあいだの、ある瞬間の水量にどう影響するか」を示すことである。他にも、「自動車の速度と摩擦係数の関係において、どの時点で突発的にタイヤと地面の接触が失われるのか」を示す実験結果なども証拠になるだろう。

叙述型は、別の言い方をすれば、「話の脈絡を追いながら説明する論法」である。運転手が事故を起こした原因は、「勤務評定で、上司から低い点を付けられイライラしていたので、激しい雨が降っていたのに、無謀な速度を出してしまった」とか「個人破産をしたばかりで、新しいタイヤを買う余裕がなかった」などだ。

信仰型は、「事故は神の思し召し」「神が罰を下された」「神が事故を通じて、気づきを与えてくださった」といった論法である。

▼四つの分析レベル

ここで、分析レベルについて詳しく見ていこう。

表2をごらんいただきたい。この表では、アリストテレスのモデル（四つの分析レベル）に少し手を入れ、三つの事象を分析している。

チェルノブイリ原発事故	薬物乱用障害
計器盤の設計	●遺伝的な弱さ ●薬物の強度 ●貧困など
操作員のミス	●直接経験 ●生活のストレス
冗長性を欠いた工学技術	脳の苦痛と快感のシステム
人間の驕《おご》り	自然選択（楽しい経験が生き残りと繁殖の可能性を高める）

▼世界貿易センタービル倒壊の分析

まず、二〇〇一年九月一一日の世界貿易センタービル倒壊の場合を見てみよう。

発生を促す原因には、「ビルの建築資材の特性（スチールが高熱で溶けた）」「建築資材を、火炎の熱から防護するための被膜で覆っていなかったこと」「情報機関が、複数のハイジャック計画を察知できなかったこと（二〇〇一年八月に逮捕した容疑者が、飛行機の操縦方法は習ったのに着陸の仕方を習わなかった事実を情報機関は把握していたにもかかわらず）」「航空会社のセキュリティの手続きに不備があって、カッター・ナイフやかみそりの刃の持ち込みを許してしまったこと」「航空業界全体で、セキュリティ・チェックを細かくやりすぎると、客が飛行機に乗らなくなると怖れ、安全第一の雰囲気が弱まっていたこと」

表2：原因の4種の分析レベルと3つの例

原因のレベル	9.11世界貿易センタービル倒壊
発生を促す原因	●セキュリティ態勢の不備 ●不可解な訓練をおこなった人物の情報へのFBIの追跡調査が不十分 ●火炎で溶けたスチール
発生させる原因	ハイジャックされた航空機の燃料
プログラム上の原因	ビルの設計
意図による原因	資本主義の象徴

などがある。

発生させる原因は、「ハイジャックされた航空機と、そこに積まれていた大量のジェット燃料」である。

プログラム上の原因は、「大量のジェット燃料が燃えて、長時間にわたる激烈な熱が発生することを予見していなかった設計」「ビルの中心にある鉄骨に重量が集中していたために、上層階の崩落に耐えられなかったこと」などがある。

意図による原因は、いくつかの説が提示されているが、それらの内容は、提示者が事故前の情勢をどのように捉えていたかによって異なる。実行犯側は、「アラブの国々とイスラム社会を虐げる西洋の帝国主義や、イスラエルを支援するアメリカにその原因がある」と主張した。事故当時、評論家のなかには、「妊娠中絶などの罪深い所行がアメリカで堂々とおこなわれていることへの天罰だ」と述べる者もいた。また、「中東の多くの国での貧困と経済成長の遅れ」も原因にあがっている。その貧しさが、ハイジャックの計画者と実行者たちを、貧者の窮状を顧みずに搾取するシステムに対して、象徴的で（標的とされたビルを見れば、彼らの意図がわかる）破壊的な行為に駆り立てたのだという見解である。

▼チェルノブイリ原発事故の分析

次に、一九八六年のソヴィエト連邦（当時）で発生した、チェルノブイリ原発事故の分析を見てみよう。

発生を促す原因として、異常に高温になった冷却水が原子炉容器に流入するのを安全弁が防げなかったことをはじめ、計測器も含めた全体の設計をあげている。

発生させる原因は、異常に高音な水が原子炉容器に流入した場合の作業手順を操作員が勘違いし、原子炉容器への水の流入を停止するという誤った判断を下したことである。

プログラム上の原因は、初期の人的エラーを止めるどころか拡大し、操作員にいま何が起きているのかの情報を伝達しない、設計上の瑕疵《かし》である。しかも、初期エラーを無効化する、あるいは、起きてしまった一連のエラーを持続させないための冗長性がシステム設計に組み入れられていなかったために、エラーが増幅されてしまった。

こうして、事態は引き返し限界点《ノー・リターン》（ここを越えると元の状態に回復できない地点）を越えて突き進んでしまった。

意図による原因には、原子力以外のエネルギー源が減少に向かうなか、地球全体で増加しつづける電力需要が入るだろう。あるいは、原子力発電の反対者が言うように、巨大な恩恵に比べれば取るに足らないリスクで原子力を制御できると思いこんだ「人の驕《おご》り」もあげられる。

▼薬物乱用の分析

三つめの例は、薬物乱用だ。

発生を促す原因のひとつに、遺伝的な弱さをあげた。これが「発生させる原因」でなく「発生を促す原因」なのは、遺伝因子を有していても、「薬物にさらされていない」「入手経路がない」「信仰上の信念」「社会生活の背景」「薬物乱用の問題を抱えていた家族との、つらい経験」などの理由から、薬物乱用障害を発現しない人も大勢いるからだ。

それ以外に、**発生を促す原因**としては、その社会の文化がある。薬物を悪と見なす一方で効用を称賛したり、依存症状と禁断症状を招く薬物を合法・非合法を問わずたやすく入手できるような文化、また、貧困や身体的・性的虐待、人種差別、知識不足などの社会的・人口動態的課題が蔓延したりしている文化は、**発生を促す原因**である。

依存症を引き起こしうる薬理学的特性は、薬物の化学構造によって決まり、**発生を促す原因**と**発生させる原因**の両方に相当する。たとえば、作用が強くて、ある程度長く使用したあとで服用をやめれば禁断症状を起こし、依存症を引き起こすような化合物はおそらくたくさんあるだろうが、「その効果を知られていない」ものは、薬物乱用の原因にはならない。

化学構造は、乱用と依存を引き起こす可能性のある成分を有するという意味で**発生を促す原因**であり、いったんその構造の作用を経験すれば、依存症状を起こし、薬物を渇望させ、乱用させるという意味で**発生させる原因**となる。人間や他の生物の脳に生まれつき「備わって」いる、快感をもたらしたり痛みを緩和したりする構造と作用も、**発生を促す原因**である。これらのシステムは、乱用薬物によって「支配され」、薬物を入手して摂取しようとする行動を長引かせる。

薬物乱用の**プログラム上の原因**には、いつでも入手できる状況や、禁止することによってかえって一部の人を興奮させてしまう法律など、社会的因子がある。**意図による原因**には、薬物の製造や販売が儲かる事実、自分が認めたくない文化を破壊させるための薬物のばらまき、人に内在する邪悪な精神、リスクは承知のうえで快楽を求めたい気持ち、などがある。

表2からは、因果性の概念が、そのときの知識基盤によって変わることも読みとれるだろう。アリストテレスの時代では、私たちが「発生を促す」として区分した分析レベルは、「もともと備わっていた性質」と呼ばれた。ブロンズ像は、その材料のなかにもともと存在していて、彫刻家がそれを像の形に解き放った（アリストテレスから二〇〇〇年後に、ミケランジェロが言った有名なことば）という思想だが、ここでの「発生を促す」には、確率の意味が含まれている。これはアリストテレスの時代には存在しなかった概念である。

第3章

断定型で考える

「イエス」か「ノー」で考える

▼「イエス」か「ノー」か

いまや、コンピュータは生活必需品になった。その基本は、いまでもきわめてシンプルだ。情報はすべてデジタル化され、選べる答えは二つしかない。すなわち、二値論理あるいは**二項対立**の形式で格納される。二つの選択肢を数字で表すと、通常「0」か「1」であり、ことばで表すと「ノー」か「イエス」だ。コンピュータはこの二つの状態を、電子回路上でスイッチの開閉を使って表す。回路がつながっていて電流が流れる場合は「1」または「イエス」、回路が切断されていて電流が流れない

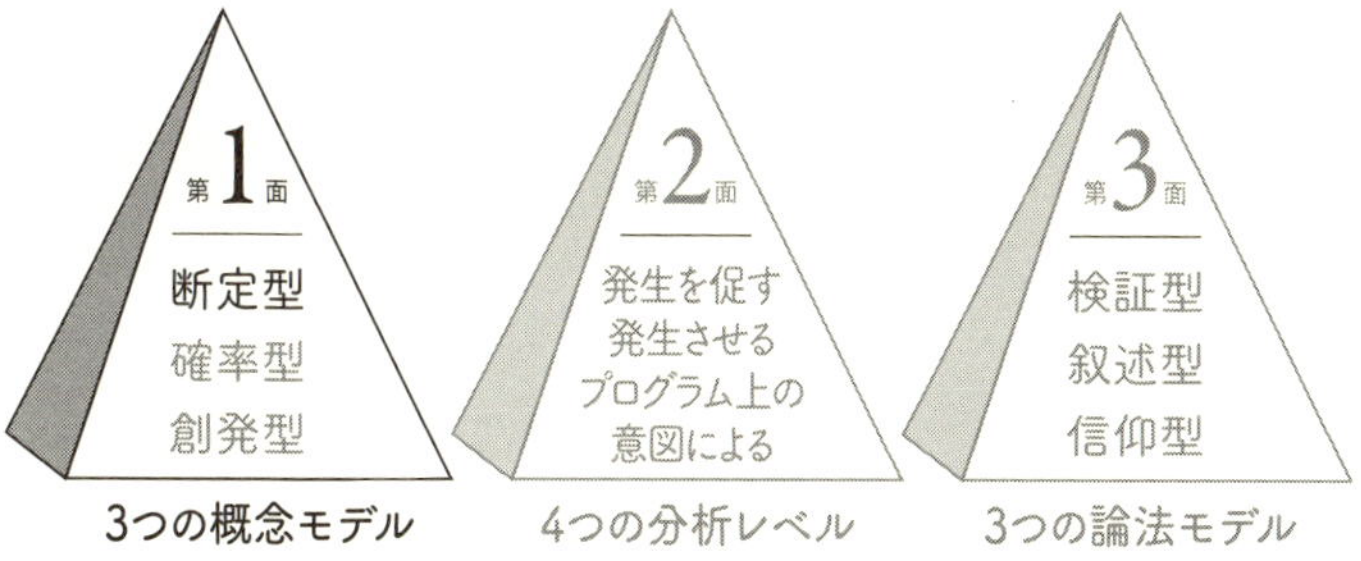

場合は「0」または「ノー」である。

コンピュータがこれほど広く使われるようになったのは、トランジスタの発明や、マイクロチップを安価に大量生産できる技術開発のおかげである。ただし、二値論理の基本概念は、すでに何千年も昔からあった。二値論理で取りうる二つの状態は、相互に排他的（どの情報も、二つの可能性のうち、どちらかひとつしか取れない）かつ絶対（二つの可能性のうち必ずどちらかでなければならない）であるため、このアプローチは、**断定型**、二進法、二項対立などと呼ばれる。これらの呼び方にはそれぞれ微妙な差異があるが、本書では、二値論理の形式を述べている文脈では、どれも区別しないものとする。

断定型の論理は、日常会話にもひんぱんに登場し、因果関係を概念化する推論モデルとして、少なくとも西洋ではふつうに使われる。

「飛行機は、なぜ墜落したのか」
「一〇代の生徒が、なぜクラスメートを撃ったのか」
「ソ連は、一九九一年に、なぜ崩壊したのか」
「二〇世紀の最後の二〇年で、なぜこれほどコンピュータが普及したのか」

こうした問いは、単一の、あるいは主要な理由を求めるものとして組み立てられているのがふつうだ。

「飛行機が墜落したのは、方向舵《ほうこうだ》の部品に損傷があったからだ」
「一〇代の生徒がクラスメートを撃ったのは、いじめられた仕返しのためだ」
「ソ連が崩壊したのは、アメリカの膨大な軍事費に対抗しようとして、ソ連経済が破綻したからだ」
「コンピュータが普及したのは、数千、数百万、あるいは数十億個の微小な回路を載せたチップをシリコン・ウエハーの薄片上に安価に製造できる技術が発見され、軽量で安価な現代のコンピュータが出回るようになったからだ」

このように、私たちは断定型の論理を用いる。それぞれの答えは明快で、簡単に理解でき、決定的である。まさに、二値論理モデルの大きな利点である。そのため、このアプローチは興味を惹きやすく、実際に広く使われている。

▼単純さの長所と短所

だがここであげた例は、このアプローチの限界も露呈する。どの事象にも、おそらくは複数の原因や影響を受けた因子があり、それらの関係は複雑に絡むことが多く、数えあげることすらむずかしい場合もある。また、それほど複雑でない事象でも同様だ。

「釘を金づちで打ったら、二枚の板がつながった」
「がんばって勉強したら、成績が上がった」
「交差点の赤信号で車が停止しなかったせいで、別の車にぶつかった」

こうした事象の場合でも、どのレベルでその事象を分析したいのかを選ばなければ、最終結論に行き着けない。分子の力の働きなのか、物体同士（釘と板、二台の車）の働きなのか、その事象を始めた人の意図（棚をつくりたい、重要な会議に遅刻したくない）なのか。

因果性を考える場合、どのレベルで分析するかが問題である場合も多く、断定的アプローチは単純すぎて役に立たないとして却下されることがある。とはいえ、断定型の論理を使わないのも、なかなかむずかしい。断定型の論理は、日々の生活のなかで因果性を考えるときだけでなく、日用品から最高級品までの設計や、緊急時の対応や、将来の計画立案など、さまざまな状況での決断に広く使われている。これは、断定型アプローチが便利であり重要であることの証しである。そして、原因という概念の分析を始めるにあたり、このアプローチはよい着手点となる。

この章では、このアプローチの強みと限界を重点的に考えてみよう。そうすることで、断定型の二項対立アプローチを適用したほうがいいか、他のアプローチを適用したほうがいいか、状況を的確に判断できるようになる。

▼必要と十分は、証明できるか

なぜ、断定型アプローチから始めるのか？　それは、単純だからだ。そのため、因果関係の存在を示すのに必要な特性をあげやすい。断定型の因果関係の最もわかりやすい例は、事象Ｂが、事象Ａが起きたあとにしか起きない状況である。これは、ＡがＢの出現に**必要**な例である。Ａが起きるたびに必ずＢも起きるのであれば、このときの関係は、ＡはＢの出現に**十分**となる。この、必要と十分の原因を列挙するアプローチは、かつてガリレオが最初に使ったものであり、コッホの原則でも、重力のような物理現象を理解するうえでも、中核をなす。Ｂは、Ａが先に発生した場合にしか発生しない。

たとえば、ハンチントン病は、特定の遺伝的異常がある場合にしか発症しないし、物体が「落下する」のは、物体がある特定の空間関係に置かれているとき、あるいはそこに入り込んだときに、粒子の交換が起きるからである。一般的な言い方をすれば、因果関係のひとつの特徴は、事象が**連続して**発生することである。つまり、結果と見なされるＢが、原因と見なされるＡの**あとに**つづいて発生するということである。

因果関係の特徴は他にもある。ＡとＢが**一時的に**関係する、つまり、ＡとＢが近接するタイミングがあるということだ。この近接は、事象の性質によってナノ秒単位から数千年単位までさまざまだが、考察している事象の文脈のなかで比較できなければならない。

さらに、考察対象の事象が複数回発生している場合、この一時的な関係は**規則性**すなわち、「Bは多くの場合、Aのあとに発生する」も示すはずである。もし、対象を「必要にして十分」な関係に限定するのなら、BはAなしでは決して発生しないが、もしAがBにとって「十分」なだけなら、順次性が複数回観察されれば、因果関係の可能性は高まり、したがって規則性があることになる。もし事象が一度しか起きていなかった場合は当然、因果関係の証明は、はるかにむずかしくなる。

順次性、一時性、規則性の基準は、原因と結果のあいだの関係が必要にして十分でない場合にも適用できるが、これらの基準と、ひいては因果関係は、実験できる状況の場合、もしくは事象が反復して発生する場合には、非常に簡単に実証できる。

たとえば、かつてコッホは、感染の特定の作用因子《エージェント》が特定の疾患を引き起こすかどうかを判別するため、実験的な状況を人工的につくり、そのなかで規則的な関係を示そうと試みた。生命体と疾患とのあいだに明確な関係あるいは単一の関係のあることを実証するため、実験的な状況を繰り返せるようにしたのだ。残念ながら、考察したいさまざまな状況は、すでに発生してしまっているか、研究室の環境では再現できないか、一度しか発生しない、あるいは、まったく異なる環境でも再現してしまうため、連続性、一時性、規則性の基準を多くの条件下で満足させることはできない。

また、「必要にして十分」要件の限界は、排他性あるいは特異性の点にもある。排他性とは、BはAが存在する場合に**のみ**発生する、ということである。これを証明するのは事実上、不可能だ。なぜなら、すべてのBを検証したという証明は誰にもできないからだ。したがって、「必要にして十分」の概念は、抽象的に考える場面では有効かもしれないが、絶対の確かさをもって関係を証明することは決してできない。

この限界によって私たちは、二五〇年以上前にヒュームが指摘した懸念に再び戻ることになる。AとBのあいだの関係が「明白」な場合でさえ、帰納法の論理が使われているという指摘だ。Bの発生前に必ずAが存在していることも、Bが必ずAのあとに起こることも、決して保証できない。AとBのどちらについても、そのすべてを特定できたかどうかは確かめようがないからだ。そのため、ヒュームが指摘したように、因果関係は、存在を推測できても、最終的に証明できないのである。因果関係を確信できるほど存在の可能性が高いとしても、「きわめて可能性が高い」と「完全に証明できる」とはイコールでないことを肝に銘じなければならない。

▼「もっともらしさ」の役割

原因の特徴のひとつとしての「**もっともらしさ**（実現可能性）」は、イギリスの疫学者オースティン・ブラッドフォード・ヒルが提唱した（ヒルの功績については、第8章でも取りあげる）。「もっともらしさ」は、直接的な因果関係を支える証拠以外にも証拠のあることをうかがわせる。しかし、他の基準より扱いにくく、主観の入る度合いが高い。「もっともらしさ」とはすなわち、人間（専門家のことが多い）が存在に合意した順次性、一時性、規則性の基準を共有することである。本書で何回か取りあげる大きな問題がここで持ちあがる。「因果性は、社会生活上の概念なのか、それとも、その本質は人間の精神の外に存在するのか？」

たとえば、著名な科学哲学者トマス・クーンは、科学における合意とは、多くの場合、権威者たちが若い研究者に取って代わられたあとにのみ形成されると唱えた。つまり、ある時点でどんな科学的「真実」が受け入れられるかは、そのときの社会勢力の力関係によって影響を受けるのである。こうしたポストモダン的な捉え方をさらに過激にした意見もある。それは、「真実」と「原因」のような概念は、社会を構成するある種の心象にすぎないのだから、捨て去るべきだという主張だ。

これは究極には、証拠ではなく信念の問題だ。したがって、私が本書の冒頭で表明した「因果性は存在するという**前提**に基づいて論を始める」は、因果性が「自然界に実際に存在する要素」であり、「便宜的に生み出された概念」でもある、という考え方に立っている。「もっともらしさ」という基準の存在は、「因果性の決定には、主観的な要素が関わること」「基準のなかには、他より扱いやすくて異論を生みにくいものがあること」を示している。

ダーウィンとウォレスの進化論が多くの科学者から即座に受け入れられたのも、理由のひとつは「もっともらしかった」からだろう。ただし、「地質学におけるプレート・テクトニクス理論」や「遺伝的形質に関するメンデルの法則」などは、多くの人に「もっともらしく」受け止められなかったせいか、長いあいだ顧みられなかった。

要するに、人の目に「もっともらしく」映らなければ、受け入れがたいということだ。このことから、「もっともらしさ」は、主要な基準ほどの重きを置くべきではないにしても、因果関係の存在を明確にするうえで、ある程度の役割を果たすことが見てとれる。さらに、考察の対象としたい因果関係を特定するうえでも、また、テスト可能な仮説を提案するうえでも、有用である。そして最も重要なのは、「もっともらしさ」を高めるような他のデータなり実験方法なりの探索を促し、ひいては、仮説の因果関係の裏づけを強める証拠を開拓することにある。

▼オッカムの剃刀

理論の妥当性の裏づけに使える基準としては、他に**単純性**がある。単純性の概念は、「オッカムの剃刀《かみそり》」とも呼ばれる。一四世紀のイギリスの神学者にちなんで、この名がついた。オッカムは、「ひとつで十分なときに、わざわざ多くを考える必要はない」と語ったという。もっともらしい説明がいくつかあるとき、簡単なほう、明快なほうが、より好ましいということだ。

この基準に合致する結果や理論を形容するために、「エレガントな」とか「効率的な」といった表現がよく使われる。単純かどうかは主観が大きく作用するが、単純性も基準に含めるのは、

「自然」はそもそも非常に効率のよい手段で目的を達成してきたとする観察結果があり、その信念が広く受け入れられているからだ。因果関係の特性として「単純性」は裏づけが乏しいように見えるかもしれないが、複雑なことの前に、まず単純なことから考えるというのは有意義な指針となる。

このように、断定型アプローチには、すばらしい強みがある。まとめると、以下のようになる。

①「見かけ」の妥当性がある。これは毎日の体験から得られる。私たちは、釘を板に金づちで打てば、釘が板に食い込む経験をしている。だから、金づちで打てば釘が板のなかに入ると推測するのは当然だと感じるのである。

②「イエス」か「ノー」で答える問いは扱いやすい。そのため、観察可能な結果と結びつけやすい。たとえば、AがBを引き起こすと考え、この仮説を調べたいと思うなら、Aが起きるように仕向け、Bが起きるかどうかを観察すればいい。あるいは、Bを減らしたいか止めたい場合、Aを変化させて望みの結果が得られるかどうかを判定すればいい。

③実験によれば、因果性の概念は生まれつき人間の脳に備わっていて、脳神経には「イエス」か「ノー」を答えるための部位がある。こうした実験は、二値の因果性の構成が妥当かどうかを確認した証拠と言える。「人間は世界を断定的に見るようにできている」と唱えたカントの見解を認めるものでもある。

④単純明快で、わかりやすい。オッカムの剃刀《かみそり》が賛同するように。

二値論理モデルは単純すぎるか

生命は二値モデルなどで表せるほど単純ではない、という反論にはどう対応するか？

確かに、複数の原因が関係してくる事象は多いし、先行する因子がいくつか整って初めて事象が発生する場合も多い。当然のように見えても、たった二つの事象のあいだですら、因果関係をはっきりさせるのは、かなり困難だ。クモの巣みたいに絡み合った原因と結果を解きほぐすには、ほとんどの場合、長い時間をかけて、さまざまな努力を組み合わせる必要がある。

だからこそ科学は、一度にひとつずつ仮説をテストすることによって進歩してきたのだ。複数の実験、複数の仮説を合わせて、原因を形成する要素が複数必要なことを見きわめるのは、あとになってからである。実際、よく練られた実験は、研究者がそのときに調べるつもりのない因子や興味のない因子をうまく「調整」してある。これはまさに、ガリレオが四世紀前、アリストテレスの複雑なモデルを拒否して、直接の原因を重視する「単純な」因果性モデルを求めたときの姿勢と同じだ。

最も単純な例として、因果性の順次的な並びにおいて、二値論理の事象がいくつか連結している場合がある。事象Aが事象Eを引き起こすように見える場合、AがBを引き起こし、Bが

Cを、CがDを、DがEを引き起こした結果なのかもしれない。それぞれの関係を、二値論理として分析可能だ。この例でもわかるように、二値論理のアプローチは、複雑な状況を単純化してくれる。単純なモデルを、断定型手法でテストしながら、しだいに複雑なモデルへと融合させていくことができる。

ただし、多くの事象は、「二つ以上の事象がすでに発生していた場合」か「二つ以上の事象が同時に発生する場合」か「ひとつの事象の発生が他の事象の発生する可能性を高めるという理由」**でのみ**発生する。それ以外にも「三つの事象が同時に起きなければならない場合」など、たくさんある。哲学者で計算機科学者のジューディア・パールは、著書『統計的因果推論』のなかで多くの可能性を明らかにして、因果関係の複雑な部分を選り分ける表記法について述べている。

断定型アプローチには確かに、さまざまな限界があり、まとめると以下のようになる。

①多くの事象は複数の原因があるように見えるため、単純な「イエス」か「ノー」の答えがそぐわない場合も多い。
②「必要にして十分」の要件の存在を実際に示すことはできないため、二値論理の因果性に暗示される関係の排他性あるいは特定性を主張できない。
③アリストテレスが提唱したように、原因を複数のレベルで分析できるといった状況のとき、

それぞれのレベルで断定型分析が必要なのかという疑問が生じる。断定型分析が必要になったとしても、その答えはふつうの二値論理アプローチで求める単純な「イエス」か「ノー」かでは捉えきれないものになるだろう。

④二値論理アプローチの「イエス」か「ノー」かの分析は、すべての状況に合うとは限らない。多くの因果関係は、複数の要素が持っている量や程度やタイミングに応じて影響を受けたり、複数の事象が同時に発生しなければ因果関係が存在しなかったりするからである。

こうした限界を通して、断定型アプローチは唯一の最終モデルにはなりえないことがわかる。であれば、次に問うべきは、「断定型モデルは、つねに適用できて、正確**なのかどうか**」ではなく、「断定型モデルを使うことで、かなりの正確さをもって解明しやすくなるのは、**どの**事象か」である。

次の章では、確率型について見ていくことにしよう。

第4章

確率型で考える

「発生を促す」「影響を及ぼす」因子

正しい問いに大まかに答えるほうが、
間違った問いに完全に答えるよりましである。

——ジョン・テューキー
［アメリカの数学者。一九一五〜二〇〇〇年］

事象がまったくの偶然で起きるとしても、
それもまた必然なのかもしれない。

——クリスチャン・ド・デューヴ
［ベルギーの細胞生物学者。一九一七〜二〇一三年］

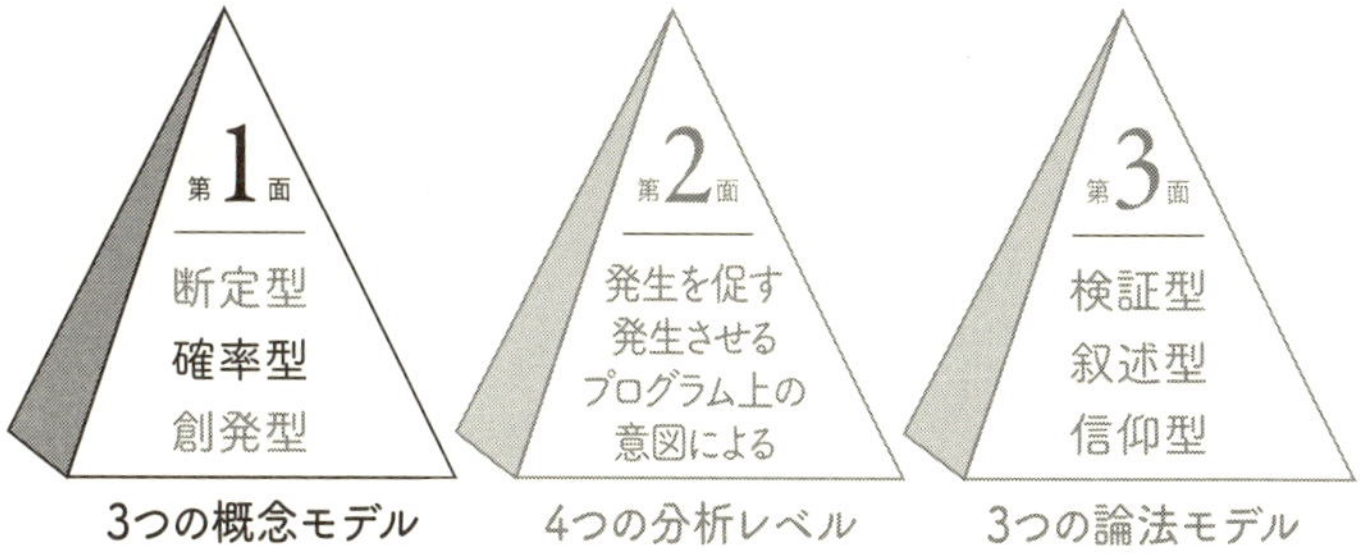

前章で述べた断定型の二値論理あるいはデジタルのモデルでは、「それ」は原因で**ある**か、原因で**ない**かのどちらかであり、もし原因であるなら、ある事象を直接的に引き起こす存在として捉えている。

一方、この章で取りあげる確率型アプローチでは、原因を「**別の事象の発生しやすさに影響する事象**」として捉えている。つまり確率型の場合、原因は、他の事象にとっての「影響因子」「リスク要因」「発生を促す因子」「変更因子」「緩衝域」といった働きを持つ。

原因を確率的に捉えようとするとき、まず「確率」の用語を定義すること自体が一筋縄ではいかない。確率の一義的な定義は、予測と関連づけるもので、未来においてある結果、または、ある影響の**起こりやすさ**の程度を示す。しかし、この定義では別の解釈も可能で、「確率」とは結果に**不確かさ**が存在することを示す概念である、とも言える。この考え方は、起こりやすさを予測する能力にはそもそも限界があり、したがって、因果関係を明らかにする確かさにも、やはり限界があることを前提にしている。不確定性原理を提唱したハイゼンベルクは、確率に関わる二つの要素を、きわめて簡潔に表現した。

「確率には、傾向という客観要素と、知識が不十分という主観要素が関わる」

▼確率的推論の三つの特徴

因果性にとって、確率的推論の重要な特徴とは何だろうか。

①第一の特徴は、確率の論理は「**物差し**《ディメンション》」のように幅があるということだ。つまり、因果性の確率は〇～一のあいだ、すなわち〇～一〇〇％のあいだの任意の値を取りうる。ただし、〇になることも、一になることも、決してない。〇か一になる場合は、断定型の原因となる。確率型で問題になるのは、特定の値の意味をどう解釈するかだ。たとえば、〇・二すなわち二〇％の確率というのは何を意味するか、ということである。

②「幅がある」というこの性質から、第二の特徴が見えてくる。因果関係の「起こりやすさ」が、**規則的・段階的**に変化することである。一〇％は五％の二倍「起こりやすい」と考えることができる。この考え方が重要なのは、「起こりやすさ」の微細な違い（たとえば、二三％と二六％）も、大きな違い（二五％と七五％）も、区別できるからである。こうした規則性があれば、数学的な操作が可能だ。さらに、複数の事象の確率に順位をつけたり、違いを直観的に見分けたりすることもできる。たとえば、「二倍、起こりやすい」とか「一〇倍、起こりやすい」などど。

ただし、関わる事象や生命体の数が大きかったり、時間軸が長かったりする場合には、微細な違いに見えたものが、実際には非常に大きな影響を与えることがある。たとえば、ある地域の全人口の血圧を、平均でわずか四ポイントだけ下げることができれば、それによって防げる脳卒中の数は、高血圧の人全員に治療を施して減らせる脳卒中の数よりも大きい。

一〇ドルを複利で運用する場合、金利が八%だと三〇年後には一〇〇・六三ドルになるが、七%だと七六・一二ドルにしかならない。

事象間の関係を数学的な「起こりやすさ」で記述する因果性モデルが、すべて線形に作用したり、規則性を保っていたりするとは限らないことに注意してほしい。第5章で創発型の非線形モデルを取りあげるが、そこでは確率が規則的・段階的には変化しない。

③第三の特徴は、前にも触れた**不確かさ**である。不確かさは、確率型のあらゆる記述に必ずついてまわる。別の言い方をすれば、確率とは、不変で絶対の値ではなく、範囲を持つということだ。情報を多く集めて不確かさの範囲を狭めることはできるが、決してゼロ（不確かさがない）にはできない。

このように、確率型モデルは、二つの事象が関連する可能性を説明するのであって、因果関係の有無を断じるものではない。断定型モデルが確かさを示すのに対し、確率型モデルは可能性、あるいは、実現する度合いを示すのである。

多くの人は、断定型の「イエス／ノー」と確率型の「たぶん」の印象から、確率型は断定型に比べて、複雑なわりには得られる情報が少ないと感じるかもしれない。「因果関係にあるかもしれない」という表現を、曖昧で正確さに欠けていると思う人もいるだろう。皮肉なようだが、実際には逆の面もある。

確率型の記述は、そもそも不確かであることを受け入れたうえで、事象間に存在する可能性のある関係について最大限の情報量を伝達する、とも言えるのである。とはいえ、その情報の量と質が、見方によって高かったり低かったりするところに難点がある。もしかしたら、それが理由で、今日でも多くの人が、原因を確率の面から捉えようとしなかったり、仮に捉えたとしても、現実離れしたものと見なしたりしているのかもしれない。

理由はどうであれ、確率型のアプローチは、多くの人にとって理解しがたく、むずかしいことは確かだ。なぜか。それを探るために、確率型の思考が歴史上、どのように変遷してきたのかを振り返ってみることにする。

▼「確率」の歴史的変遷

確率型の思考の基礎は、一八〇〇～二〇〇〇年ほど前に、すでに登場していたようだ。そのころに書かれたサンスクリットの『マヌ法典』や『ローマ法大全』やユダヤの『タルムード』に出てくる確率型推論についての初めての記述を、ジェームス・フランクリンは著書『予想の科学（*The Science of Conjecture*）』のなかでまとめている。どれも、不正行為の証拠が絶対ではない裁判で、責任をどう分け合うかについて論じたものだ。

フランクリンは、その時代以前の書物に確率型推論の言及がないのは、古代ギリシャ人が確率という概念を発見していなかったからだと考えた。そして、法律上の不完全な証拠という概念のない文化が数多く存在することや、中世英語には確率という単語がなかったことをあげ、確率型推論を持たない文化があるということは、人間にとって確率型推論は普遍的なものではないと結論づけた。

だが、フランクリンのこの結論は、最近の調査で、間接的に疑問符を突きつけられた。というのも、霊長類でない動物種で、因果性の確率型推論がおこなわれている可能性が発見されたからだ。たとえば、アーロン・ブレイスデルとその研究チームがおこなった実験では、ある課題をそれまで一度も経験していないラットでも、その課題を他のラットが実行しているのを見たあとには、結果の「起こりやすさ」を予測している様子が示されたという。

ブレイスデルは、模倣や学習が影響しないように実験を組み立て、霊長類以外でも確率型の推論がおこなわれていることを実証した。実験のなかで、結果の「起こりやすさ」を高めると、ラットが特定の行動をとる可能性が高まったのだ。こうした実験から、確率型推論は、ラットに生まれつき備わっていることがわかり、ラットの脳には、確率に基づく計算能力が備わっていることが暗示された。

そこから研究者たちは、確率型推論は、人間にも生まれつき備わっているはずだと推測している。だが、人の脳が確率型推論をおこなうように「つくられている」とするなら、ある時代のある文化圏で、その概念化や言語での表現が見られないのは謎である。

▼ポール・ロワイヤル論理学

確率型推論と、日常の問題へのその応用を初めて明確に論じた文献は何だろうか。これに関して学者の意見は一致していて、一六六二年の『ポール・ロワイヤル論理学《ロジック》』だとされている。パリにあったポール・ロワイヤル修道院の修道士たち（数学者ブレーズ・パスカル〔一六二三～六二年〕の影響を多大に受けたようだ）によって著されたものである。

『ポール・ロワイヤル論理学』では、確率型推論の骨格をなす二つの重要なアイデアを紹介している。ひとつは「運が支配するゲームで、特定の結果の〈起こりやすさ〉を表す比率」、もうひとつは「事象の結果の〈起こりやすさ〉を知っていれば、単なる推測に比べて、正しい答えを予測する力が高まる」という考え方だ——ただし、予測する力が高まるとはいっても、絶対の確かさ、あるいは、精度を持つことはできない。

『ポール・ロワイヤル論理学』には、すぐに他の研究が追随した。オランダの数学・物理学者クリスティアーン・ホイヘンス〔一六二九～九五年〕が、確率について書いた教本や、イギリスの数学者ジョン・グラント〔一六二〇～七四年〕が、教会や町の台帳から集めたサンプル・データを使って開発した、死者の発生する可能性を計算する手法もそうである。彼らは、確率型推論の応用範囲を広げ、断定型と確率型推論の大きな違いを明確に知らしめた。

こうして歴史を少し振り返っただけでも難問が立ちはだかる。ブレイスデルが実験で示したように、因果性を確率的に捉える能力が、人間に生まれつき備わっているのが事実だとすれば、その考え方になじみのない人が大勢いるのは、なぜなのか。また、その考え方が、紀元後二〇〇年ほど経つまで言及されず、『ポール・ロワイヤル論理学』の登場まで思考概念としてはっきりと論じられることがなかったのは、なぜなのか。納得できそうな説明としては、確率の論理を表現し数値化するには、数学のツールが必要であり、確率型思考の概念を明確化するには、その前に不確かさの概念が構築されていなければならなかったことがあげられる。

▼ゼロと無限の発見

「起こりやすさ」を表すのに不可欠の数学理論は、ゼロと無限である。バビロニア人、およびギリシャの哲学者デモクリトスが「何もない」と無限の量について書いたものが残っているが、ゼロが数学の構成要素のひとつとして明確に言及されるのは、紀元後三世紀のインドまで待たなければならなかった。

確率型思考を数学で表すのにもうひとつ必須だったのは、途切れなく無限につづく「数の体系」だった。ローマ数字の登場で、小さい数も大きい数も表せるようになったが、最大の数（M）は一〇〇〇であり、Mを何個合わせても無限にはならず、最小の数（I）は一であるため、やはり無限に大きい数と無限に小さい数を表すことはできなかった。

一〇世紀ごろ、アラビア語圏のペルシア人哲学者・科学者たちが、計算にゼロを用い、現在使われているような「数の体系」を明確に使いはじめた。この「数の体系」によって、たとえば、

「1, 10, 100, 1000」のようなパターンをたどる数に記号を設け、足し算・引き算以外でも数をそのまま操作できるようになった。その後、ローマ数字（I、V、X、など）に見られるように、表記法も進歩していった。

さらに、ゼロから無限まで**連続**（のちにこれは、負の無限から正の無限まで拡大された）し、1を**無限に小さく刻める**（1, 1.1, 1.11, 1.111 …）数の体系の確立によって、整数ではない数の持つ意義を示し、その応用法を編み出した。数学は、因果性における断定型の基礎をなす完全な正確さの概念から解放され、不確かさを扱えるようになった。本書のテーマに沿った言い方をすれば、確率型モデルに内在する不確かさを表現するための手法やツール類が次々に開発されていったのである。

以後、数学のこうした表現体系は、確率を用いた因果性の抽象的な捉え方と、数学形式に基づく具体的な捉え方の両方を支えている。本書ではこのあと、微積分などのさらに複雑な数学的アプローチの発展や、正規分布の概念が因果関係の追究に及ぼした影響について述べる。数学の発展によって、不確かさは定量化できるだけでなく数学的に操作できるようになり、因果関係の強さ、すなわち「起こりやすさ」を表現できるという見解が実践上からも裏づけられた。

とはいえ、確率型推論と、因果性へのその応用は、いまでも多くの人にとって理解しにくい。これは『ポール・ロワイヤル論理学』の執筆者たちにもわかっていたようで、次のように記している。

「危害への恐怖は、危害の規模だけでなく、それを引き起こす事象の確率にも比例するはずである。雷に打たれて死ぬのはきわめて稀《まれ》なことなので、雷に対する恐怖はきわめて小さいはずだ」

ところが、この恐怖は共有され、ときに人は、自分で論理的に考えようとしなくなる。人は、雷に打たれて死ぬ確率に基づいてこわがるというより、雷に打たれる恐怖を皆が共有しているから自分もこわがるのだということを、執筆者たちは知っていた。これは現代の私たちにも当てはまるだろう。雷を避けるには、木の下には立たないとか、開けた場所では体を地面に横たえないなどの知識を持っていても、やはり雷への恐怖はなくならない。

つまり、統計上の「起こりやすさ」以外の因子が原因となって、恐怖を強めるのである。損害を和らげる方法を知っていたところで、不安を和らげることにはならない。

▼微積分法の発見

一七世紀中ごろ、確率型推論の考察に影響をあたえた数学的手法の進展には、ニュートンとライプニッツが発見した微積分法がある。微積分は、連続した近似値という概念をもとに、円弧や放物線のような形状と曲線を表現でき、大砲の弾道のような非線形経路を計算できる。連続した近似値を使って計算する手法のことを、極限定理と呼ぶ。放物線は極限に近づきはするが、決して接触しない。図の内側の領域をなるべく小さく区切って足し合わせるほど、微積分によって放物線内の領域を測定した値は「実際の」領域に近づく――区切った各領域を実際に測定していなくても。

因果性の構成概念に微積分が影響を及ぼすのは、微積分には「正しい」答えを知る能力があるからである。たとえば、高層ビルのさまざまな部位にかかる物理的な圧力の量を知るのに、無限に数値演算をおこなわなくても、状況を定量化し、予測（計算）できる。おかげで、技術者も設計者も科学者も、完全な正確さを求めることができない状況で、正確さを求める必要性から解放された。

また、断定型モデルの絶対性に対する強力な代替案がもたらされた。つまり、微積分によって得た答えは正しい答えに非常に近く、実際に測定した値との区別がつかないことを示したのである。ひいては、数学の演算結果は正確で実用に堪えるため、絶対の精密さを求めなくてよいことも明らかになった。

こうして、微積分は、ハイゼンベルクが明らかにした確率という概念に付随する二つの問題――ひとつは、ある特定の状況下での結果の「起こりやすさ」を数学的に表現すること、もうひとつは、計算に内在する不確かさ――に対処できたのである。確率型推論に付随する二つの問題を取り込み、定量化を実現したことで、微積分は確率型推論の科学を発展させるために必要な理論的概念と応用概念の統合も推し進めた。

「比率と掛け率の概念」「微積分」「確率の定量化」の三つの思考は、ほぼ同時期に発展した。この偶然を説明する見解には、次のようなものがある。

- 概念同士が関係しているから
- この三つのすべてで、数学的予測が土台にあるから
- 商人の台頭によって、稼ぎが増えて余暇時間が増加し、結果を運が左右するゲーム（賭け事）での正確な予測などの話題が関心を集めたから
- 高等教育機関の充実により、個人が測定に関するさまざまな課題を考察したり、専門家たちと意見を交わしたりする機会が増えたから

どれも、もっともらしく見える。確かに、これら三つの、まったく異なるけれども関連している思考がほぼ同時期に現れたことには、何らかのつながりがあると想像できそうだ。とはいえ、こうした説明のどれか、あるいはすべてによって、たまたま起きただけかもしれない。

▼ガウス分布

確率を定量化し、現代における確率型推論の手法開発に大きな影響を及ぼした「ツール」は

他にもある。

アブラーム・ド・モアヴル〔一六六七～一七五四年〕は、ランダムに見える事象が「釣鐘曲線」すなわち正規分布曲線の形に分布することを発見した。この発見は、カール・フリードリヒ・ガウス〔一七七七～一八五五年〕によってさらに展開される。ガウスは、測定対象やサンプルの数が増えるほど、平均値からのばらつきが小さくなることを示し、観察対象の数が大きくなるにつれて正確さが増すと結論づけた。

このアプローチはのちに、一九世紀の学者フランシス・ゴルトンによって発展する。ゴルトンは、大勢の人の身長や体重など、測定可能なさまざまな数値を集計した。その結果、数値が「ガウス分布」（正規分布）を描いて分布することを明らかにし、確率に基づいた予測を定量化する手法を発展させた。正規分布がいたるところで見られること（遍在性）は、確率型因果性に現実味のあることを裏づけた。いたるところにあるということは、こうした確率型のパターン分布を導く力が自然界にもともと存在していることを示唆するからだ。ゴルトンはまた、確率型アプローチには大きな限界があり、それは個々について予測する能力が限られることであると認識していた。

結果の予測と定量化を現実世界に応用することで、大規模データの定量化と分析の質を高める、確率統計ツールの開発にも拍車がかかった。アメリカの哲学者ピーター・バーンスタインは、『リスク――神々への反逆』のなかで、リスクと予測、そしてそれらを定量化する手法の開発は、資本主義と巨大産業を生み出すきっかけのひとつになったとまで書いている。もちろん、それだけで資本主義を生み出せるほどではなかったが、その発生の可能性を大きく高めたというわけだ。その理由は、資本主義の根幹ともいえる新規事業のリスクを定量化して、投資から見返りを得られる確率を計算できるようになったからである。バーンスタインはこのように、現代の強力な経済システムの基盤のひとつは、確率という概念の出現にあったと述べている。確率型アプローチには、もうひとつ、「平均」（平均三種のうちの「平均値」）の計算がある。その起源は意外に新しく、平均の手法は、モアヴルが正規分布を研究するなかで発展した。

確率型推論には多くの例があり、私たちの生活のあちこちに浸透している。たとえば、車の速度制限は、事故が発生する可能性を下げる（ただし、ゼロにはならない）。ポーカーやブリッジの一流プレイヤーは、どのカードがすでに出されたかを把握し、それに応じて次の手を決めるので、勝つ可能性が高い（ただし、絶対に勝てる保証はない）。一流のアスリートと監督は、対戦相手が次にどう動くかをあらかじめ調べて予測することで、自分たちが勝つ見込みを大きくする。

ただし、こうした行動は、本来は断定型と見なされることが多い。たとえば、速度制限を超えて走るのがよくないのは「危険だから」で、「速度制限は万能ではないにしても、これを守っておけば、事故率が下がり、仮に事故が起きたとしても、取り返しのつかない事態に陥るリスクが小さくなる」などと考えているからではない。

▼喫煙は肺がんの原因か？

こうして私たちは再び、確率型の因果性論理の問題に立ち戻る。例をもとに考えてみよう。

ある人が、煙草を一日に一箱以上、五〇年間、吸いつづけたとしよう。その人が肺がんになる可能性は、まったく吸わない人に比べて、約一七倍高い。こうした比率には「信頼区間」がある。信頼区間とは、たとえば「八〇％」とか「九五％」といった確度で、その因果関係の記述が正確であると見なせる、計算可能な幅のことである。

しかし、たとえ九五％の信頼レベルにあったとしても、結果が信頼区間の外に出てしまう可能性は二〇回に一回はある。八〇％なら五回に一回だ。このことから、ひとりの喫煙者に対して、喫煙が肺がんを引き起こす可能性は、ゼロよりはるかに大きい（偶然よりも大きい）と言える。しかし、肺がんの原因になりうるものは他にもあり、また、喫煙する人全員が肺がんになるとはかぎらないので、肺がんになるかどうかは「イエス／ノー」の断定ではなく、「起こりやすさ」の範囲でしか示せない。それでもなお、この「起こりやすさ」は十分に高く、長期の喫煙者は、そうでない人より肺がんになりやすいと考えてよさそうに見えるが、私たちは完全に信じることはできないだろう。ある特定の個人が、肺がんになるか、ならないかを、ある程度でも正確に予測することはできないのである。

では、先ほどの数字は、喫煙が肺がんの原因だという証拠になるのだろうか？　答えはノーでもあり、イエスでもある。「ノー」の観点からすると、これらのデータは、喫煙と肺がんのあいだに非常に強い関連があることを示しているにすぎない。ヒュームが指摘したように、これは因果関係を証明してはいないのである。一方、関係の強さに照らせば（先の例だと、一七倍大きな相対リスク）、喫煙によって肺がんが引き起こされる確率はきわめて高い。一般に、確率型モデルは、絶対的な因果関係を構築することはできない。だからといって、予測が不可能だとか、試みる価値がないという意味ではない。

同様に、三〇年間、毎日二箱吸ってきた喫煙者が、がんにかかるリスクは、一度も吸ったことのない人のそれよりも明らかに大きい。確率に伴う不確かさを盾にとり、煙草会社とその関連企業は長年にわたって、喫煙ががんの原因である証拠はないと表明していた。だが最終的には、両者の関連の強さが、保健問題をあつかう陪審員、政策立案者、議会、大衆のほとんどに、原因かどうかの答えは「イエス」だと確信させたのである。

確率型推論の利点

確率型推論に内在する不確かさは、一部の人に拒否反応を起こさせるようだ。だが、確率型のすばらしい利点は、不確かさを定量化する手法を提供できる点にある。確率型推論は、因果性とは直接結びつかないことでも、日々の意思決定に多数使われている。たとえば、「傘を持って出かけるか」「定期預金に預けるか、株に投資するか」「新しい仕事の誘いを受けるか」「あの新型車を買うかどうか」など。

さらに、意思決定のなかには、いい成果に結びつく可能性が低いことがわかっているのに、あえておこなうものもある。たとえば、「治癒の見込みが薄くても、受けようとする医療処置」「非常にリスクの高い事業への投資」「喫煙など、体に悪いとわかっている行為の継続」などだ。

確率型手法の強みは、伴うリスクを定量化して、意思決定者に示すところにある。因果性推論に応用すると、絶対的な答えはないにしても、因果関係の起こりやすさについての情報が得られるのである。

確率型モデルの限界

すでに指摘したように、確率型モデルは、「イエス／ノー」の二値論理（断定型）モデルとはまったく違う。断定型モデルが「確かさ」を表すのに対して、確率によるアプローチは「たぶん」を表し、二つの事象が関連しているかどうか、その可能性の程度を記述する。二つの事象の関係について、絶対的な表明をするものではない。このため確率は、多くの人にとって、複雑なわりには情報量が乏しく映る。

まとめると、以下のような限界がある。

①絶対の確かさをもって原因を指摘できない。この点に不満を感じる人は多く、因果関係が存在している可能性について考えるのをやめたくなる人もいる。

②多くの人にとって、確率型モデルは断定型に比べて直観的に理解しづらい。そのため、意味のある情報を提供する能力を実際より低く見積もり、提供された情報を誤って解釈する可能性を高めてしまう。

③確率型推論をおこなうためには、通常、ある現象が複数回、起きなければならない。あるいは、現象が、集団に影響を与えなければならない。あるいは少なくとも、その現象と同様の状況に関する知識や情報があることが前提となる。確率型手法は、一回限りの事象や、ある個人についての「起こりやすさ」を示す能力が不十分だ。そのため、「歴史上の出来事」「特定の進化経路」「生態環境」「個人の生活」「個々の分子」など、特異な発生事例に対して因果性の情報を割り当てるのにはほとんど向いていない。個々の物体や個人の特異な面が、類似点をはるかに上回っていて、因果性の予測がほとんど偶然と変わらない場合もかなりある。

データ群へのこうした依存は、確率型モデルのもうひとつの限界も表している。因果関係の「起こりやすさ」を予測あるいは記述する能力は、比較しようとする事象の等価性に依存する。ところが、不確定性原理によって、二つの事象が完全に同一かを判別するのは不可能だと認識されている。そのため、確率型モデルで誤りが起きる理由のひとつは、比較しようとする事象の等価性をそもそも判別できないことに由来する。

誤りの発生源としては他に、どれほどデータを慎重に収集し測定したとしても、測定は決して正確にはなりえないということがある。したがって、確率型の情報の「ファジーさ」の一部は、推定の元となる情報に誤りがあり、その誤りを完全に除去できない複数の理由があるという事実から生じる。この認識が、ロナルド・フィッシャーによるサンプリングの科学的根拠を発展させたのである（第8章で述べる）。

ただし、確率型アプローチが、因果性や将来の行為について絶対的な表明をおこなえないからといって、それを、因果性が存在しないとか決定できないという主張の根拠にすべきではない。絶対の確かさがないからこそ、できるだけ詳しく知るために、あらゆるアプローチを試みるという面もあるのだ。

不確かさを持つがゆえに、確率型モデルを冷笑したり徹底的に拒絶したりすること自体、断定型推論の誤用であり、人間の知識には限りがあるという事実を無視していることになる。確率型モデルは、こうした限界を理解し、情報の収集はできても絶対ではないことを認めたうえで発展してきた。これは自然に存在する限界（あるいは少なくとも、自然をどう理解するように人がつくられているか、その理解の仕方に存在する限界）だが、限界の認識は、実際には、集めた情報を使いこなす能力を高めてきたのだ。どのアプローチでも、その限界をあらかじめ踏まえておくことで、因果性の情報を引き出す能力が最大化される。限界がわかっていればこそ、その手法なりアプローチなりを、不適切に使用することなく、ふさわしい状況に当てはめて活用できる可能性が高まるのである。

④確率型推論は、私たちには不自然に見えるし、日々の生活においてもあまり登場してこない。たとえば、飛行機に乗る恐怖は、自動車に乗る恐怖よりも大きいかもしれない。だが、私たちが自動車事故で死亡する可能性は、飛行機の墜落事故で死亡するより、はるかに大きい。

飛行機への恐怖のほうが大きいのは、「墜落事故の劇的な印象のせい」なのか「大型旅客機だと、一度に大勢の乗客が死亡するから」なのか「自動車の運転手は、自分自身が危険をコントロールできると考えるから（本当かどうかは別にして）」なのかは判然としない。あたかも飛行機で死ぬ確率が、自動車で死ぬ確率より大きいように行動する人は多く、これは確率型の比較が必ずしも「自然には」おこなわれないこと、確率型推論だけの論理では多くの人が反発することを示している。

確率型と断定型は別物か？

ここまで、断定型と確率型を別個の推論モデルとして扱ってきた。だが両者を、一方が他方の構成要素となる、ひとつのまとまったアプローチとして捉えてはどうだろうか？　断定型モデルを、確率型モデルの特別なケースとして、つまり因果関係の確率が一〇〇％（「イエス」）か〇％（「ノー」）のモデルとして捉えることはできないだろうか？　あるいは、確率型アプローチを断定型の構成要素と考えてはいけないだろうか？

境界を崩すこのアイデアの裏づけとなるのは、コンピュータとデジタルカメラの劇的な進化だ。どちらも、複雑で細かい段階のある現象を、最終的にデジタル化する。私たちは自然を連続するものとして捉えているが、自然もデジタル（断定型）につくられているのかもしれない。あるいは逆に、自然は連続するものとしてつくられているが、人はそれを単純化できるように断定型の概念をつくりあげたのかもしれない。だが、いくつかの理由から、私は少なくとも概念レベルでは、これら二つのモデルを分けておく意味があると考えている。

断定型モデルが本質的に持つ単純さと影響力の強さは、大きな長所である。工業などの適用現場では、明確な区別ができるからこそ行動が可能となる。これは、日々の生活にも当てはまるだろう。たとえば、気象学者は熱帯低気圧とハリケーンを区別する。風速が時速一二〇km未満なら熱帯低気圧で、それ以上ならハリケーンという明確な区別があるため、どれくらい注意して対処すべきかが判断しやすい。ガリレオがアリストテレスの分析アプローチを捨てたのも、単純でないことが理由のひとつだった。科学が発展をとげたのは、因果性のひとつの要素に集中したことが功を奏したといえよう。

逆に、確率型モデルでは、複数の絡み合った原因という概念のほうが理解しやすく、数学的な表現も容易だ。さらに、絶対の確かさをもってひとつないし複数の原因を特定できないからといって、因果関係についての情報がないわけではないという認識も得られた。

断定型と確率型の二者択一をおこなうと、絶対の確かさと相対的な確かさを対比できなくなる。この区別は、哲学の面でも現実の面でも示唆に富んでいる。ひとつのアプローチが、他よりもつねに正確で優れているという考えに固執しなくていい。また、本書でおこなう主張、すなわち「周囲の状況や考察対象の事象によって、特定のモデルが選択される」「ひとつに決まらないまでも、それらから大きな影響を受ける」という考え方にとっても、この区別は必須なのである。

断定型モデルでは、原因はひとつのほうが都合がいい。断定型の原因が複数存在することもありえるが、複数の原因があるなら、それらは相互に作用すると考えるのが自然であり、確率型モデルを使って数学的に説明できる。

二つのモデルのあいだの区別を捨てることは、それぞれの限界を無視することにほかならない。区別を捨てようとしても、うまくいかないだろう。人はこれからも、その都度、状況に合わせて違うモデルを使い分けていくからだ。両方のモデルを区別することで、それぞれの強みと限界を知り、人の現実の振る舞いを理解することができる。別の言い方をすれば、私たちは因果性について、さまざまな方法で考えているのであり、多くの人にその傾向があるかぎり、異なるアプローチには異なる意味があることを認識することは、有用かつ重要である。

一方、それらを区別しても（これ自体が断定型の行為）、それぞれが共通して持つ機能を無駄にすることにはならない。区別することは、因果関係に絶対の確かさを求めるのは不可能としたヒュームの知見について考察することでもある。確率型アプローチでは、他のアプローチを組み合わせて、一〇〇％の確かさはなくても因果性の推論に基づいて行動することができる。ヒュームの議論には、断定型アプローチの限界が反映されていたと私は考えるが、そのアプローチを使わざるをえない場合もあるのである。

▼統計的アプローチ

もうひとつの現実的な区別は、二つのモデルにはそれぞれ異なる統計的アプローチが必要ということだ。断定型モデルは、複数のグループだけを比較する**ノンパラメトリック**と呼ばれる手法を使ってテストする。一方、確率型モデル（ディメンショナル型モデル）は、**パラメトリック**アプローチに依存する。これは、平均値や標準偏差のような、分散に関する情報の特徴を比較するものだ。確率型アプローチにおける統計上の評価は「比率」の比較に基づいており、「比率」とは、偶然とは違う分布が起きる可能性の指標である。

最後に、断定型と確率型を区別する価値は、物理および生物学的システムのさまざまな面を説明する際、断定型の手法が適したところと確率型の手法が適したところがあることからもうかがえる。たとえば、自然界の要素で考えてみよう。自然界は、ある面では二値論理のアプローチで作用するが、大きな視点から検証したりまとめたりする場合には、その動きが段階的であるように見える。

ここまで前ページの続き

● 多くの亜原子粒子［原子よりサイズが小さい粒子］は、二つのエネルギー状態のどちらかひとつ（断定型モデル）で存在しているかのように振る舞うが、全体として見ると、幅のある確率型のモデリングに従った動きをする。

● 脳のなかでは、イオン・チャネルや、受容体、細胞、神経回路が、アクティブか休止状態のどちらかの状態（断定型）にあるが、多くが集まって段階的で幅のある方式（確率型）で機能を果たす。

● サルが標的に視線を向けたときに、前頭葉で個々のニューロン（神経細胞）が「発火する」ことが明らかになっている。視覚野にある他の細胞は、ある角度の傾きをもった何らかの斜線が視野に入ると発火する。これらは断定型の現象である。個々のニューロンは、発火するかしないかのどちらかしかない。にもかかわらず、視点はなめらかに少しずつ動くように見え、私たちは、自分の目の動きが途切れなく連続しているように**感じる**。生理学的に言えば、眼球運動は、複数のニューロンの発火と多数のきわめて小さな動きの積み重ねが合わさって起きる。個々のニューロンのレベルでは、生理学的には断定型の動きだが、人の感覚としては、それらは連続している。

こうした例は、自然界にある多くの事象が、顕微鏡レベルでは断定型、肉眼レベルでは、それらが集まった結果、段階を使って表せることを示している。二つのモデルを分けて扱うことで、考察を深め、同時に、過度の単純化を防ぐことができる。ゆえに、二つのモデルを分けて扱うときに、「一方が他方より優れている」とか「強力だ」とか「自然を、より忠実に反映している」などと思いこんではいけない。

つまり、それぞれのモデルがうまく説明できるものは、対象のシステムや特性によって、またどのレベルで分析するかによって異なるのである。モデルのこうした区別が自然界に発生する現実の差異、すなわち、他の方法では知覚できない差異を説明するかどうかについては、プラトンの「洞窟の比喩」の時代から論争になっている。私は、現時点においては、断定型と確率型の区別は残すのが得策と考える。ただし、将来的にずっと、この区別に価値があるかどうかは不明だ。人が世界をどう見て、どう捉えるかは、人の脳のつくられ方によって決まるというカントの主張が正しいにしても、区別の価値が将来も残るかどうかが不明であることに変わりはない。

適切なモデルを選ぶための基準

断定型も確率型も有用な場合に、そのときの状況では、どちらのモデルが合っているか、選択する指針がほしい。

第一の基準としては、統計学者による、特定の統計技法を使用すべき状況についてのルールがある。これを使えば、断定型や確率型のデータを分析するのに、さまざまな統計的手法をほぼ普遍的に適用できる。これは循環論法ではない。なぜなら、適切な選択ができれば、答えを導くための「力」や能力を最大化できるからだ。

「問い」が断定型の用語で表現できる場合には、断定的に「イエス／ノー」を答える技法を活用すればいい。そうでない場合には、確率型の技法を使う。ただし、断定型手法にも、やはり確率の要素は入っている。絶対の確かさを持つことは不可能だからであり、症例や個体の数が、「起こりやすさ」に影響するからだ。結果として、正しい統計的手法をとれば、確かさの度合いを最大化し、その最大の確かさをもって、関係が存在すると言える。適切な環境下であれば、因果性の可能性を定量化できる。

第二の基準は、実用性を考慮することだ。先に述べたように、気象学者は、熱帯低気圧（風速が時速六三～一二〇㎞のあいだで推移）とハリケーン（風速が時速一二〇㎞以上）を区別する。また近年、ハリケーンは五つのサブカテゴリーに分けられるようになった。こうした線引きは、明らかに人為的なものである。というのも、風速は段階的な性質を持っており、平均風速が時速一一九kmと一二二kmの嵐を明確に線引きすることはできないからだ。

とはいえ、このような断定型の線引きは、コミュニケーションを促進する役割を果たし（ニュースにハリケーンという語句が入ると、人は注意深く耳を傾ける）、災害への備えもとりやすい（レベル五の嵐には、レベル二のそれよりも、はるかに厳重な準備がおこなわれる）。

一方、嵐による損害の大きさが、嵐のエネルギー量と相関するのかどうか調査するなら、風速やその他の変数（たとえば嵐の直径）を「幅のある《ディメンショナル》」連続した要素として扱い、検証のための数式を整備しなければならない。

当然ながら、科学の世界でも、情報の種類や量が変われば、モデルの選択も、それに応じて変わっていく可能性がある。一五〇年前、メンデルは、エンドウ豆の八つの形質が、それぞれの親から独立した要素として引き継がれることを突きとめた。のちに、この現象は「遺伝」と呼ばれることになる。形質の継承にはパターンがあり、引き継がれた要素は、二つのうちのどちらかの振る舞いをする。「優性」の要素は、他の要素が何であれ、形質の発現を誘発する。「劣性」の要素は、他の劣性の遺伝子も継承された場合にのみ発現する。メンデルの研究は、当初は顧みられなかったが、一九〇〇年ごろ「再発見」され、この断定型の説明が一〇〇年にわたって遺伝子研究を牽引した。

二〇〇一年、ヒトゲノムの配列が解読され、それにつづいて、多くの生物の全ゲノムの配列を解読する能力が発展し、メンデルの断定型のモデルの限界が明らかになった。

実際、家系内でよく発生する病気は、多数の遺伝子が働いた結果のように見え、遺伝子のそれぞれは、その継承のわずかな部分しか説明しない。これはメンデルが間違っていたということではなく、多くの状況において、遺伝的特徴は、単純な断定型のパターンに従っているのではないということだ。この込み入った問題を解き明かそうと、科学者はいまも奮闘している。メンデルの思想は、確かに多くの現象を説明するので、この問題の解決策には、メンデルの思想が明確に組み入れられるだろう。だが、複数の遺伝的要素間の相互作用に依存し、段階的で幅のある形質を生むメカニズムが発見される可能性もある。あるいは、断定型の遺伝子の発現を生むが、実際には、生物の非線形の相互作用に依存するメカニズムの発見も考えられる（これについては、次の章で扱う）。

どのモデルを用いるかの選択は、特定の遺伝子（群）の作用を、どのモデルがより正しく予測できるかによって決まる。つまり、実用性の基準は、実は非常に強力な基準といえるかもしれない。

本章のまとめ

この章では、段階があって絡み合う、複雑な原因の世界を探索した。原因のなかには、段階的にひとつずつ働くものがある。一方、多くの変数、すなわち「遺伝子の産物」「信号変換経路」「細胞システム」「神経網」「組織」といった変数が、予測可能な動き方で相互作用し、システムとして振る舞う原因もある。

「予測可能な」という語句は、ここではきわめて重要である。「偶然」が説明になりそうな場合でも、数学的分析を通じて、確率型の関係が作用していることを証明できる。これは、予想をおこなえるという、確率型推論の強みである。ただし、絶対の確かさを証明できないという点に、多くの人が不満を抱いてしまうのだが。

次の章では、これまで述べてきた二つのモデルの特徴を組み合わせたように見える現象について考察していこう。この現象とは、断定型モデルの「全か無か」の特徴と、確率型モデルの段階的な特徴の両方を併せ持つものである。

第5章

創発型で考える

非線形のアプローチ

いま目撃しているもの……それは、世界の理解の仕方におけるパラダイムの変化である。詳細を掘り下げても、全体の法則を推論することはできないと、私たちは理解したのだ。

——タマス・ヴィチェック［ハンガリーの物理学者。一九四八年〜］

細胞にも生態系にも等しく適用できるこれらの法則は、自然の法則がいかに逃れようのないものであるか、また私たちを取り巻く世界に、自己組織化の能力がいかに深く関わっているかを知らしめてくれる。

——アルバート＝ラズロ・バラバシ［ルーマニア生まれ、アメリカ在住の理論物理学者。一九六七年〜］

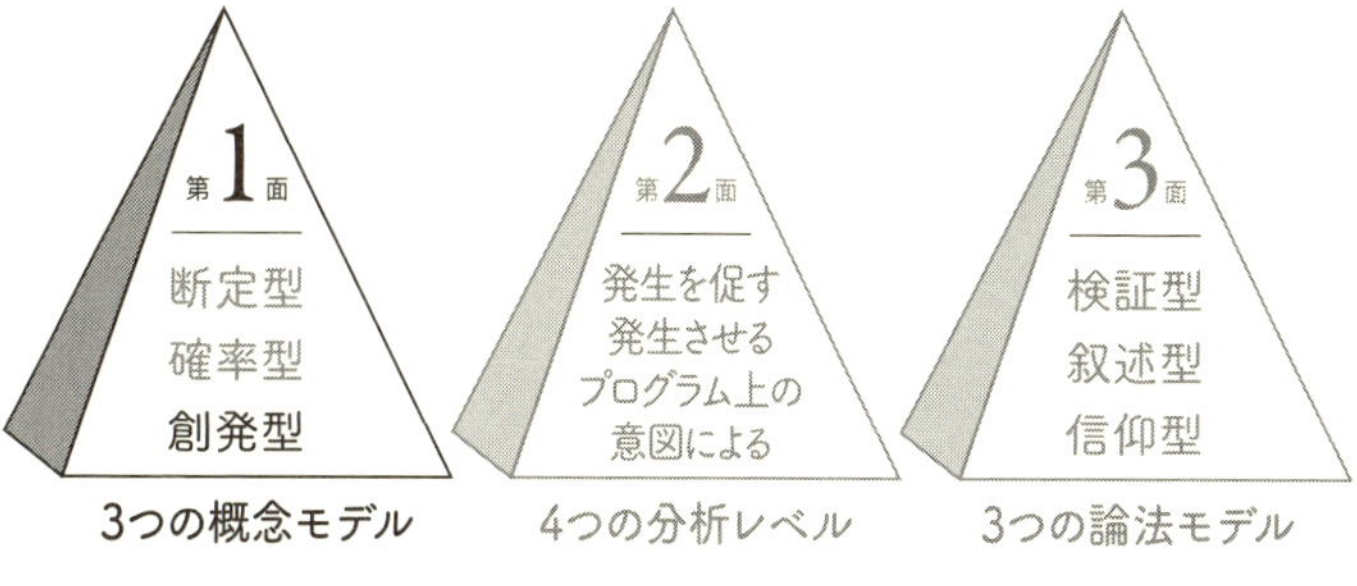

▼「サイバネティックス」が切り拓いた道

一九四〇年代後半、マサチューセッツ工科大学の教授だったノーバート・ウィーナーは、さまざまなシステム（系）の研究に向けた新しいアプローチを提唱した。システムを、相互作用する複数のモジュールからなる、機能する総体として捉え、分析しようとしたのである。ウィーナーは、この規律を持ったシステムを「サイバネティックス」〔通信工学、制御工学、生理学などを統一的に扱うための学問〕と名づけ、当時の科学界で主流だった個別の相互作用に着目する研究モデルに対抗した。

ウィーナーが提唱した理論の核心は、「システムの全体の働きは、各部分の働きを足し合わせたものより大きい」とする点にある。これは当時、かなり過激な考えだと捉えられた。すぐに受け入れられなかった理由のひとつは、ウィーナーが、反論を寄せつけないような説得力のある実例をなかなか見つけ出せなかったことだ。だが、やがて彼のアイデアは、コンピュータ・システムの生みの親たちに影響を及ぼし、比較的新しい学問であるシステム生物学やネットワーク理論の先駆け的存在と見なされるようになった。

実は、ウィーナーの理論は、新たな発見だったわけではない。彼自身も認めているように、「全体を、部分の総和以上の存在とする」思想は、東洋では何千年も前から存在していた。また、一九世紀の後半に活躍した学者たち、すなわち、生理学者クロード・ベルナール、数学者アンリ・ポアンカレ、哲学者ジョージ・ヘンリー・ルイスの業績の中核にあったのも、そのアイデアだった。

たとえば、ベルナールは、ホメオスタシスの理論を通じて、生命体には複数のシステムがあり、それらの相互作用が、変化する外部環境にさらされる生命体内部の状況を、安定的に保つように働くと唱えた。また、ポアンカレは、不規則に、すなわち非線形に変化するように見える複数の変数間の関係を解析する数学のツールを構築した。

ウィーナーが強調したのは、個々に完結した単体ユニットの集まりではなく、統合され相互に関係する総体として「システム」を研究することだったが、このアイデアのなかには**創発**という概念が含まれている。「システム」には、構成要素を個別に調べるだけでは捉えきれない組織的な要素があるというのだ。このような「システム」「非線形」「創発」の概念と、その関係性について論じるのが、この章の中心テーマである。

ウィーナーのアイデアは、最初のうちはまだもろい骨格にすぎなかったが、それから半世紀以上にわたってさまざまな概念モデルが構築され、物理学、生物学、社会科学の分野に拡大されていった。扱う範囲は広大だ。生命体の働きから、経済システム、非ヒト動物、人の社会、事故、歴史の潮流、伝染病、人の意識、さらには宇宙と生命まで、「システム」「非線形」「創発」の概念を活用した手法を駆使して、いまも研究がつづけられている。

研究の手法には、「カオス理論」「複雑系理論」「自己組織化システム」「ネットワーク理論」

などが用いられている。それらが生産的で、首尾一貫していて、予測可能な手法たりうるかを結論づけるには時期尚早かもしれない。だが、それらの広範なアプローチは、少なくとも、断定型推論でも確率型推論でも捕捉されない、もうひとつのモデル「創発型」の存在を示している。

では、「カオス理論」や「自己組織化システム」などの概要を紹介しながら、「創発型」アプローチに共通する特徴を見ていこう。

カオス理論

カオス理論は、数学的手法を駆使しながら、秩序がないように見える反復活動のなかから予測可能な活動パターンを抽出して、現象が起きうる範囲を確率で示す理論だ。「混沌《カオス》」という名前は皮肉である。この理論が追い求めるのは、ランダムに見える現象や観察の裏に隠れた規則性と予測可能性だからだ。とはいえ、この名前は耳目を集めるのに役立ったし、理論が説明しようとする対象が、秩序も何もないような混沌とした現象である点を強調してくれた。

カオス理論の基礎であり、「創発型」の形成にも関わる中心的な概念が三つある。それは、**初期値鋭敏性**、**非線形性**、**創発的相互作用**である。

①**初期値鋭敏性**……これは、初期状態が、その後の経過や結果に大きな影響を生むというもので、

実際に、活動初期のわずかな違いが、かけ離れた結果を生むというケースが多数、報告されている。ありふれた例だが、小石を丘の上から何度か転がしてみると、どれほど慎重にスタート地点を同じにしても、そのつど、違う経路で落ちていく。すべての試行を、完全に同一の条件でおこなうことは不可能だからだ。

初期条件が重要な意味を持つということは、予測可能性に大きな制限が課されることでもある。事象のあらゆる初期状態を、微細なところまで記述したり特定したりするのは、きわめてむずかしい。これはひいては、最初の原因の特定、すなわち因果性の連鎖がどこから始まっているのか、その最初の輪の特定にも制限を課す。

② **非線形性**……これは、パターンも秩序もなく、ランダムに起きているように見える多くの活動が、非線形の数学理論で説明できるということだ。

③ **創発的相互作用**……これは、システム全体のレベルで事象を分析すると、そのシステムの個々の要素に着目した時点ではわからなかったパターンや規則性が明らかになる場合があるということだ。主に、非線形の関係が繰り返し発生する状況で見られる。こうしたパターンは、ランダムな活動から突発的に出現したように見えることが多い。カオス理論の主張では、全体ではなく個々の要素ばかりに着目していたために、パターンの存在に気づけなかったと

いう説明になる。

カオス理論の信奉者は、不整脈や気象など、さまざまなシステムにおいて非線形の規則性が繰り返し出現することから、その根底には因果性の法則が潜んでいると主張する。だが、これまでのところ、カオス理論は、システムにおける非線形の関係を特定する記述的なツールにすぎず、この理論からは、事象がいかに生成されるかの知見が得られるわけではない。つまり、メカニズムを理解するうえで、直接、役に立つわけではないのだ。

とはいえ、その点については、ニュートンの法則や、熱力学の法則も同じだ。だから、システムが機能する規則性とルールを、カオス理論で記述すること自体が有益だと考えるべきである。「神経シナプス」「生態的地位《エコロジカルニッチ》」「気象」など、多様なプロセスを理解しようとする試みに、三つの考え方「初期値鋭敏性」「非線形性」「創発的相互作用」が加わった。これらは「創発型モデル」を支えるものであり、断定型と確率型とは異なるアプローチで因果性を説明するものである。

非線形のダイナミクス

「すべてか無か」の形で発生するように見える事象も、詳しく調べてみると、多くは長期間にわたって起きた変化の蓄積であることがわかる。身近な例として、「地震」や「純水の氷点が摂氏〇度で、沸点が一〇〇度」などがある。他にも、「神経細胞の発火」「非常に低い温度まで冷やしたときに、一部の物質で発生する〈超伝導〉状態（電気抵抗がゼロ）」「一部の物質を冷やしたときに発生する、絶縁体から伝導体への変化」などがある。

こうした事象はどれも、断定型、すなわち二値論理型モデルの「すべてか無か」の形をとって、突発的に発生するように見える。しかし、実際には、時間の経過とともに段階的な変化が「蓄積」されたものだ。つまり「氷や蒸気や超伝導状態での温度とエネルギーの変化」「地殻プレートの衝突による圧力上昇（地震を引き起こす）」「神経細胞発火の前に起きる、イオン濃度と電荷の変化」といったものである。こうした段階的な蓄積は、確率型の原因の特徴であり、さらに、段階的な蓄積が、ある時点で突発的に変化したものが、「非線形」と呼ばれる状態の源である。

こうした例で、物質または実体によって引き起こされる具体的な変化は、顕微鏡レベルでも肉眼レベルでも、組成によって決まる。「伝導状態から絶縁状態へ」「固体から液体へ」「定常状態から脱分極状態へ」などの突然の状態遷移の原因は、その物質の構造のなかにある。つまり、その物質または構造が、元から持っている特性である。

「水が凍るとき」「液体が気体（蒸気）になるとき」「非伝導物質が導体に変わるとき」、その物質の組成が、肉眼レベルで突発的に変化するとはどういうことか。それは、その物質の構成単位の量子、分子、高分子の組織において、「瞬間的な」再配列が発生したと説明できる。地震は、地殻プレートの突然の変動や、その変動によって生じたエネルギーの放出で引き起こされる。エネルギーの蓄積は、プレート同士が押し合うことによって起きる。事象の発生や、大量のエネルギー放出が突発的なのは、プレートをその場に押しとどめている質量の力と重力に打ち勝つ膨大なエネルギーが必要だからである。

▼非線形の特徴

このような状態遷移と、それをうまく説明する非線形の力学の研究が始まり、複雑系の機能についての知見も深まってきた。このことが、ウィーナーの幾分あいまいだった「サイバネティックス」という概念に輝きを与えた。ここで、非線形の定義と特徴をまとめておこう。

大量の要素が存在する……非線形の変化は、大量の要素を持ったシステムで起こるということだ。一個や二個の水分子では氷を形成しないし、二つ程度のプレートしかないシステムが地震を生み出すこともない。大量の要素の存在が相互作用の発生数を押しあげ、まれにしか発生しない、想定外の結果が起こる確率も上がるのである。

予測可能性の限界……地震における非線形メカニズム研究の先駆者パー・ガクとカン・チェンは、気象パターンや雪崩、交通渋滞などの予測がなかなか当たらない理由として、それらの現象には非線形の部分があることを指摘している。最近では、原因となる要素の特定や定量化が進歩してきたため、以前よりは予測精度が向上している。しかし、彼らの専門分野である地震予測では、実用に堪える予測が可能と言えるほど精度の高いモデルは、まだ見つかっていない。

予測可能性を制限する要素として、それ以外にも、多くのシステムで初期条件の役割が非常に大きいことがあげられる。初期のわずかな違いが、その後の事象の決定に大きな差異を生んでしまうのだ。このため、多くのシステムで正確な予測がおこなえるのは、初期事象の具体的な状況を把握できたとき、すなわち、初期事象が実際に始まったあとである。これは、カオスシステムの初期値鋭敏性という特徴をよく表している。

一方、多くのシステムには、多数の相互作用がおこなわれていたり、後続の相互作用を、「意図した」ゴールへと方向転換させるための要素が「組み込まれて」いたりする。このような特徴は、初期条件による予測可能性の限界を埋め合わせる存在である。たとえば、多くのシステムは、あらかじめ決まった順番で相互作用が起こるようにつくられていて、ある特定の結果が、次の順番にくる事象を誘発する。その場合、最初の事象にもシステムの制約が及んでいれば、初期条件の予測不可能性は下がるため、システム全体の予測可能性は、はるかに高くなる。

想定外のことが、よく起こる……非線形システムでは、平均値からかけ離れた値の事象が、**よく起こる。**その結果、幅のある確率型の因果関係に比べて、大きな変化が生じやすい。これは、非線形システムの予測能力を下げる要因である。確率型の関係と結びついた線形のモデルでは、変数とその分布の平均値のあいだにある予測可能な関係が明確に記述される。だが、非線形モデルでは、平均値と各要素のあいだにある関係の変動が大きい。そのため、非線形システムにおいて、少数の要素に基づいた予測は、同じ条件の断定型や確率型モデルの予測よりも、正確さで劣ってしまう。

まれにしか起こらない事象や、平均値からかけ離れた値の事象は、特定するのも観察するのもむずかしい。また、それらは、非線形システムではよく起こるため、非線形の因果連鎖が始まる時点で、存在する要素を特定するのは容易ではない。このことが、因果性モデルの研究をむずかしくしている。つまり、ある特定の時間内に存在した状況を再現するといった実験の設計を困難にしているのだ。とはいえ、非線形システムの特徴である、より複雑な数学的モデリングは、断定型や確率型のモデリングと比べて直観的に理解しにくいかもしれないが、知識をもたらしてくれる点では価値がある。

例をあげよう。ある非線形システムに見られる、べき乗則の特徴である。べき乗則関係の指数は分数であるため、べき乗則によって予測される頻度分布は、ガウス分布と比べると、早く最大値に到達し、その後、よりゆっくりと減っていく。これは、ひとつの変数の変化が、他の変数の変化を不均衡に起こさせる例である。

たとえば、ほとんどの生命体では、生命体の大きさと新陳代謝率の関係は、指数3／4で表される。体重が3ずつ増えるごとに、新陳代謝率は4ずつ増える（あるいは、増えなければならない）ということだ。システムが生成できるエネルギーの量には限りがあるため（最大新陳代謝率）、その生命体がどれだけ大きくなれるかにも限りがあり、その限界は、分母の新陳代謝率によって決まってくる。

変化が微小である……べき乗則に従う非線形のモデルでは、ある事象を促す変化が、かなり小さく見える。たとえば、氷の形成や、超伝導状態の発生は、温度が少し変化したあとに起こるように見える。同様に、神経は、少量の電気を加えたり、細胞の内部環境の化学組成が小さく変化したりしたあとで、脱分極あるいは「発火する」。だが、こうした突然の発生は、先に述べた想定と矛盾する。つまり、最終的な誘発要因の変化が起こる前に、大量のエネルギーが「物質から段階的に除去されていた」あるいは「物質に段階的に加えられていた」という想定を裏切ることになる。

そこで、パー・ガクとカン・チェンは、突然の変化を起こす臨界点に注目し、それを**自己組織化臨界**と名づけた。これは、どのシステムであっても、どこで変化するかは、そのシステムもしくは物質をつくっている要素の具体的な構造特性（自己組織化の特性）に依存するという主張だ。

また、突発的な変化は、量子レベルの現象でも起こる。これは**特異点**《シンギュラリティ》と呼ばれ、数学的特性が瞬時に変化するさまを反映している。こうした変化は、亜原子粒子が突然、波のように振舞ったり、比較的少数の分子に含まれるエネルギーが放出されたりする場合に発生する。たとえば、原子爆弾の核分裂反応や、宇宙の始まりのときに、無限に小さかったエネルギーが爆発して膨張を始めた最初の瞬間のことをいう。

突然の変化……すでに述べたように、断定型（二値論理）の特徴のひとつは、事前と事後の区別、すなわち、原因と結果の区別ができることである。状態がこのように突発的に変化することは、非線形の特徴でもある。「自己組織化臨界」「特異点」「べき乗則関係のピーク」など、いろいろある。断定型での変化は、観察対象の変化に先立って蓄積されないのがふつうだが、非線形モデルには、その逆が当てはまる。

「歴史上の出来事」「流行」「伝染病」の多くは、段階的で気づかれにくい変化や蓄積の時期を経て、あるとき突然、発生したように見える。事象が突然、発生すると、その直近の事象が主要な起源と見なされがちだが、これは断定型の誤った適用である。

過去二〇年間、アメリカで発生した停電を見ると、それがよくわかる。停電した直後は、小さな変電所の故障がそもそもの原因として取り沙汰されることが多い。だが、その後の調査で、その故障だけで電源システム全体を機能停止に追い込むことは不可能だったと判明する。非常に広範囲の停電を引き起こした本当の原因が見つからず、最終的に「システムそのもの」に責任を負わせることも、よくあるのだ。

直近の事象を調査して、「さまざまな変化が、少しずつ蓄積されていたことがわかった場合」や「前もって〈組み込まれた〉要素が、何らかの振る舞いをしたとわかった場合」には、より複雑な説明を探すべきである。少なくとも、検討する必要はある。

確率型との共通点……非線形のダイナミクスと、確率型のダイナミクスとのあいだには、類似点もある。どちらも、結果は「複数の事象」と「多くの事象」が相互作用して生まれる。ただし、確率型では、相互作用は段階的な加算パターン（または乗算パターン）をたどるのに対し、非線形では、規則性の少ない、べき乗則パターンをとる。

前に述べたように、どのモデルが機能するかを考察するのは主に、因果性を探索する人に、さまざまな変数のなかで、いかなる種類の関係を見つけるべきかを知らせるためだ。だが、ここで、問題がひとつ浮上する。そのモデルは「特定の因果関係が存在する理由を説明してくれるのか」ということだ。それとも「この宇宙にある可能性を、単に記述しているだけ」なのか。私は、「モデルは、その両方をおこなう」という立場をとりたい。つまり、モデルは「宇宙の基本特性を反映して、相互作用のさまざまな種類を記述する」と同時に「因果性の相互作用の探索に構造と制限をもたらし、因果関係が存在することを実証するために活用できる」という立場だ。

二値論理の断定型と、幅のある確率型の相互作用と同様、非線形システムでも、その予測可能性に制限を課す問題がある。個々の構成要素が持つ特性がときに、最終的な結果に対して、きわめて重大な役割を果たすことだ。超伝導がきわめて限定的な状況で起こるのは、この現象を維持するのに必要な原子構造が、ある種のレア・アースメタル（希土類金属）の特徴と、それらと他の化合物との相互作用に依存するからだ。最初に発見された化合物を十分に理解できれば、他の化合物にも一般化できる可能性がある。それでも、超伝導を起こす化合物の具体的な組成を予測する能力には、限界がある。

同様に、自己組織化臨界が特定されるのは、通常、複数回にわたって発生したあとである。非線形のダイナミクスを深く理解すれば、こうした制限を将来的には小さくできるかもしれないが、「特定の要素」や「状況に固有な特徴」に依存すれば必ず、非線形の場合でも、断定型か確率型の原因が当てはまる状況でも、予測不可能性を高めてしまう。

トップダウンとボトムアップの結合……非線形は、「トップダウン式」と「ボトムアップ式」を結合したアプローチをもたらす。トップダウン式では、システム全体を大局的に捉えるところから始め、マクロレベルで相互作用を明らかにする。一方、ボトムアップ式では、最も小さい要素から始め、マイクロレベルの相互作用を基本として、その上に因果性の説明を重ねていく。

非線形におけるボトムアップの要素は、すでに述べた。「生命体器官の素粒子レベル」「単一の分子レベル」「個々のユニット、あるいはモジュールのレベル」のそれぞれに、あらかじめ備わったユニークな特徴があることだ。トップダウンの機能には、「べき乗則の関係で表される創発の性質」や「システムの要素を単純に列挙するだけでは捕捉できない、構造的要素のあいだに存在する相互関係」などがある。

アリストテレスの分析モデルが、「プログラム上の原因」と「発生を促す原因、発生させる原因」を区別するのは、こうしたトップダウンの要素の存在と重要性を認識しているからだ。つまり、「発生を促す原因」や「発生させる原因」の要素を除外するわけではなく、そのレベルでは表現しきれない何か、つまり「カオス理論」や「システム生物学」や「ネットワーク理論」が解明しようとしている何かが加わってくるということだ。

ボトムアップとトップダウンのアプローチを結合する利点は、ノーベル物理学賞受賞者のP・W・アンダーソンが、一九七二年の記事のなかで、次のようにまとめている。

あらゆるものを単純な基本法則に落とし込む能力とは、そうした法則から始めて宇宙の再構成に至るまでの能力を包含するのではない……複雑さのそれぞれのレベルにおいて、まったく新しい特性が現れ、その新しい振る舞いを理解するために……最も根源的な性質が何かを研究していくのである。

非線形を生物的システムへ応用する

非線形の議論はこれまで、主に非生物学的な例を中心に展開してきた。一世紀以上にわたり、ホメオスタシスのようなシステムレベルのプロセスが生物学者によって研究されてはきたが、そのプロセスの働きと起源に新しい関心が集まったのは、ほんの一〇年前からのことである。たとえば、『システム生物学の基礎（*Foundations of Systems Biology*）』のなかで、北野宏明と共同執筆チームは、生物的システムへのシステム的アプローチの応用について、さまざまに論じている。冒頭で、北野はこう書いている。

生物的システムと工学システムのあいだには、興味深い類似性がある。どちらのシステムも、何らかの進化のプロセスを経て、少しずつ積みあげる形で設計されており、与えられたタスクにとって、ほとんどの場合、最適に近い水準が確保される。また、高い頑健性と安定性を得るために複雑さが増していくところも似ている。

北野は、頑健性と安定性を強化する「工学システム」の四つの要素を特定している。さらに、それらが、生物的システムにも内在する可能性があると考察している。

①システム制御

ほとんどの生物的システムには、**フィードフォワード**制御が組み込まれている。ある刺激が発生すると、あらかじめ起こる順番の決まっている、ひとつながりのステップが始動される。例として、血液凝固システムをあげてみよう。血管に破損が起きると、分子が放出されて、相互に作用する。この相互作用が、次のステップを始動する。こうした生物学的ステップの連鎖が、血液が凝固して出血が止まるまでつづく（それに失敗すると、生命体は失血死することになる）。

これとは別に、**フィードバック・メカニズム**があり、フィードバックのほうがフィードフォワードよりも長期的なシステムの維持のためには重要であることが多い。フィードバック・メカニズムとは、自分より順番が前にあるステップ（複数のこともよくある）に情報を送り、そのステップが受け取った情報と、稼働中の監視機能が検出する状況に合わせて、アウトプットを調整するものだ。例は多数あるが、「インスリン分泌による血糖の制御」がよく知られている。

②冗長性

多くの生物的システムは、望みの結果へ行き着くためのプロセスまたは経路を二重化している。多くの生命体が持つ左右対称性（一方がもう一方の鏡像になる）と、その結果として、器官が二重化されていることは、器官レベルでの冗長性の例である。身近な例では、多くの哺乳類には「腎臓」「肺」「目」が二つずつ備わっている。

③構造上の安定性

システムのなかには、一定のゴールを達成する経路またはプロセスを複数持っているものがある。さまざまに異なる状況や環境のもとで、そのシステムは、ゴールを達成する可能性を高めようとする。ひとつのサブシステムが損傷を受けたり、環境条件が大きく変化したりしても、複数のメカニズムや経路があるおかげで、環境条件を克服したり、それに自分を合わせたりできる可能性が高くなる。

たとえば、人の免疫システムには、あらかじめ存在する「稼働中の要素」と、外部の侵入者に対抗して「誘発される抗体」の両方がある。生命体のなかには、複数の経路を持ち、環境条件に合わせて使い分けるものがある。冗長なシステムでは、似たような、あるいは同等の経路／組織を複数使って、同じ目的を果たそうとするのである（チェルノブイリの原子炉事故への批判のひとつは、オーバーヒートを防ぐための経路を複数、用意しておかなかったことだ。だから、ひとつのシステムが異常事態に陥ったら、大事故を防ぐすべがなかったのである）。

④モジュール設計

個々のサブシステム要素を集めてひとつの集まりとし、他のサブシステムと分離する。これには、いくつか利点があると思われる。問題が発生したときに、ダメージがシステム全体に広がる可能性を小さくし、ダメージを食い止められるのもそのひとつだ。ダメージが生じた場合には、そこだけを切り離して、簡単に置き換えられる。また、プロセスを改善した場合の恩恵が、モジュール内に広く行き渡るようにすることで、プロセスの改善も促してくれる。

　モジュール設計のメカニズムでは、あるシステムの重要な要素を分離して、多様なインプットが通り抜ける「ボトルネック」または「制御」のステップを展開できる。これがひいては、アウトプットの制御を最大化するメカニズムとなる。たとえば、肝臓が毒素除去センターとして働くのは、複数の異なる仕組みを通して、さまざまな化合物を代謝（分解）する細胞を持っているからだ。また、この機能を最大化するために、血管は、血液が体を循環するたびに、その大部分が確実に肝臓を通るようにつくられている。このように、肝臓という解毒モジュールは、それぞれが独自のやり方で、解毒というタスクに取り組む複数のアプローチからなる。

　同様に、膵臓によるインスリン産生（体のエネルギー源であるブドウ糖を継続的に供給しつづけるのに重要なステップ）も、一連の制御メカニズムのもとにあり、体の検知器官《センサー》が栄養（血糖）の供給力を検知し、それに応じて、放出するインスリンの量を制御する。「検知器官」とインスリンをつくる細胞は、ひとつのまとまりになっている。こうした近接性がおそらく、エネルギーに迅速にアクセスするのに必要な細かい制御力を最大限に発揮し、血糖が「多すぎる」あるいは「少なすぎる」ときに、血糖の毒性を直ちに回避できると考えられる。

システム生物学への期待は、「種や属や界の違いを越えて」、また「生態的地位や生態系などの生物学上の抽象概念を越えて」、共通性を明らかにすることが、自然界を説明するだけでなく、システム全体に及ぶ活動の根底を支えるメカニズムの発見につながるのではないかという点にある。

この点に関連して進歩が見られる二つの分野が、遺伝学と生命体の分野である。たとえば、酵母細胞の内部にあるタンパク質について、A・C・ギャビンが最近おこなった研究は、タンパク質産生細胞内の分子「機械」は、二五七種のユニークなまとまりになることを示している。これは、細胞プロセシング・レベルでのモジュールの例である。

システム生物学では、モジュールが「いかに組み合わさるのか」「どのようにして機能が損なわれるのか」という研究が、モジュール同士がいかに相互作用するかを探究することによって、より進展することが期待されている。C・パルとそのチームによる別の研究では、コンピュータ・モデリングを使って、初期生命体を、特定の環境条件に繰り返し「出現」させ、その生命体の現在の遺伝子構成を八〇%の精度で予測できることを発見した。このような研究は、生物学のシステムレベル（「トップダウン」）での原則を特定できる可能性と、それらが種の進化のレベルでどのように作用するのかについての理解を深める可能性を高めてくれる。

システム生物学は、引きつづき、「プログラム上の原因」の基準に合致する組織的機能を明らかにしようとしている。これは、確率型のディメンショナルな性質と、断定型の性質を持つデータに依存するが、単一のシステムのなかではなく、複数の生物的システムをまたいで機能する、より大きなメカニズムを対象とする。複数のレベルで、このように分析を組み合わせることは、因果性についてのアリストテレス派の思想を思い出させる。

自己組織化

スコット・カマジンとそのチームは、著書『生物にとって自己組織化とは何か（*Self-Organization in Biological Systems*）』のなかで、生物的システムでのネットワーク理論について、少し違うアプローチをとった。彼らはまず、**自己組織化**を次のように定義した。

「自己組織化とは、システムの下位レベルを構成している多くの要素間の相互関係のみに基づいて、システム全体レベルでのパターンが創発する過程である。さらに、全体パターンを参照することなしに、そのシステムの要素間で規定している相互関係の規則は、局所的な情報のみを用いて実行される」［出典：スコット・カマジン他著『生物にとって自己組織化とは何か――群れ形成のメカニズム』松本忠夫、三中信宏 共訳、海游舎、２００９年］

物理法則と、複雑な生物学的活動を支える単純性のパターンとのあいだには、共通する特徴があることを認識したうえで、カマジンたちは、生物的システムと物理システムの二つの大きな違いを強調する。ひとつは、生物的システムでは遺伝子制御がおこなわれ、「相互作用の規則を細かく調整せよ」という命令群が発せられることだ。これは、多くの物理システムにはないレベルの制御である。もうひとつは、生物的システムは、物理システムに比べて相互作用するモジュールや要素の数がはるかに多いため、複雑になりやすいことである。

カマジンは、自己組織化システムの存在を裏づける特徴を五つ特定した。

①正のフィードバックと負のフィードバック
②「下位レベル」の要素のなかでの相互作用
③創発する特徴が調整可能
④スティグマジー（外部のプログラムではなく、前におこなわれた活動による活動の誘導。たとえば、すでにあった小枝を使っての蜂の巣づくりなど）
⑤分散化した制御

この特徴の①②⑤は、北野が主張している内部および外部環境の変化に対して、自らを調整し、それに適応させるという生命体に内在している制御システムの原則と共通する。また、重大な機能に関係する環境の偶然の要素（たとえば、使ったことのある小枝の形状）を、アウトプットに適応させる、あるいは直接組み込むために用いるという、創発型の特性とメカニズムに関するプログラム上の特徴についても言及している。さらに、システム生物学が学問として確立するには、創発とスティグマジーのメカニズムの解明が必要だと提案している。

ネットワーク理論

個々のユニットは、どのように相互作用してシステムを形成するのか。その疑問に対し、新たなアプローチが試みられた。一九六〇年代に、心理学者スタンレー・ミルグラムと社会学者マーク・グラノヴェッターによって提唱されたものだ。彼らは、人間同士の相互作用が、二人だけのそれぞれ孤立した相互作用の集まりではないこと、また、ランダムには起きないことを示した。個人はむしろ、「小さな世界」と呼ばれる密度の濃いグループで相互作用する傾向がある。こうしたグループはときに、他のグループと、いわゆる「弱いつながり」によって連結される。この研究で驚かされるのは、こうした「弱いつながり」が、人の生活で重要な役割を果たすと示したことだ。たとえば、グラノヴェッターは、人の相互作用の大部分が、友人と親族の小さな世界でおこなわれているにもかかわらず、ちょっとした知り合いのような「弱いつながり」が、職探しでは往々にして使われることに気づいた。

一九九〇年代には、スティーヴン・ストロガッツとダンカン・ワッツが、似たような小さい世界と弱いつながりの関係を、現代の生活に不可欠の大規模な送電網と、線虫の一種「**シー・エレガンス**」の神経回路網で発見したと報告した。シー・エレガンスは広く研究の対象になっていて、一九九〇年代初期には、すでに神経システムが完全に解明されていた。ストロガッツとワッツらは、二つのかなり異なる構成物において、「神経回路網」「送電網」「人の相互作用」のような組織機能の類似性が見られるということは、これまで研究が及んでいない組織形態が自然界に存在する可能性が高いと想定した。

ワールド・ワイド・ウェブ（WWW）の発展は、アルバート=ラズロ・バラバシとそのチームに、システムが機能するメカニズムを特定するための新しい手法とモデルを提供した。彼らは、グラノヴェッターとミルグラムのように、少数のウェブサイト（ハブ）が他のウェブサイトに大量にリンクされ、ほとんどのウェブサイト（スポーク）はリンクがないことを発見した。さらに、すべてのウェブサイトのなかでのリンクの分散は、べき乗則の分布に従うことを突き止めた。

バラバシたちは、それ以降、多数の経済システム、政治システム、生物的システムを研究し、多くのものを似た方式で記述できることを実証し、それを「スケールフリー」と名づけた。研究を通じ、少数の大規模ハブが、支配的な力を持つことによって、システム全体の機能と結果を支配すると論じた。また、ごく少数のハブは非常に多く接続されているので、広大なシステムでも重要な役割を担うことを明らかにした。

一九九〇～二〇〇〇年代初頭までのわずかな期間でＷＷＷが爆発的に普及したおかげで、バラバシたちは**「時間とタイミング」**の効果を研究できるようになった。時間とタイミングは、因果性の議論では見過ごされてきた変数である。バラバシたちは、新しいリンクの追加が、ウェブの発展にいかに影響したのかを調査した。その結果、初期のサイトには、生き残りのための独特の強みがあったと結論づけている。当初はサイトの数も少なかったため、幅広いつながりを獲得するのは比較的容易だった。発展の初期段階で広いつながりを得てしまえば、時間を経るにつれて、さらに大きなつながりを得ることは想像にかたくない。だから、少数のサイトとリンクが、のちに発展の波に乗ってハブになるのである。

この発見は、「初期条件が、後続の事象の流れに圧倒的な役割を果たす」というカオス理論の主張とも重なるところがある。とはいえ、バラバシたちは「後続の事象も、その後の発展に重要な役割を果たすこと」「早期にネットワークに参入した者の先行者利益も、既存のハブを打ち負かすような新参者が出現すれば、やがて失われる可能性があること」を示した。たとえば、検索エンジンの分野に他社より数年遅れて登場したグーグルが隆盛を誇っているのは、その好例だ。

ネットワークが、比較的少数の、密接につながったハブに依存しているということは、そのハブを取り除くか破壊すれば、システム全体の機能に壊滅的な影響が及ぶことになる。送電網の異常の例を見ても、少数の中央ハブ（モジュール）の機能停止が、広範な停電を引き起こしている。特に、その送電網が、非常時に機能を引き継ぐ代替システム（冗長性、二重性、代替網など）を備えていない場合には、被害が甚大になる。心臓の動脈が一本でも詰まれば、ポンプとしての機能を停止させることもありうるし、数分で死に至らしめることもある。

こうしたことを踏まえて、因果性とその記述の原則を考えると、長期にわたって小さな変化が積み重なったあと、短い時間で劇的な変化が起きる理由が説明しやすい。ナイルズ・エルドリッジとスティーヴン・グールドが唱えた「進化の断続平衡理論」も、この例である。断続平衡理論とは、ダーウィンの理論とは異なり、「ゆるやかな、ほとんど変化のない時期が長くつづいたあとに、突発的で急激な進化が起きる」という説だ。

また、歴史を振り返ってみても、同様のことが言える。長いあいだ「多くの事象」や「多くの人の働き」が少しずつ蓄積されたあとに劇的な変化が起こった場合、たったひとつの事象や個人が原因だとされることがある。これらは、システム理論の創発型の非線形モデルと、確率型モデルと断定型モデルを組み合わせた因果性モデルの例である。

本章のまとめ

因果性の新しいモデルは、この一〇〇年のあいだに登場してきた。本章で取りあげた三つの理論「カオス理論」「システム生物学」「ネットワーク理論」は、「気象」「タンパク質の調節」「伝染病の拡散」「グループの振る舞い」といった多様な分野で、創発型あるいは非線形の原因モデルが不可欠なことの証拠でもある。これらの理論が重視している部分はそれぞれに違う（しかも、発展の途上である）が、共有する部分もあり、次のような特徴を持っている。

①「最初の」あるいは「初期の」条件の影響が重大である

②モジュール性。いくつかの機能するシステムに要素をグループ化し、その機能システムのなかで要素が主に相互作用する（たとえば、小さい世界、モジュール、ハブ）

③構成要素や構造のなかでのつながり。変化に耐える能力と、そのシステムで生き残るのに役立つ別のアプローチを活用する能力の両方を高める（たとえば、フィードフォワードおよびフィードバックのメカニズム、冗長性、類似の結果を導く代替経路）

④要素間での「スケールフリー」あるいは「べき乗則」の関係

システム（系）という概念は目新しいものではなく、さまざまな形でずっと表現されてきた。東洋では昔から、自然の多くの要素が相互に関係性を持つことに注目してきた。アリストテレスは、四つの分析モデルのなかの「形相因（プログラム上の原因）」で、「因果性は、システムを形成する多くの要素の相互作用から出現する可能性がある」ことを唱えている。

ベルナールは、ホメオスタシスという概念から、生物的システムには変化する環境に耐える安定性が強く備わっていることを知らしめた。

物理科学（原子レベルから肉眼レベルまで）や生物科学（分子から生態まで）の多数の研究分野からも、分析レベルはそれぞれに異なっても、レベル間で相互作用がおこなわれていることがうかがえる。

これらが因果性の真のモデルなのか、それとも単に既存の推論モデルの一部を強調しているだけなのかは議論の余地がある。だが、システムを中心に据えた学問によって、新しいツールが開発され、因果性の分析を向上させ、他のモデルからは得られない自然の理解を深めることができれば、これこそが因果性の新しい概念モデルだとする画期的な提案がおこなわれ、幅広い支持をあつめる日がやってくるにちがいない。

第6章

検証型で考える①

物理科学の場合

科学は世界について、また世界がどんなふうに動くのかについて、多くの発見をしてきた。しかし、それは完全に人間主体の活動であり、まとまりがなく、誤りが混じり、整合していない。対象の問題の原理にふさわしいユニークな手法——たとえ、他の問題は扱えなくても——を使うというより、最も平凡な、経験に基づく探究の連続なのである。

——スーザン・ハーク

［イギリス出身。マイアミ大学、哲学および法学教授］

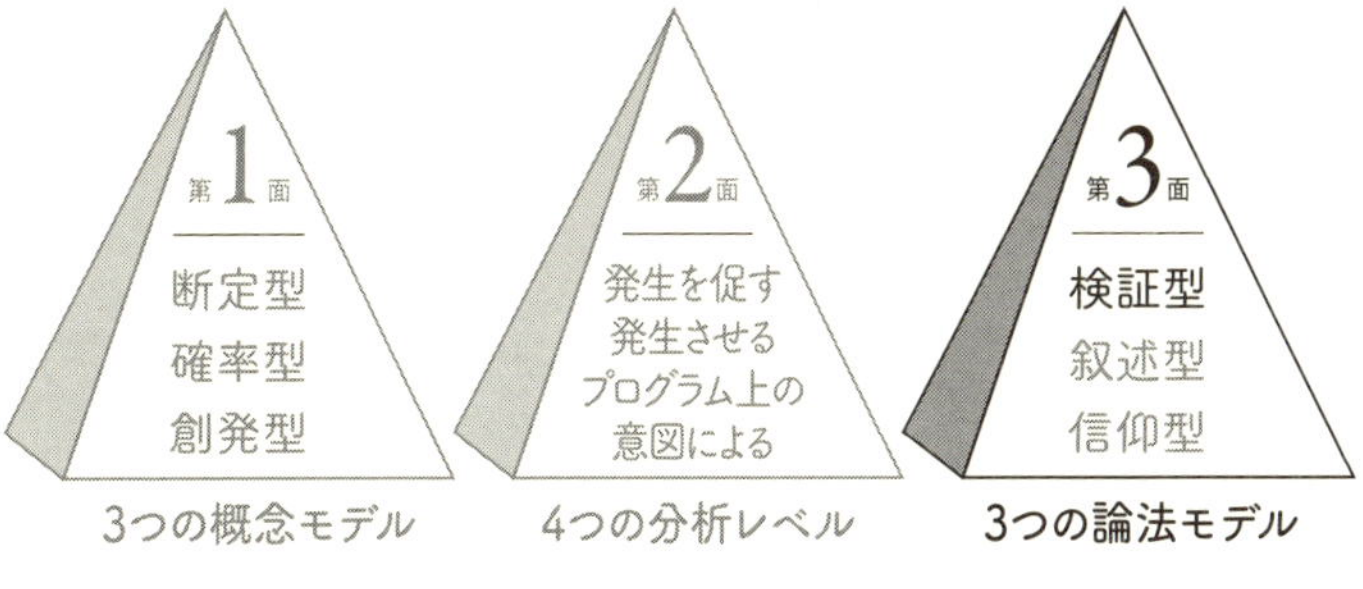

物理科学の研究対象は、容易に観察や操作、測定ができるものが多い。だから、化学と物理学は、説得力に富んだ因果性推論の実例を示すことができるはずだ。こういう見方があるからこそ、ガリレオやアインシュタインなどの科学者たちが、宇宙の仕組みだけでなく、現実と因果性をどう概念化するかといった問題にも大きな影響を与えてきたのだろう。

この章では、二〇世紀において、物理学者、化学者、数学者たちが発展させた三つの概念、すなわち「相対性理論」「量子力学」「不完全性定理」を紹介する。どれも、因果性の概念化に多大な影響を及ぼしており、因果性についての一般的なアプローチを考える際に必ず組み入れられるものだ。さらに、物理科学の一分野である地質学でなされた一連の発見についても論じる。こうした発見が、いかにプレート・テクトニクス理論を発展させたか、また、その妥当性が長年にわたって疑問視されていたにもかかわらず、大陸や地震や山脈といった地質学に関わるさまざまな現象の主要な因果説明として、いかに広く受け入れられるようになったかについても触れたい。

さらに、すでに紹介した三つの考え方についても掘り下げる。

①いかなる技法を駆使したところで、私たちが入手できる知識には限界があること。
②最大限の正確さで因果性の影響を明らかにするには、複数のアプローチや観点が必要な場合

があること。

③複雑な物理システムの多くでは、二つの独立した事象の相互作用からではなく、複数の事象の相互作用から因果性が生まれること。

量子力学と相対性理論はどちらも、二〇世紀のはじめに、ドイツ人物理学者マックス・プランクがおこなった研究に端を発する。二枚の薄い金属板を近づけると熱（エネルギー）が発生する現象を黒体放射というが、その実験結果の不整合に、プランクは頭を悩ませていた。当時の理論では、光とエネルギーは波として伝播すると考えられていたが、プランクの実験では、その理論から予測されるエネルギーよりも多くのエネルギーが生成されたのである。そこでプランクは、エネルギーが波ではなく、目に見えないエネルギーの塊（量子）のなかにあると仮定すれば、この「余分な」熱を説明できるとして、それを数学的に証明した。この発見が、量子力学の始まりとなった。

その後の半世紀で、プランクやニールス・ボーアをはじめとする多くの科学者たちによって、量子力学は精緻化されていった。現在でも、私たちが宇宙を理解するのに大いに貢献している。本書では、量子物理学の詳細には触れないが、いくつかの発見が、因果性についての考え方に大きな影響を及ぼしていることに注目したい。

不確定性――物理科学において絶対知は持ちえない

一九二九年、物理学者ハイゼンベルクは、のちに「不確定性原理」として知られるようになる理論を発表した。

ある粒子の位置と運動量（速度）の両方を同時に知ることは不可能である。どちらか一方を測定しようとすれば、必ず、もう一方に影響を及ぼし、変動をもたらしてしまう。

この原理で興味深いのは、少なくとも量子物理学における原子より小さい世界では、ある特性の測定が不可避的に他の特性を変更してしまうので、ある事象や物体の「すべてを」知ることは不可能ということだ。したがって、完全な正確さをもって事象を記述することは不可能であり、推測することしかできない。……などと言われると、こんな質問をしたくなる。「では、この原理が働くのは、原子より小さいレベルのときだけなのか？　それとも、私たちが日々生活している肉眼レベルの世界にも適用されるのか？」

このテーマについては、いまだ論争が決着していないが、絶対に正確な知識というものに制限が課されたのは画期的なことで、現在の因果性における概念化にも深い影響を与えた。

ハイゼンベルクが不確定性原理を発表した二年後、ゲーデルが、数学の領域にも知の限界があることを示した。ゲーデルは、イギリスの哲学者・数学者であるラッセルとホワイトヘッドが一九一〇〜一三年に出版した『プリンキピア・マテマティカ（*Principia Mathematica*）』を検証していた。この本のなかで、ラッセルとホワイトヘッドは、基本原則からすべての数学的真理を導き出そうと試みていた。これこそ、古代ギリシャの時代から、すべての数学者が目指していたゴールだ。ゲーデルは次の命題について数学的証明をおこない、これがのちに不完全性定理と呼ばれるようになる。

与えられた法則あるいは前提条件から、あらゆる定理を導き出せる数学的体系を記述することはできない。

ハイゼンベルクの不確定性原理とゲーデルの不完全性定理が明らかにしたのは、物理科学や数理科学の分野では、絶対知に限界があることである。**完全な知**というゴールには到達しえないという主張は、科学のすべての領域に重要な関わりを持つ。なぜなら、物質は宇宙の基本材料であり、基本材料である物質の構成要素間の関係を記述する基本ツールが数学だからだ。私たちにとっては、ヒュームが「因果性の知識には制限がある」と主張したのと同じくらい強い影響力を持つ。

もちろん、自然を測る能力に限界があるからといって、正確な情報を得ることができないとか、何らかの主題について多くを学ぶことはできないと言っているわけではない。小惑星エロスに無人探査機を着陸させるのに、どれほどの正確さが要求されたか。ひとつひとつの亜原子粒子のエネルギーを測るのに、どれほどの計算能力が要求されるか。それを考えれば、数学の緻密な演算能力と、そこから得られる予測能力の高さがわかるというものだ。だが、不確定性原理と不完全性定理は、どのような状況やシステムのもとでも、知りえないことは必ず存在すると告げている。

知に制限があるからといって驚くにはあたらない。一五世紀、物理学の偉大な業績のひとつに、ケプラーの発見がある。惑星が、太陽を中心とした楕円軌道をとることに気づいたケプラーは、惑星の動きや軌道を予測できる単純な方程式を示した。ただし、こうした予測は、重力の法則をもとにしたニュートンの予測と同様、二つの天体（いまの例では太陽と惑星）のあいだには重力が働いているという前提に依存する。

しかし、**三つの**天体が相互に作用するすべての力を数学的に記述することは、現在でも不可能だ。ましてや、惑星や「粒子」の数が、四や一〇や一〇〇〇に増えた場合には、ほとんどお手上げだ。永遠に謎だと言い切るつもりはないが、近い将来に解明できる可能性は、ほぼゼロと言っていいだろう。

完全な知の獲得を妨げるこうした制限を取り除かなければ、私たちは先に進めないのか……そんなことはない。過去から現在まで、工学や科学の分野ではおびただしい数の成果があがっており、**絶対の知**が手に入らなくても、因果性をきわめて正確に予測できることを教えてくれる。科学の計算に誤差はつきものだが、それでも、その正確さは驚異的だ。

私たちは、不確定性原理と不完全性定理を知ることで、あるいは、複数の物体による相互作用の予測には限界があることを知ることで、重要な教訓を得た。この教訓には、やや皮肉な面もあるが、知の限界を知ったからこそ、さまざまな手法の開発が進んだといえる。たとえば、「測定可能で知りえるものなら、その精度を上げる」「未知なものや知りえないものなら、それをできるだけ定量化する」「どの領域に、知の大きな進歩が望めるかを見きわめる」といった研究が深化した。人間の不完全さを認めて、その不完全さを絨毯の柄に織り込むようなものだ。限界の存在を認めた人のほうが、何を知りえるかを、より自由に探索できるのである。

これらを因果性の探索に当てはめてみるなら、アリストテレスもヒュームも正しかった。アリストテレスの「人間は原因を識別できる」や「正確さの違いは、因果性のレベルの違いの表れかもしれない」という主張は正しい。ヒュームの「因果性に確かさを求めるのは限界がある。それでも、正確さを高めるために、できることがある」という主張も正しい。

ある与えられた状況における不確かさの程度を知ることは、知の重要な側面である。不確かさの度合いを記述し推定する統計学的手法も、応用科学や探索的科学のさまざまな領域で意義深い発展を遂げてきた。確かさが一〇〇％に近づけば、かなり高い確率で因果性を確立できる可能性がある。一方、不確かさのレベルが高い場合は、原因が他にあるか、複数の原因が存在する可能性が高いことになる。いずれにしても、数式や物理法則で表せる世界では、絶対に確かな因果性はありえないのだ。最後の章で述べるが、医学や法律の現場では、日々の活動に不確かさを見込んでいる。不確かさの程度を見積もり、日常の職務に組み込んでいるのだ。

確定しない世界のなかでの絶対とは――光と物質の二重性

ニュートンの科学への貢献は数多くある。特に影響が大きかったのは、一六六九～七一年におこなわれた光学に関する講義で、それをまとめたものが一七〇四年に刊行されている。この講義でニュートンは、プリズムを使った平易な実験を通して、光が波でできているとすれば、光の特性の多くが説明できることを示した。たとえば、色も、異なる波長の特性として説明できる。このニュートン・モデルは、一九世紀におこなわれた実験でも検証された。すなわち、隙間が非常に狭い格子に光を通過させたときに観察される干渉パターンを最もうまく説明できるのは、「光には、波に似た特性がある」という仮説だった。

ところが一九世紀後半になると、アルバート・マイケルソンとエドワード・モーリーが「光の速度は、どの方向でもすべて同じである」ことを実証した。さらに、それを受けてアインシュタインが「光もまた粒子のような特性を持つ」と唱えた。光には「波」と「粒子」の**両方の**特性があるという一見矛盾した見解から、アインシュタインとボーアは「観察者が関心を持つ光の動きに応じて、それを説明するためのモデルも変わる」と主張したのである。たとえば、真空を通る光は粒子のように振る舞うが、格子を通る光は波のように振る舞う。

このような、直観に反した、過激とも思える解決策はしかし、自然のパラドックスを説明するための苦肉の策というだけではなかった。むしろ、ボーアが強調したように、このモデルは、光に本来備わった性質を描写したのである。ボーアは、このモデルを**相補性**と呼び、「光の多様な特性を説明するには、**両方の**概念化が必要であること」や「二重のモデルは、どちらか一方のモデルよりも本質をより豊かに表現できること」を強調した。

相補性は、少なくとも極微《ごくび》な世界での作用に関するかぎり、因果性の概念に深い影響を及ぼす。というのも、相補性という考え方は、私たちの経験や思考方法と矛盾するように見えるからだ。光の振る舞いは、観察者が検証したい現象によって引き起こされたり決定されたりするという。だがそれは「物体の本質的特性は静的である」というプラトンの思想と対立するし、「自然を構成する基本要素は安定しており、何らかの外的要因が働かないかぎり不変である」という私たちの考え方とも相反する。直観に反するこの概念は、私たちの日常に難題を突きつけ、考え方の土台を揺るがしかねない。とはいえ、物理学の世界では、光の特性を説明するのに欠かせない的確なモデルとして、いまでも受け入れられている。

直観に反するアイデアは、同じころにもうひとつ登場した。それは、アインシュタインの有名な公式「E=mc2」である［Eはエネルギーを、mは質量を、cは光速度を指している］。光速度は一定（不変）

の数値であるため、エネルギーと質量は等価となる。そこで、エネルギーの量がわかれば、質量がわかり、その逆も真ということになる。しかし、このシンプルな公式には、エネルギーと質量の相互変換可能性を記述する以上の意味がある。日常の経験で別物と感じる二つの概念を、自然界のひとつの基本特性に併合あるいは融合したのである。このアイデアは、厳密には光の二重性とは違うが、日常生活でも、自然の基本的な構成要素を説明するには、質量とエネルギーという二つの要素が必要なことを示している。

ある状況を最もうまく説明するには、複数の視点が必要な場合があるというこのアイデアは、アリストテレスの思想と重なる。アリストテレスは、因果性を組み立てるときに、四つの分析モデルのなかから複数のモデルを使えば、最善の結果が得られる場合があると唱えた。

光とエネルギーを「粒子」と捉える見方は、「ある」か「ない」かの二元的な記述を反映しているので、二項対立の断定型モデルといえよう。一方、光とエネルギーを「波」のように捉える見方は、確率型モデルといえるだろう。エネルギーが集まる位置は、絶対位置ではなく、確率として記述される。このように、原因について私たちが考えるときには、断定型と確率型のどちらに従うのかを考察することになる。両方のアプローチが現代物理学の知見の土台を支えてきたのだから、因果性の記述においても、両方のアプローチが有用と考えてよいはずだ。

因果性モデルの構築にあたって、相補性や二重性がもたらす影響として、もうひとつ重要なものがある。それは、「不確定性」と「具体的に記述できないこと」は、同じではないということだ。実際に、光を粒子あるいは波として記述し、エネルギーと質量の等価性について記述し、量子の世界の確率的な性質について記述したことで、科学は大きく進歩した。さまざまな理論ごとに具体的な特性が特定され、記述され、定量化されていった。二重性には確かにむずかしい面があるが、対処可能である。不確定性も、個々の状態を完全に捉えることの限界を知ることで、かえってそのモデルの予測を正確に記述できるようになる。さらに重要なのは、正確さを検証する能力が高まることだ。これは、確率型推論のもうひとつの役割や強みと捉えていいだろう。

一方、複雑さはよくないことであり、単純こそ美しいという考え方は、科学者のあいだにも広く存在する。過去七五年間できわめて高い業績をあげた物理学者の何割かも、美しさのほうを選ぶはずだ（「単純こそ美」は、「節約の法則」や「オッカムの剃刀《かみそり》」とも言われる）。それは自然界の四つの力を束ねる「統一場理論」の存在を信じるからであり、また、自然界にはそもそも単純性が備わっていると考えがちな人の性質を思えば、そうした単純な統一場理論は探究する価値があると考えるからである。一部の科学者が重視する単純さと美しさは、話の脈絡を追う叙述型論法（第９章で取りあげる）を根拠の乏しい劣ったものとして見る人にとって心地いいはずだ。

時間、相対性理論、量子力学、因果性

相対性理論と量子力学は、二〇世紀はじめ、ほぼ同時期に発展した。それ以降、物理学の研究テーマに多大な影響を及ぼした。加えて、その二つの理論とそこから派生した「空間瞬間移動」「ブラックホール」「ビッグバン」などの発想は、人々の想像力をかき立て、世界をどう捉えるかの見方にも変化を起こした。実際、これらの発想は甚大な影響力を及ぼすようになり、それなくしては因果性を論じることができないほど重要になった。

量子力学と相対性理論は二〇世紀の物理学に革命を起こしたが、世間の注目を集めたのは、相対性理論と、その提唱者であるアインシュタインだった。アインシュタインの影響は政治の世界にも及び、また、天才の典型として称賛されていった。相対性理論が私たちの心をときめかした理由のひとつは、タイムトラベルのような夢物語との関わりがあったからだろう。

古代ギリシャの時代から、哲学者は「時間とは何か」に魅了されてきた。二〇世紀まで、ほとんどの思索者はアリストテレスの思想に追随し、「時間とは、自然界に備わった、不変の性質だ」と考えた。例外はバールーフ・デ・スピノザ〔一六三二～七七年〕で、彼は時間を「私たちがつくりあげたもので、私たちがものごとを説明するときの思考の様式である」と表した。

アインシュタインの有名な「思考実験」（これが一九〇五年の特殊相対性理論につながった）には、「人が、光の線の上に乗ったらどうなるか」というものがある。光に乗った観察者のうしろに同

じ速さで動く誰かがいたとしても、観察者にとってその誰かは「時間のなかで凍結している」。その誰かの姿を見るための光は、光の上にいる観察者には決して届かないからだ。

では、光速ほど速くはない速度で近づいてくる人がいたらどうだろう？　相対性理論では、その人が持っている時計は、止まっている人とは時間の進み方が違うと予測する。日常の時間の速さのなかでは、時計の進み方がどう変わるか観察できないが、高速な場所では進み方の差が大きくなり、測定した時間に違いが出る。相対性理論の革命的な発想はつまり、**時間は不変ではない**と唱えたことだ。時間は、「測定者の速度」と「測定対象の速度」によって異なるのである。さらに革新的だったのは、時間の進み方には「前」という方向性がない、ということだろう。もし、時計が光速より速く進めば、時間は「うしろに（過去に）」進むのだから。

時間の可逆性が直観に反するのは、ある時点の因果性は別の時点にも続いていくという、因果性の永続性を損なうからだ。因果性を考えるとき、原因のあとに結果が来るのであり、因果性に永続性を持たせるのなら、原因と結果の順序は時間が経ってもそのままで維持されなければおかしい。時間が逆行できるのなら、結果のあとに原因が来ることもありえるわけで、映画を巻き戻すように因果性が逆に見えてしまう。この理由から、序章で因果性を定義した際に、時間には「ひとつの方向しかない」と仮定したのだ。

ところで、時間の可逆性は、単なる思考実験なのだろうか。それとも、本当に可能なのか。これまでのところ、時間が逆向きに進むことは、実験で立証されていない。だが、それ以外の点で、相対性理論の予測の多くが実験で証明されていることを考えると、いつかは証拠が発見されるかもしれない。ただし現時点では、少なくとも因果性の現行の理解のもとで、首尾一貫した因果性のモデルを構築するには、時間には「ひとつの方向しかない」という前提に立たざるをえない。

ただし、これは、量子力学の実験結果と矛盾している。そもそも、私たちは「A地点で起こった変化が、そこから離れたB地点で起こるまでには、いくらか時間を要する」という常識や前提を持っている。しかし、量子力学では、「ある粒子のなかで起こる変化が、そこから離れたところにある粒子に、**同時に**変化を起こす」という実験結果が実証されている。

つまり、量子力学では、ある物体で誘発された変化が、別の物体に**同時に**伝播性のある変化を誘発するのである。これは、因果性の概念を大きく侵害するものだ。二つの事象のあいだに時間が経過しないのであれば、原因のあとに結果がやって来るという要件への反証となる。これは、ヒュームの主張とも似ている。すなわち、「帰納的な推論では、二つの事象のあいだにつながりが発生したことを実証する決定論的な手法を経ずに、二つの事象を結びつけてしまう」という批判だ。

量子力学や相対性理論の多くのアイデアが、私たちが実際に暮らしている、肉眼で見える世界と対応しているのかどうかについては、まだ明らかにされていない。だが、量子力学の実験環境では、離れた場所での同時性が確認されており、私たちが抱いている「原因の順次的な感覚（なかなか無視できない）」への大きな挑戦となる。とはいえ、いまのところ私たちは、何らかの関係（時間の一方向性など）を仮定し、確かさが損なわれていないという前提で、因果性モデルを構築するしかないのだ。

矛盾を活かす

本書には、さまざまなテーマが登場する。たとえば、互いに競合しているが、どれも実現性のありそうなアイデアが複数存在しているテーマ。あるいは、複数のモデルで、それぞれに既存データの裏づけがあるが、モデル同士が相反しているように映るテーマ。先に述べた「時間の可逆性」も、そのひとつだ。大切なことなので、やや脇道にそれるが解説しておこう。

複数のモデルがどれも妥当に見える場合、私たちは、どう対応すればいいだろうか。可能なら、テストや実験をうまく設計して実行し、ある選択肢には問題があることを突きとめ、その選択肢を除外する。それでも複数のモデルが残る場合、方法は三つある。

①それ以上の議論を無駄なものとして切り捨てる。
②相反する箇所の存在を受け入れ、相反する度合いがなるべく小さい領域に集中して考察する。
③相反する箇所を明確にし、議論を続けるために必要な前提条件を明らかにし、さらに議論を

進める（本書では、この方法を採用している）。

③のアプローチでは、唯一の推論経路がなくても、また絶対の知識がそろっていなくても、知見を深められるという立場をとる。ただし、「量子の世界」と「肉眼の世界」では、因果性の法則が異なる可能性がある。このことは、普遍的で単純で美しいモデルの追求と矛盾してしまう。

すでに論じたように、非線形、特異点、べき乗則関係の構成要素を見れば、あらゆる状況を貫く統一性が自然界で必要だとは限らないことがわかる。「質量とエネルギーの相互変換可能性」や「光が持つ、波と粒子の二重性」を受け入れることで、アインシュタインの相対性理論にある量子レベルの同時性（時間の不在）と光速不変（観察者の運動に、相対的とはいえ時間の存在が暗示される）が（この矛盾は奇異に映るかもしれないが）、現在は理解できていない現象についての因果性の説明になるのかもしれない。

技術者は、物理法則を無視することはない。というより、自分の実現したいものに合う法則を適用するものだ。二〇世紀の物理学が教えてくれるのは、困難なテーマを研究しているときに矛盾が生じたからといって窮地に陥ったと悲観したり、思考停止したりする必要はないということだ。相補性と二重性を受け入れたことで、宇宙の基本的な構成要素と巨視的な構造の両方の理解が劇的に進化した。因果性の研究においても、矛盾の発見に悲観することなく、むしろ、両方のアイデアをうまく取り込んで、モデルを発展させられる道が見つかったと理解したい。

相対性理論、不確定性原理、不完全性定理により、私たちが「絶対の知」には到達しえないことが突きつけられた。私もそれに異論はないが、第10章で取りあげる「信仰型」の分野については、そのかぎりではない。「信仰型」の分野とは、「真実が与えられ、受け入れられている分野」で、そこでは因果性における絶対の知が獲得可能だ。

因果性の知をどのように獲得するかは、科学における「検証型」と、歴史や政治や哲学における「叙述型」とでは異なるが、この違いは、因果性の知を求める妨げには必ずしもならない。予測のモデルを支える科学の法則には不確定性が内在しているが、不確定性があっても、きわめて正確な予測をおこなうことは可能である。確率型における「推論」と「統計」が発展したおかげで、因果関係の「起こりやすさ」を**見積もる**数値的な記述の精度が向上したからだ。

ただし、「起こりやすさ」の妥当性を確認したり、反論したりできるかどうかは、依然として疑問のままだ。この重要な問題に対処し、因果性の基準をつくるひとつの方法は、因果性のメカニズムを追求する分野で「合意ができている」あるいは「合意の形成に失敗している」事例を検証することである。そこで次節では、地質学分野の理論を取りあげたい。この分野で、どのようにして知見が蓄積され、因果性のモデルとして、ほぼ世界中で受け入れられるレベルに到達したのかを見ていこう。

地質学、大陸移動説、プレート・テクトニクス理論

プレート・テクトニクス理論は、地球規模の理論だ——地球科学のこれまでの歴史を振り返ってみても、地球規模の理論で広く受け入れられたものは、これが初めてである。

——ナオミ・オレスケス［ハーバード大学教授、専門は科学史］

地質学は、天体の構造と組成や、現在の姿に至ったメカニズムを研究する学問である。人類を何千年も不思議がらせ、怯えさせてきた、大陸の形成や地震、噴火といった大災害の現象を探り、原因を追究している。

一九六〇年代、プレート・テクトニクスという新しい理論が、広く受け入れられるようになった。この理論は、大陸や山脈の形成のように大規模で、数億年といった時間枠で起こる現象の原因を説明する一方で、地震や津波のような、一時的だが強烈な事象の原因も説明する。この理論が、登場してからいかなる経路をたどり、比較的短い期間でほとんどの地質学者から受け入れられたのかを調べることは、因果性の原理を考察するいい機会になるだろう。

現代の地質学の起源にさかのぼると、チャールズ・ライエル［一七九七〜一八七五年］に行き着く。彼は、過去の地質学的な変動を研究する最善の方法は、現在の地質学的変動を検証することだ

と主張し、斉一説《せいいつ》と呼ばれる理論を唱えた。

一九一二年には、もともと気象学者として研鑽を積んでいたアルフレート・ヴェーゲナー〔一八八〇～一九三〇年〕が、ある疑問を抱いた。厳寒の地域で、なぜ、熱帯の動植物の化石が見つかるのか。熱帯の地域で、なぜ、氷河の痕跡が見つかるのか。ヴェーゲナーは、その理由を解き明かそうとした。さらに、ある事実にも気づいた。それは、地図制作者が二～三世紀前から指摘していたもので、複数の大陸の海岸線が、まるで一枚のパズルをばらしたように、よく似ていることだった。たとえば、大西洋をはさんで、南米大陸とアフリカ大陸の海岸線が重なるように見えるし、ドーバー海峡をはさんで、グレート・ブリテン島の南端とフランスの北海岸線が重なるように見える。

こうした観察結果をもとに、ヴェーゲナーは、**大陸移動説**という仮説を立てた。地球は当初、ひとつの巨大な大陸塊（彼は「パンゲア」と呼んだ）だった。その後、いくつかのピース（大陸）に分裂し、「漂流して」離れていった、という仮説だ。だが、それがどんなふうに起こったかはわからず、ヴェーゲナーは、証拠を探し求めて赴いたグリーンランドの地で一九三〇年に没した。大陸移動説の発表から五〇年間、この仮説は、ときおり話題にはのぼったものの、地質学界では（特にアメリカの学者たちには）ほとんど否定されていた。

だが、一九六〇年代半ばには、彼の仮説はプレート・テクトニクス理論として体系化され、地質学者をはじめとする多くの地球科学者によって、地球表面の様子を説明する理論として広範囲かつ急速に受け入れられた。

プレート・テクトニクス理論によれば、地球表面はそれぞれが約一三〇～二〇〇キロメートルの厚さを持った巨大な岩盤《プレート》からなっている。このプレートは、マントルと、核《コア》を形成しているマグマの上を「漂流」している。熱せられて溶けたマグマは強い圧力を受けるために、狭くて長い隙間（断層）を通じて、つねに地殻の表面へ出ていこうとする。マグマが冷たい海洋底に触れて固まった結果、マグマの流れ込む断層の両端に、毎年新たに数センチずつ海洋底が形成されていく。新しい海洋底は、形成されるときに、海洋底となっている既存のプレートを裂け目から遠ざかる方向に押す。押されたプレートも、次のプレートを裂け目から遠ざかる方向に押す。これが繰り返され、圧力は隣のプレートに伝わる。こうして、大陸の丘ができはじめるのである。

大陸プレートは海の下にあるプレートよりもはるかに巨大なため、海洋底にできたプレートは、大陸プレートの下へ押しやられる。大陸プレートの下に入り込んだ端は、高温に熱せられ、再びマグマになる。大陸プレートにつねにかかる圧力も、大陸を形成する複数のプレートを互いに押し合わせる。こうした衝突によってプレートのひとつが別のプレートの上に乗りあげると、山ができる。プレート同士の押し合いのなかで、どちらかのプレートが突然に動くと、地震が起きる。溶けたマグマが突然、プレートを突き抜けたり、プレート同士のあいだを通過したりすると、噴火となる。このように、プレート・テクトニクス理論は、複数の大規模な地質学的現象で因果関係の説明をもたらす存在となった。

では、なぜこの理論が、多様な地質学的現象の因果関係の説明として、これほど広範囲かつ急速に受け入れられたのか。『プレート・テクトニクス（*Plate Tectonics*）』のなかで、編者のナオミ・オレスケスは、プレート・テクトニクス理論に関与した科学者たちの協力を得て、科学者それぞれの視点からのストーリーを語っている。オレスケスと科学者たちは、こう結論づけた。

一九六〇年代、大勢の科学者が収集した広範なデータを、数人の科学者が、ひとつのモデルにまとめあげた。そのモデルが、従来は説明のつかなかった多くの現象を説明できたために、それを受け入れることが**当然の流れ**となった、と。

収集され、蓄積されていたデータには、以下のようなものがある。

①地震計による証拠。地震が特定の地域に、特に大陸の沿岸部に集中していることがわかる。
②大西洋、太平洋、インド洋の遠洋で発見された、溶岩溜まりからの熱水の噴出。
③海洋底で、磁気の異なる箇所が、縞状（三五キロメートルごと）に発見されている。
④地球の磁場が、およそ一万年ごとに突然、反転している証拠。
⑤固いプレートが液体コアの詰まった球体の上を動くモデルで実験した結果が、実際に世界各地の観測地点に磁力計と地震計を設置して測定した数値と、そっくりだった。
⑥マグマが流れ出ている裂け目の近くにある島々が、裂け目から遠く離れた島々よりも誕生が

新しいことが判明した。

とりわけ、③は重大な発見だった。この発見から、「熱水の噴出する場所で、新しい海底が形成されつづけていて、それが冷えて固まるときに、地球の磁場の影響で、海底が磁化される」という仮説が導かれた。海底が形成されるとき、そこに地球の磁場の方向が記録されるというわけだ。地球の磁場は、およそ一万年ごとに反転する。つまり、反転後に固まった溶岩は、反転前と比べて磁気の向きが逆になる。海洋底がおおむね同じ幅の縞状で、磁気の方向が交互になっているというこの発見から、海洋底がほぼ一定の速さで形成されているのではないかと想定された。

この発見は、先にあげた他のデータや、現在の大陸をつなぎ合わせると太古の巨大な大陸塊になるというヴェーゲナーの観察とすぐさま統合された。こうして、山脈の形成や地震、噴火など、多様な現象を説明する際に、説得力に富んだ説明が可能になった。さらに、物理学、古生物学、海洋生物学などでも、さまざまな予測を引き出した。その予測に対して、迅速に実験がおこなわれ、肯定的な実験結果と観察が、さらに理論を確たるものにした。まったく異なるさまざまな現象をきれいに解決し、実験と観察による証拠も集まったため、ヴェーゲナーの仮説を否定する勢力は急速に力を失い、数年のうちに、彼の理論はほとんどの地質学者によって受け入れられるようになった。

プレート・テクトニクス理論の例には、次のような、多数の要素とデータが存在していたことがわかる。だからこそ、多様な分野の専門家に、この理論の因果性の正しさを納得させられたのである。

①現実味のある方法で、相互に関連づけが可能な多数の事実を積み重ねた（複数系統の証拠、すなわち証拠の信憑《しんぴょう》性）。
②確認することが可能な他の事実を探し、それに対して実験をおこなうことで、「実験を通じた」判定がおこなえた（確認的予測）。
③実験と事実には、理論の不当性が証明される可能性のあるものも提示した（反証可能性）。
④観察と調査によって、すなわち実験によって実証可能な新しい予測をおこなった（さらなる予測と反証可能性）。
⑤多くの自然現象と情報の多様な側面が、その理論によって説明できた（包括性）。

理論を裏づける独創的な観察、確認が可能な予測、反証可能性への耐性（代替説の排除）、証拠のもっともらしさ（信憑性）、包括性の組み合わせが、このモデルの妥当性を確固たるものにし、現在にいたっている。また、各分野の第一人者たちが受け入れたことも、この理論が広範囲にわたって急速に浸透していく一助となったはずだ。過去四〇年間の発見がメカニズムの理解を精緻にしていた一方で、基本モデルについては探究中だったことも背景にある。

本章のまとめ

この節では、物理学と数学の分野で二〇世紀に出現した新しい考え方のいくつかと、地質学の分野で出現した因果性の理論の構築について見てきた。そこで明らかになったのは、因果性に関する新しい知が科学分野でいかに構築されるか、あるいは受け入れられるかを説明する、唯一の記述方法や理論はないということだ。ただしこれは、ある程度は、科学の学問領域によって異なる。科学の領域や設問によっては、研究するうえで実験が大きな役割を果たし、特定の実験に対応しやすいように設問や仮説を組み立てる場合もあるし、大量の観察結果の積み重ねに依存するものもある。

いずれにせよ、因果性の構成要素と、科学のあらゆる分野で受け入れられる因果性の捉え方は、それを支える証拠の強弱によって大きな影響を受ける。では、他の課題はどうだろう。たとえば、「当該の問題よりも大きな〈文化〉という枠組みのなかで、どういう物の見方が優勢なのか」「説明モデルの支持者と反対者が、それぞれの見方を他者に伝達する能力」「関与者の社会的地位」「すでに受け入れられているモデルの強さ」なども、特定の因果性モデルが、どれだけ早く受け入れられるかに影響してくる。

だが、本節で取りあげた検証型アプローチは、本当の真実が存在するという信念と、検証可能な事実（データ）こそが、最終的にはその「現実に近い確からしさ」を人に納得させるという信念の上に成り立っているのである。観察と実験は、科学技術の分野で新しい知識を獲得するための主要な方法であり、科学者は、時間をかけた知識の蓄積が自然界の正確な記述と理解を深める方向に進んでいるという信念を共有している。これは強力なアプローチだが、大きな限界があることも、すでに述べた通りだ。

物理科学の因果性モデリングは、経験から得たデータを使い、断定型、確率型、創発型の論法で現象を説明する。分析のレベルが異なれば、別のモデルが必要な場合もあり、アリストテレスの複数の分析（発生を促す原因、発生させる原因、プログラム上の原因、意図による原因）が必要だ。たとえば、プレート・テクトニクス理論のように、地球の核《コア》の液状の性質や、地球表面の板状《プレート》の構造、太陽からの距離はどれも、地震や山脈・大陸の形成への因果経路である。こうした現象を最もうまく説明するには、複数の推論手法と複数レベルの分析が関わってくる。

科学の分野で時間をかけて確実に習得した知識と、その知識を積み重ねるためのさまざまな手法が存在することは、普遍的かつ唯一の因果性モデルはないという主張を後押しする。次章で、生物科学の分野について論じるが、「アプローチの組み合わせ方」や「推論のときに重視する手法」が物理科学とは異なることがわかるだろう。それでもやはり、推論に対して、複数の手法とモデルを組み合わせることが必要なのである。

第7章

検証型で考える②

生物科学の場合

局所的な不確かさが全体的な不確かさを生み、だからこそ多様性が維持されるのだ。

――サイモン・レヴィン［アメリカの生態学者。一九四一年〜］

第三面の検証型手法を因果性の研究に適用した場合、どうなるか。それを調べるのに適した分野が、生物科学である。というのも、生物学者が探究する課題の多くが、実験の対象にできるからだ。

本章では、主に五つの項目について論じていきたい。

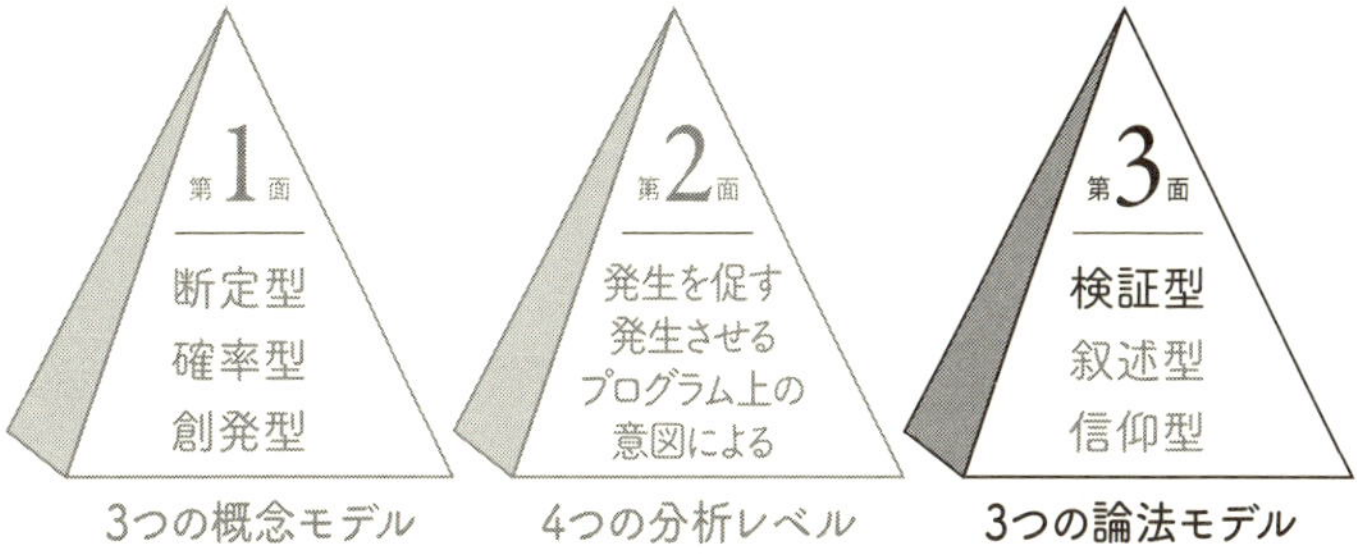

①氏か育ちか――遺伝子と環境の相互作用
②特定の伝染病を排除するというゴールに向けた、因果性の知識の応用
③生態学という新しい学問分野の出現
④生物学と時間の問題
⑤生物学における偶然の概念

氏か育ちか――遺伝子と環境の相互作用

「氏か育ちか」「遺伝子か環境か」の論争はつまるところ、単純な問いに行き着く。「生命体の具体的な特徴のうち、どれくらいが先天的なメカニズムによって生み出され、どれくらいが環境によってもたらされるのか」

簡単に答えられそうに見える例もある。たとえば、人間の身長は、特に遺伝が現れやすい特徴のひとつで、そのため「生まれつき」の特性と捉えられることが多い。一方、職業の選択は、「育ち方」の影響のほうが大きいように見える。今日の職業の多くが一〇〇年前には存在しておらず、逆に過去にあった職業で、いまは残っていないものも多いからだ。

ところが、こうした簡単に見える例からも、「氏か育ちか」の難問が浮かびあがる。調査によ

ると、世の中にある職業の約四〇％が、共通する遺伝因子と結びついていることがわかった。この結果は、職業選択と業績に影響するスキルと人格の因子が、遺伝的要素によって形成されることを暗示している。たとえば、機械の扱いが平均以上に得意な人は、そうでない人に比べて、昔なら金物の細工師、いまなら配管業者や電気技師、コンピュータ技術者になりやすい傾向がある。同様に、平均以上の数学能力を持つ者は、いまなら銀行員、会計士、コンピュータ・プログラマーの道へ進みやすいだろう。このように、「氏か育ちか」の問いへの答えは通常、「氏だけ」でも「育ちだけ」でもない。「氏」と「育ち」のそれぞれがどの程度、原因として寄与するかがポイントなのである。

成人の身長が決まるうえで、「生まれつき」と「育ち方」がどう関係しているかを見るとわかりやすい。私は数年前、日本に出張したときに、はっきり理解した。私の身長は一六五センチほど。それまで、他人の身長についてあまり考えたことはなかった。日本に滞在中、科学関係の会議に出席しようとエレベーターに乗ったとき、周りの人をほとんど見下ろしていることに気づいた。これは私にとって珍しい経験であり、同乗者を子細に観察してみると、全員が私と同年配か年上のように見えた。後日、別のエレベーターに乗ると、私より若い日本人は、アメリカにいるときと同じく、私より背が高いか同じくらいだった。この二つの経験の違いは、同乗者の年齢によるものだろうと推測したが、不可解な印象を抱いた。というのも、それまで、身長は最も遺伝的要素の影響が強い特徴のひとつと学んでいたからだ。いったい、どういうことなのか？

身長の遺伝性は九〇％を超えるというのが世界的な了解事項であり、遺伝特質として最も割合が大きい。これを裏づけるのは、生まれてすぐ養子に出された子どもの身長を調査すると、育ての親よりも産みの親の身長とのあいだに強い相関関係が出ることだ。

しかし、日本での身長の分布は、第二次大戦の前に生まれた世代とあとの世代とでは差がある（どちらの世代の身長も、第4章で述べた「ガウス分布」である）。この二つの世代間の身長差は、どう説明したらいいのだろう。別の調査によると、成人の平均身長は二〇世紀のあいだにゆるやかに伸びていて、これは栄養状態の向上によるものと考えられている。であるなら、日本人の二つの世代間で成人身長が違うのは、日常の食事の変化（カロリーとタンパク質の摂取量の増大）などの環境が、身長の伸びに強い影響を与えたと説明できるだろう。

つまり、ある個体が到達しうる潜在的な身長は、遺伝的要素に加え、適切な栄養など、良好な外部環境が与えられて初めて到達できる――すなわち、潜在的な身長が完全に発現できるということになる。すべての個体が同一の環境に置かれたと仮定すると、ある個体が集団内での身長分布に占める「位置」は遺伝によって決まる。一方、個体が発達過程で摂取した食料や他の必須要素の量や種類の差異が大きければ、環境が重大な役割を果たす。

この議論は一見よさそうだが、実は大きな欠点がある。次のような難題が持ちあがるからだ。「日本人の身長が過去六〇年間伸びてきたのは、栄養状況の改善が原因であると**証明**されたのか」

確かに平均身長はこの期間に伸びたし、第二次大戦中に食糧供給が十分でなかった客観的な証拠もある。だが、これらが単なる偶然ではなく、原因と結果として結びついていることを、どのように評価すればいいのだろう。第3章（断定型）で紹介した、ブラッドフォード・ヒルの基準（「もっともらしさ」）が役立つだろうし、別の国や地理的に離れた場所でも同じような実例が見られれば、因果性の裏づけとなる。

それでも、他の環境上の原因（群）が影響する可能性も依然として残るのだ。ポパーの「反証可能性」基準はどうだろうか。この身長の問題には適用できない。身長の変化は反復できない歴史的事象であり、人間で実験することなど、人道的な見地からも不可能だ。たとえば、幼児を二つのグループに分け、一方にはカロリー、ビタミン、ミネラルを制限した食事を与え、もう一方には制限しないで与えるなど、不可能だ。では、「作為のない経緯」で得られたデータを誰かが検証し、摂取カロリーの低さや栄養不足による身長の差が、地理的に離れた複数の地域で確認されたとしたら、どうだろう。これでも、やはり、栄養摂取の差につながる他の環境要因（たとえば、ストレスなど）が、本当の作用因子《エージェント》である可能性は残るのである。また、動物を使った研究から、仮説の是非を判断するデータが得られたとしても、研究室の観察では、栄養を少なめに与えた動物のほうが、豊富に与えた動物よりも長命であるため、他のメカニズムが働いている可能性を排除できない。

確かに、私たちには、補強証拠ならいくらでもある。複数の異なる場所、複数の異なる民族、複数の異なる時代で、似たような関連が発見されていること。あるいは、人間および他の動物において、必要栄養素の供給と、それが成長に大きく影響する時期とのつながりが、生物学的仕組みとして判明していること。しかし、これらはまさに、ヒュームが批判した帰納的な因果性推論に依存している。これほど簡単そうに見える例でも、因果性の絶対的な証拠を示すことができないのなら、もっと複雑な生物学的状況（特に、実験で操作することが不可能な状況）では、因果性の証拠を見つけることは、いっそう困難だろう。

ここで、第2章で紹介した分析レベルで考えてみよう。適切な栄養が与えられる場合は、最終的な身長の主な決定要因は遺伝であるため、遺伝は「**発生を促す原因**」と考えられる。この場合、環境は「**発生させる原因**」である。最大限の栄養が与えられる場合は、身長の遺伝性が九〇%であることから、身長は主に遺伝がもたらすと言える。この場合には、環境の「発生させる原因」としての力が、十分に発揮されるのである。

一方、環境が、つまり栄養の摂取（日光の照射時間など、食品以外の項目も含む）が最大限ではない場合、環境の「発生を促す原因」としての役割がはっきりする。とはいえ、問題はもっと複雑である。成長は、特定の時期（年齢）に集中して起こるものだし、他の環境事象（戦争、干ばつ、毒物との接触など）にも、それぞれの役割があるからだ。また、「**プログラム上の原因**」による分析をおこなえば、こうした多くの因子を統合できる。以上のように、状況によっては、分析レベルを使うことで、わかりやすくなる場合もある。

　このように考えていくと、「生まれつき」と「育ち方」を、因果性の決定論的な作用因子《エージェント》として、双方が完全に独立していて、相互に排他的で、お互いに反対の立場をとっていると見なすのは誤っていることがわかる。「生まれつき」と「育ち方」を、相互に複雑に関わりながら、かつ独自のやり方で身長の決定に作用する因子と認識すれば、全体の複雑さは格段に増すが、説明の力は高まり、何を観察しているのかを最もうまく把握できるのだ。

　同じことが、ある集団における、血圧、性格、知能、空腹時の血糖の分布についても言える。これらの特徴と合わさって、遺伝的要素と環境がどちらも、生命体の体格や体質の形成に多大に作用するという強力な証拠があがっている。二項対立の因果性モデルで「どちらかを選ぶ」という考え方は明らかに、生物学のこうした面には当てはまらない。

　一方で、確率型（幅のある《ディメンショナル》）モデルの線形関係、あるいは検証型モデルの非線形関係が、考察対象のプロセスの変数間に存在する関係をうまく説明できるかどうかは状況による。少なくとも、ここで紹介した例では複数の因子が働いており、おそらく非線形モデリングが、各システムにおける因果関係を最もうまく把握できると考えられる。

　生物学的現象のなかには、断定型の論理を使って単純に説明でき、遺伝または環境のどちらかだけの原因を持つものもある。たとえば、ハンチントン病は、脳の認知力を低下させる疾患のなかでもまれな形態だが、第四染色体の遺伝子異常で引き起こされ、常染色体の優性遺伝として受け継がれる。つまり、この遺伝子異常を持って生まれた人は、ある程度長生きすれば、必ずこの病気を発症する（発症の平均年齢は四〇歳ごろだが、まれに六〇代で発症する人もいる）。

この遺伝子異常はハンチントン病の原因であり、この病気が発症するのは、この遺伝子異常を有している人だけである。まさに、断定型の遺伝的因果関係の例である（発症年齢が早いか遅いかは、遺伝子の異常部分の長さに関係がある）。しかし、これほど単純に原因と結果を言い切れる病気はきわめて少なく、ほとんどは相互に作用する複数の原因が絡んでくる。

では、複雑な因果関係のある例を、いくつか取りあげて説明しよう。

病因としての感染

感染症は、理論的に考えれば当然、環境が引き起こす疾患のはずである。だが実際には、ほとんどの感染症は、遺伝子と環境の複雑な相互作用によって生み出される。そのため感染症は、多重レベルの因果関係を知るうえで有益な例であり、また、かつてガリレオが唱えてから四〇〇年間、科学に貢献してきた「イエスかノーか」の二項対立モデルの限界に新たな知見をもたらすものでもある。

▼エピデミック（流行）のメカニズム

ペスト、インフルエンザ、（人間社会で撲滅される前の）天然痘のような感染症は、特定の時期に特定の疾患を発症させる。それぞれは、普段から環境のどこかに存在している何らかの生命体によって引き起こされるものだ。しかし、天然痘やインフルエンザの原因であるウイルスや、ペストの原因であるバクテリアによって罹患する人の数は、時代によって、また場所によって大きく異なる。感染者の数が急速に増えた時期のことをエピデミック（流行）と呼び、それぞれの生命体が引き起こすエピデミックは、それぞれに異なる独特の経緯をたどる。どの感染症も、感染作用因子《エージェント》が引き起こすのであれば、因果性の観点では、どう考えればよいのだろうか。

時期によって感染人数が違うのは、ある程度、説明がつく。人が感染すると、免疫システムが抗体をつくり、それが特定の生命体を排除するという事実があるからだ。同じ人が再び感染すると、免疫システムが素早く反撃し、通常は作用因子《エージェント》を排除し、病気になるのを防いでくれる。これはつまり、どの時点においても、その生命体から病気になる人の数は変わる、ということだ。その生命体で病気になるのは、免疫がなく、耐性の弱い人だけである。

ある感染症がエピデミックを引き起こすもうひとつの因子は、生命体の広まりやすさ、すなわち伝染性である。高い感染力を持つ作用因子《エージェント》が、感染経験のない人の集団に持ち込まれると、ほとんどは感染し、発症する。だが、エピデミックの場合ですら、全員が、その生命体にさらされたり、発症したりするわけではない。こうした人たちは、将来、同じ作用因子《エージェント》にさらされた場合には、感染しやすい状態にある。さらに、生命体のなかには、非ヒト動物を感染させ、それを「宿主」にして、自分が生き延びるものがある。感染した非ヒト動物が感染しやすい人間と接触すると、病原の生命体が移動し、その人間に感染する。

ある感染症がエピデミックを引き起こす経緯は、次のとおりだ。

感染しやすい状態にあった人間がまず感染し、発症する。しかし、それ以降は、感染しやすい人の新しい集団ができあがるまで、その感染症はなりを潜める。エピデミックとエピデミックのあいだでは、病原の生命体は次のようなさまざまな方法で生き延びる。

- 感染率は低いままで推移し、非ヒト動物種（「宿主」）に伝染して生き延びる
- 感染しやすい状態のままで残っていた少数の人に伝染して生き延びる
- 免疫を持っていないが発症していない個体か、ごく軽微な症状だけの少数の個体（人か非ヒト動物）に棲みついて生き延びる

こうして何年か経過すると、その生命体にさらされたことのない人（主に幼児や一〇代の若者）の数が、ある程度の規模まで増える。すなわち、感染しやすい集団が再び生まれたことになる。生命体がその集団への入口を見つけると、エピデミックの再来となるのだ。

これまで述べてきたのは、エピデミックについての一般的な説明だが、病原となる生命体にはそれぞれ独特な特徴があり、ライフサイクルも、その生命体が引き起こす疾患（群）も異なる。原因となる生命体（病原体）の生態は、それぞれにまったく違うのである。このため、どれか特

定の生命体と、どれか特定の感染作用因子《エージェント》に関連する因果性のメカニズムを理解するには、その生命体のゲノムと振る舞いの詳細と、宿主の振る舞い（とゲノム）、および環境についても知る必要がある。

▼ペスト

たとえば、ペスト菌（**エルシニア・ペスティス**）のエピデミックについて考えてみよう。まず、ペストに感染したネズミが宿主となる。そのネズミをノミが咬んで感染する。感染したノミが人を咬んで感染させる。ノミは、温かい動物を離れては長く生きられないため、人がペストに感染するには、ネズミの近くにいる必要がある。したがって、人の集団でペストがエピデミックになるまでには、ペストに感染したことのない大勢の人、ペストに感染した多数のネズミ、人とネズミが近接している環境条件（つまり、ネズミが運ぶノミに人が咬まれる可能性の高い環境条件）が必要である。また、人から人への伝染は、まれにしか起きない。エピデミック中に多くの人が感染すると、人から人への伝染も起きやすくなるが、発症する人の絶対数（エピデミックかどうかの判断材料）にはさほど影響しない。

▼インフルエンザ

インフルエンザは、インフルエンザ・ウイルスによる呼吸器疾患である。このウイルスの特徴は、人に伝染する能力をつかさどる遺伝子の二つが突然変異することだ。つまり、素早い変異を「促す」仕組みがウイルスの遺伝子構造に含まれていて、偶然以上の確率で変異が起きるのである。こうした突然変異の結果、前のものとは遺伝的に十分異なる（つまり遺伝的に「新しい」）インフルエンザ・ウイルスの株が出現する［訳注：「株」とは、特定の個体から検出され分離されたウイルスを指す］。インフルエンザに感染したことのある人でも、この突然変異したウイルスには免疫がない。このような変異は、ウイルスが非ヒト動物の宿主（家禽類か豚と考えられている）のなかで生き延びているあいだに起こる。ニワトリやアヒルや豚の数が多くなるほど、新しい株が出現する可能性が高くなる。

インフルエンザのエピデミックが起こるのは、次のような理由だ。

①人に飼われて数が増え、地域によっては人のすぐそばにいる動物（生命体）にウイルスが保持されているから
②ウイルスに、突然変異を起こしやすくする仕組みが元から備わっているから
③ウイルスが、接触感染にしろ（咳や、くしゃみを介した）空気感染にしろ、人との接触によって容易に広まるから

つまり、ウイルスの生態と、人の生態（気道細胞が感染に弱い）と、環境事象（「ニワトリや豚を

家畜として飼う」「人が冬に大勢で集まる」「多くの文化で、互いに手で触れ合う習慣がある」）が組み合わさって、インフルエンザのエピデミックを引き起こすのだ。

エピデミックを起こしやすくする、人の振る舞いのパターンは他にもある。それまで会ったことのない大勢の人同士が、学生寮やサマーキャンプ、兵舎などに集まることも、インフルエンザやポリオ・ウイルスなどの病原体にそれまでさらされたことのなかった人たちが初めて触れてしまう機会をつくり、人から人へ伝染する可能性を高めてしまう。国をまたいだ出張や旅行の増加も、帰国の際に病原体を運んでしまう可能性を高める。

また、ゴミを始末する方法も、病気の広がりに影響する。ペストの場合、ゴミの始末の方法によって、ネズミの数の増減、ネズミが人に近づく可能性、ペスト菌に感染したノミが人に近づく可能性に影響するからだ。

▼免疫システムの遺伝子構造

さらに、免疫システムの遺伝子構造は人によって異なるため、感染症やその他の疾患にかかりやすいかどうかは人によって異なる。

髄膜炎は、非常に危険な病気だが、髄膜炎菌（**ナイセリア・メニンジャイティディス**）で発症する人は、髄膜炎菌にさらされながら発症しない人に比べて、マンノース結合タンパク質と補体D因子に関わる遺伝子に特定の異型があることが多い。鼻粘膜に髄膜炎菌がいる人は意外に多いが、大半は病気とはならない。これらを考え合わせると、発症に至るには「菌にさらされること」と「遺伝子に弱い部分があって、侵入した生命体を効果的に排除する免疫システムの能力が低下していること」の両方が必要だ。つまり、両方の組み合わせが原因と考えられる。

同様に、ペストから生還した人は、感染で命を落とした人とは種類の違う免疫反応を起こしていたと考えられる。

現代の例としては、ＨＩＶウイルスに感染し、適切な治療を受けていないのに長期にわたって生存している人が、わずかだが存在する。こうした人の一部には遺伝子の異型があって、ウイルスがその人の体内で細胞から細胞へ広まるのを制限しているため、長期生存が可能なのだと説明されている。

このように、ペストやインフルエンザ、天然痘、ＨＩＶ／ＡＩＤＳは、病原体と宿主の双方の、生物学的な要素（「生まれつき」）と、環境要素（「育ち方」）が組み合わさった結果によって発症すると考えられている。疫学者は、宿主と作用因子《エージェント》と環境を三本柱と捉え、相互作用するシステムにおいて、因果関係に対してそれぞれの役割を果たすことを強調している。

アリストテレスの分析モデルで説明するなら、「発生を促す原因」は、遺伝子構造（髄膜炎の例で見た、遺伝子の弱い部分と、ＨＩＶの例で見た「防御因子」）で、「発生させる原因」は感染作用因子《エージェント》だと分析するだろう。

インフルエンザ・ウイルスの変異体の場合なら、「発生を促す原因」は、家禽を飼うという行為、人同士の接触、人と家禽が近接した暮らしで、「発生させる原因」は、遺伝子の突然変異とウイルスである。

ペストの場合なら、「発生させる原因」はペスト菌だが、人を感染させるのに欠かせないネズミやノミを介した経路は、もっと込み入っている。ガリレオは、このようなものを「必要だが十分ではない原因」と呼んだが、これには「発生を促す原因」と「発生させる原因」の要素が両方含まれている。人が多数のネズミ（およびそれについたノミ）と近接しなければ、ペストのエピデミックは起こらないだろう。この点からすれば、「発生させる原因」になる。だがネズミは、たとえ数は多くても、それだけでは直接、感染を起こさせることはできない。このため、「発生を促す原因」と考えることも可能なのだ。

こうした病気のエピデミックな性質は、病原の生命体の生態に織り込まれているため、「プログラム上の原因」で因果性を捉えることもできる。天候、人間の社会的な慣習、食料のために動物を飼うといったさまざまな環境条件の他、個々の宿主の生態、疾患を爆発的に広める種の生態も含めて考えるのである。検証型のデータがあれば、因果関係の個々の要素のなかで「発生を促す関係」と「発生させる関係」を特定するのに役立つ。また、こうした個々の理解を織り込んで、因果関係の網をプログラムとして理解するのに役立つ。分析の各レベルが理解を深めるのに貢献し、特定した「発生を促す関係」「発生させる関係」「プログラム上の関係」が、病気の流行という因果性の連鎖を食い止める（行政の）介入策につなげられる可能性がある。

遺伝子と環境の相互作用および感染しやすさ

近年の調査で、一般的な感染症のひとつである副鼻腔炎と、やや珍しい病気である嚢胞性線《のうほうせい》維症を引き起こす遺伝子異常に関連があることが判明した。

嚢胞性線維症は、細胞膜に塩素チャネルの形成を指示する遺伝子の突然変異によって起こる。塩素チャネルの形成に不具合があると、多くの器官システムがうまく働かなくなる。特に顕著なのは肺と膵臓で、肺の場合は気管支からの痰の除去が困難になり、肺感染症のリスクを増やし、膵臓の場合は消化機能に不具合をきたす。小児や若者が嚢胞性線維症を発症すると命に関わることが多い。これは、たび重なる肺炎の発作が、取り返しのつかないほど肺機能を損なうからだ。

影響を受ける遺伝子は、CFTR遺伝子である。この遺伝子は第一四染色体に位置し、常染色体劣性型で作用する。つまり、嚢胞性線維症は、原因となる遺伝子変異を有する両親それぞれからCFTR遺伝子を受け継いだ場合にだけ発症する。つまり、異常な二つの遺伝子のコピーを継承する必要がある。

興味深いのは、突然変異したCFTR遺伝子をひとつだけ有する場合、慢性副鼻腔炎のリスクが高まることだ。この、単一の異常なCFTR遺伝子は、嚢胞性線維症を発症させることはない。だが、環境のどこにでも存在する感染作用因子《エージェント》にさらされて副鼻腔炎になると、この遺伝子異常を持つ人は、慢性化する可能性が高くなるのだ。

こうして見ると、慢性副鼻腔炎を「発生させる」作用因子《エージェント》は、環境（どこにでもいるバクテリア）だが、「発生を促す」原因、すなわち慢性副鼻腔炎の可能性を高めるリスク因子は、遺伝子である。とはいえ、突然変異したCFTR遺伝子をひとつ持つ人がすべて慢性副鼻腔炎にかかるわけではないし、逆に、慢性副鼻腔炎にかかっている人のほとんどが突然変異したCFTRをひとつ持っているわけでもない。

また、異常なCFTR遺伝子の保有は、白色人種の集団に多くみられる。遺伝子が白色人種の慢性副鼻腔炎に寄与する度合いは、他の民族集団よりも高い。このような遺伝子の異型の存在は、感染に対処する人体の能力を左右し、副鼻腔炎を慢性化させるリスクを高めている。つまり、CFTR遺伝子は、その遺伝子の一コピーが異常な場合には、慢性副鼻腔炎の「発生を促す原因」である。だが、親の両方から異常な二コピーを受け継いだ場合には、嚢胞性線維症の「発生させる原因」となる。

遺伝子の異型が病気のかかりやすさに影響する例として、感染症以外のものを紹介しよう。遺伝子構造と環境の両方が持つ、「発生を促す」性質をうまく説明してくれる例だ。

SCN5Aは、心筋細胞の細胞膜にあるナトリウム・チャネルの成分の生成を指示する遺伝子である。ナトリウム・チャネルは開いたり閉じたりすることによって、細胞内部と周囲の外部環境を直接つないだり遮断したりする。開いているときは、ナトリウムが細胞に素早く移動する。

このように、ナトリウムが心筋細胞へ急に移動すると、心筋細胞が収縮する。多くの細胞が協調して収縮がおこなわれた結果、ポンプ作用、すなわち心臓の「鼓動」となるのである。

SCN5A遺伝子には、多くの異型が見つかっている。あるものは、ヌクレオチドがひとつだけ違う。この場合は、アミノ酸がセリンからチロシンに変わる。この変化によって、ナトリウム・チャネルは通常よりも素早く開く傾向になる。これが起こると、心筋細胞のあらかじめ調整された発火にじゃまが入り、心調律の異常を引き起こすおそれがある。そうすると、心臓のポンプ作用の効率が悪くなり、それによる不整脈が発端となって悪循環に陥ると、心臓そのものが十分な血液を受け取れず、ポンプ作用の悪化で血液循環が滞り、ついには死に至る。

このように、ひとつの遺伝子（全部で約二万一〇〇〇個ある）のなかの、ひとつのアミノ酸（約一〇億個ある）が変化するだけで、ときに重篤な症状をまねくような不整脈の発症を「促す」ことがある。

ナトリウム・チャネルが、本来は閉じているはずなのに開いてしまう可能性は、環境要因によって高くなることもある。たとえば、血中カリウム濃度を低くする利尿剤や、カリウム・チャネルに直接働きかけるキニジンは、電流が心臓を通過する速度に影響し、不整脈を引き起こす可能性を高める。SCN5A遺伝子の異型を持つ人がこれらの薬を摂取すると、不整脈を発症するリスクが非常に高くなるのだ。

しかし、遺伝子的な弱さがないのに、これらの薬を摂取したことで不整脈を発症する人もいる（たぶん、他の「発生を促す」因子を持っていたか、「発生させる」因子になるほど血中カリウム濃度が低くなったのかもしれない）。逆に、遺伝子的な弱さを持っている人でも、これらの薬にさらされた人が全員、不整脈を発症するわけではない。

このように、遺伝子的弱さと環境への曝露はどちらも、ある意味で「発生を促す原因」である。一方、血中カリウム濃度が、薬剤や他の疾患（たとえば下痢）や食習慣によって大幅に低下すると、誰もが重大な心調律の異常を発症する。したがって、カリウムの濃度の低下は、不整脈による死亡を「発生させる因子」であると考えられる。カリウムの喪失度が、細胞が正常に機能できなくなる閾値《しきいち》を下回ったときには、死に至る。低カリウムはこのように「発生を促す」因子と「発生させる」因子の両方に該当する。また、低カリウム自体は、さまざまな因子（一部は環境に、一部は遺伝子に関わるもの）によって「発生を促され」る。

ある論文によると、西アフリカとカリブの系統では、一九・二％の人にＳＣＮ５Ａ遺伝子でのチロシンとセリンの置き換わりが見られるそうだ。アフリカ系アメリカ人では一三・二％、白色人種五一一人とアジア人五七八人では一人もいなかった。家族単位で詳細に調べたところ、この変化した遺伝子を受け継ぐ人（変化した遺伝子は一％より大きい率で母集団に発生するため、「突然変異」ではなく「多型性《ポリモーフィズム》」と呼ばれる）は、心電図にはっきりした変化が出る可能性が非常に高いという。心室間の電気の伝導が遅くなり、これがＱＴ間隔の延びとなって表れる。これは、心調律の異常を発症させるリスク因子として知られているものだ。だが、この論文の執筆者たちは、こう注記している。「このような個人のほとんどは、不整脈を起こさないだろう。なぜなら、その作用は…（略）…微細だからだ」。この遺伝子異型（伝統的にこれは異常とは見なされない）は、「発生を促す」遺伝的因果性の別の例である。この異型のある遺伝子は、それによる不整脈を発症するリスクが高まる。しかし、変異体があってもほとんどの人は、病気や不調にならない。利尿剤やキニジンのような薬剤をとることは、そうした遺伝的弱さを持つ人にとって不整脈を「発生させる」可能性があるが、つねにそうとは限らない。

　これらの例から、わかることは何か。因果性の込み入った網から情報を読み取り、理解する力を向上させるには、分析レベル（「発生を促す原因」「発生させる原因」「プログラム上の原因」「意図による原因」）と、概念モデル（断定型、確率型、創発型）をうまく使い分けることだ。

「発生を促す」因子は明らかに、病気や死につながる因果連鎖の一部だが、そうした因子を持っていても、症状がまったく出ない人も大勢いる。それを見て疑心暗鬼になり、因果性のつながりを否定すると、知識の応用（有効な介入策）に失敗することもあるのだ。これは、社会や政策立案者や科学者にとって、大きな混乱をまねくもとになりかねないし、実際に招いてもきた。

　たとえば、リスクや弱さの因子を特定することは、病気を予防する観点では重要だ。予防接種や水道水へのフッ素添加のような予防戦略がすべての人を対象とするのは、ほとんどの人に麻疹《ましん》（はしか）や虫歯のリスクがあるからだ。一方、高コレステロール、高ＬＤＬコレステロール、高血圧のようなリスク因子は、脳卒中や心臓発作の可能性を高くする。行政が介入して、こうした「発生を促す」因子を持つ人のリスク排除に取り組めば、脳卒中や心臓発作の発症率は劇的に低下する。これは、コッホの原則にあるとおり、因果連鎖が変容したわけである。

しかし、コレステロールを下げることが、つねに利点をもたらすとは限らない。最新の研究によれば、コレステロールの低下で、死亡率も、心臓発作と脳卒中の発症率も、下がっていないことが判明した。コレステロールや高ＬＤＬは「発生させる」ではなく「発生を促す」因子であり、この因果連鎖で重要な役割を果たしている他の生物学的な介在者を突き止めれば、この驚くべき発見の説明もつきやすくなる。

大人数のゲノムを迅速かつ安価に解析する技術の開発が進み、すでに、疾病や通常の生物学の因果連鎖において、多くの潜在的な遺伝的要素や環境要素が特定されている。しかし、すでに述べたように、こうした発見は、概念上の混乱のもとになりやすい。というのも、多くの人が原因とは「イエスかノー」の断定型モデルだと考えているからだ。私の願いは、「発生を促す原因」と「発生させる原因」などの用語が、因果性を語るときの土台となり、専門家と一般の人たちが共通認識を築き、多くの人に恩恵をもたらす（行政の）介入策が広く受け入れられることである。

科学者にとって、分析モデルや因果モデルの区別が重要なのは、それぞれのモデルに沿った因果関係を記述し説明するために、それぞれに適した数学的手法や統計的手法を使うからである。政策立案者、政治家、医療教育者、公衆衛生の推進者は、可能性という考え方（確率型モデル）と、病気への弱さという考え方（「発生を促す原因」）が、一般の人にとって理解しにくいことを、まず認識しなければならない。その認識があれば、優れた教育プログラムの作成につながり、「発生を促す原因」や誘発要因に対応する介入策への理解と受け入れにつながっていくはずだ。

分析モデルや因果モデルを区別することは、なぜ、複数の介入策を同時に、分析モデル（四つの分析）の異なるレベルに向けて実施しなければならないのか、またなぜ、因果モデル（断定型、確率型、創発型）の異なるモデルを活用しなければならないのかの説明にも役立つだろう。

たとえば、マラリアが発生する地域では、就寝時に蚊帳を吊れば、発生率を抑えて予防できる可能性がある。これは、媒介生物（蚊）にさらされる機会を減らし、したがって蚊に寄生した生物（マラリア原虫）にさらされる機会を減らすからだ。言い換えれば、「発生を促す原因」（蚊に刺される）、と「発生させる原因」（寄生生物）の両方に対処するのである。しかし、いったん人が感染してしまうと、「発生させる原因」であるマラリア原虫に対して、抗寄生虫薬を使った直接的な治療（断定型）が必要になる。

このように、分析モデルと因果モデルの違いを明確にしておけば、立場が異なる人たちの助けとなる。すなわち、介入策を設計し、資金を提供し、現場で実施し、その恩恵を受ける人たちが、マラリアによる罹患率と死亡率を下げるというゴールを目指す際に、なぜ複数のアプローチが必要なのかを理解する一助となるだろう。一方を除外して一方だけを重視すれば、マラリア予防という全体のゴールを達成できない。概念が明快になっていれば、「いつ」「どこで」どのアプローチに重点的に取り組むべきかがわかり、成功の可能性が高くなるはずだ。

む戦略がいかに困難かを周知できる。リスク因子（たとえば、高血圧や高ＬＤＬコレステロール）のレベルを下げても、心臓発作や脳卒中の発生をゼロにできない。一度も煙草を吸ったことのない人が肺がんにかかることもある。つまり、公衆レベルでの介入策は、すべての個人に恩恵をもたらすとは限らないのだ。望ましくない結果（脳卒中など）を起こした人からすれば、介入策は失敗だったことになる。集団あたりの発生率が下がり、公衆衛生として成功だったとしても、発症した当人には関係ないのだ。この点を明確にすることが、複雑な課題の存在を示し、成功の最大化と失望感の最小化の両方を達成しやすくするだろう。もちろん、正確なラベル付けをしたからといって、複雑な考えを説明するという課題が解決されるわけではない。因果連鎖を断ち切ろうとするときの難題を浮かびあがらせ、公共衛生の面でも専門家の知見の面でも、質と精度を高めるのに役立つはずだ。

ここまで述べてきたことは、第二面の「プログラム上の原因」にも若干触れてはいるものの、中心は「発生を促す原因」と「発生させる原因」の分析だった。次項では、「意図による原因」（無生物に当てはめる場合は、「目的論」と呼ばれることがある）を重点的に取りあげる。このレベルの分析が、「叙述型」と「信仰型」の分野に限定されないことも、ある程度は示していきたい。

生態学

集団生態学というテーマは、非常に難解なところがある。
だが、どんな科学でもそうだが、単純だと仮定するところから始めるのだ。

――ジョン・H・ヴァンダミーア、デボラ・ゴールドバーグ［『個体群生態学入門』の共著者］

生態学は、生物や無生物に関する既知の事項を、環境を解明するためのモデルに統合し、また、複雑なシステム同士の橋渡しとなる因果性のメカニズムを解き明かそうとする学問である。その最終目的は、地球という惑星の上で、自然界がどのように働いているかについて、一貫した理論を構築することにある。このテーマは何世紀にもわたって科学者の心を捉えてきたが、学問として登場したのは比較的最近のことだ。分析レベルの「プログラム上の原因」という知見がいかに進歩していくかを知るうえでも、生態学は興味深い分野だ。

生態学者は、ある環境における生物と非生物の複雑な相互関係を理解しようと努め、複数のアプローチを採用してきた。そのひとつは、範囲を明確に限定した、小さなシステムを研究することだった。その小さなシステムで、植物相、動物相、地理学、気象などの相互関係を明らかにし、似たような関係が、より大きな地理的領域に存在するかどうかを研究するのだ。

島嶼《とうしょ》生態系の研究から導かれた発見のひとつに、「島の面積が大きくなるにつれて、種の数が増える」というものがある。この関係は、島と島の面積の対比で数学的に表せるという。たとえば、面積が一〇倍違う二つの島を比較する場合、大きいほうの島には、一・五八（一〇の〇・二乗）〜二・五一（一〇の〇・四乗）倍多い種の存在が見込まれるという。多くの島で見られるこの規則性は、根本的な因果関係の存在を暗示している。さらに、島ではなく大陸の生態系でも同じメカニズムが働くのかどうか、生態学者の興味を引くことになった。

地理的に孤立した小さな場所を研究対象にするのは、種の数や、地理や気象の変動が少なくなり、関係の特定が容易になるからだ。結果に影響を与える因子の数を制限することは、複雑さの度合いを制限することにもなり、一般法則が発見しやすくなる。一方で、大きなシステムに内在する複雑さを単純化しすぎて、因果関係を過小評価したり、重要な箇所を見落としたりするリスクもつきまとう。つまり、「単純だと仮定する」ことには強みと同時に、規模が非常に大きいシステムへの適用性が制限されるリスクもあるのだ。

島をひとつずつ調査して、それらの生態系を理解できるようになると、それぞれの島を自然の「構成単位《ユニット》」あるいはシステムとして捉える能力が高まる。つまり、あるシステムを、別のシステムと比較するための基準が得られるのだ。これは、複数の場所で作用する関係や、広範囲に及ぶ「力」を特定するうえで必要なステップだ。この基準があれば、マクロな環境で作用する基本的な因果性を解明するのに役立つ。これは、ダーウィンが活用したアプローチでもある。

ダーウィンは、ガラパゴス諸島の類似性と相違点を明らかにし、その情報を他の生態系の知識と統合して自然選択（自然淘汰）についての理論を構築し、裏づけを得た。

後年、ロバート・H・マッカーサーとエドワード・O・ウィルソンは、『島の生物地理学の理論（*The Theory of Island Biogeography*）』のなかで、このアプローチを踏襲している。二人は、島の面積と、大陸からの距離が、島の生物相の構成にいかなる影響を与えているかを調査し、そのデータを使って、新たに入ってきた種が、既存の種の分布に与える影響を法則化した。二人は、調査の結果を、生物相の均衡という概念を支えるものと解釈し、この見解をもとに、生物相のシステムが、変化にいかに反応するかについての一般法則を引き出したのだ。この一般法則を通じて二人は、システム全体に均衡を維持しようとするメカニズムが働くと結論づけている。小さなシステムから始めて、大きなシステムのメカニズムを探る道筋を整えたのである。

個別の相互作用をいくつも調査し、そこから得た知識をまとめて、より大きなシステムの一般法則をつくるという戦略は、生物学の分野において、また他の科学分野においても、長い歴史のなかで成功を収めてきた。だが、それを、「プログラム上の原因」レベルにおける因果性のメカニズム特定にまで進めるのはむずかしい。理由のひとつは、変数間の関係は、多くの場合、二項対立的すなわち線形なのだが、複雑なシステムでは、関係が非線形になる傾向が強いからである。均衡の維持のような潜在的な因果性のメカニズムを確認する手法は、まだ開発されていない。だが、提示された因果関係を「検証型モデル」によって補強しようとするのが標準的な科学的推論でありつづけるかぎり、確認するための手法が必要になるだろう。

島の研究で得られた成果と注意点（たとえば、単純化しすぎない）は、他の研究にも当てはまる。生態系の分子レベルでの関係に注目し、そこで得た知識を、複数種の多重関係に関わる一般法則を見出すための出発点として使うのもそのひとつだ。このアプローチの好例として、Ｉ・Ｍ・ヤングとＪ・Ｗ・クロフォードによる地盤システムの力学の調査がある。彼らは、粘土土壌の集合体を、原子レベルで、すなわち、静電気とファン・デル・ワールス力の観点から説明した。また、分子レベルでは、バクテリアと菌類が分泌する糊《のり》状の物質の存在と、棒状のバクテリアである桿菌《かんきん》などの菌類の物理的な寄与によって説明した。さらに、肉眼レベルでは、多細胞生物による生物相を、土壌粒子と植物根との結合によって説明した。こうした知見から、「土壌粒子の集合体は、菌類とバクテリアが集合体に寄与する範囲のべき乗則分布に従う」という興味深い結果が出ている。

このモデルは、生態系の地下（土壌）と地上の要素の関係を記述すれば、さらに適用範囲が広がる。生物相が豊かな環境と、まばらな環境を区別できる。考察すべき要素には、土壌の物理的特性、土壌内のミネラルの可用性、植物と動物の寄与の度合いなどがある。このように、土壌の非生物の物理的構成（物理学）と、土壌に棲む微生物の生態（微生物学）、植物の生態（植物学）、動物の振る舞い（動物学）を結びつけ、より小さなシステムの要素に関する情報を統合することで、そこから、より大きく複雑なシステムを理解しようとしている。

システム全体を理解するには、さまざまな分野に枝分かれした多彩な学問分野からの情報や専門知識を統合し、さまざまな手法やアプローチを融合することが必要だ。とうてい、個人や少人数のチームで達成できる話ではない。では、多重レベルで物事を記述すれば、そこから因果説明を導き出せるかといえば、まだ確かではない。しかし、これは過去に科学が歩んできた道でもある。なお、次章の「疫学の場合」で、この問題を克服するために提案された手法の検証をおこなうが、現在すでに利用可能な検証型アプローチのなかには、次のような手法があることを指摘しておきたい。

● 複数のシステムが、同じパターンをたどることの実証（収束的妥当性）
● 対象範囲が大きくなっても、関係を記述できる能力（一貫性）
● 予測された関係が、以前は調査していなかった場所やシステムに存在することを証明する能力（予測妥当性）

ダーウィンがガラパゴス諸島でおこなった調査や、マッカーサーとウィルソンが均衡と不均衡の視点からおこなった調査は、自然に発生する現象を使って、巨視的な因果性のメカニズムを解き明かし、のちにその妥当性が検証された例である。

ただし、ネットワーク理論が示しているように、システムが大きくなると、独自の要素を持つ可能性が増える。それに伴い、因果性の仮説が妥当かどうか、システムレベルでの確認がむずかしくなる。さらに、システムのサイズと複雑性の増大につれて非線形の関係も増え、新たな課題が生じる。そのため、システムレベルで作用する因果性のメカニズムを特定するには、別の戦略が必要になってくる。つまり、少数の変数間の関係を調査するのではなく、また、小さい生態系と大きい生態系の関係を調査するのでもない、新規の分析が必要となってくる。

▼トップダウン型とボトムアップ型のアプローチ

小さな、より基本的なシステムから始め、多くの情報を収集して理解を広げていくやり方は、「ボトムアップ・アプローチ」と呼ぶこともある。まず、全体を構成する部品を理解し、そのあとで全体を理解しようとするのである。たとえば、土壌の力学を、まず静電気の面から理解し、異なる種の役割にまで掘り下げていくアプローチは、ボトムアップの例である。

一方、「トップダウン・アプローチ」では、まず、システム全体に集中し、その構成要素のあいだに存在する関係を明らかにしていく。つまり、全体を理解してから、その部品がどう関係しているのかを理解するのである。たとえば、島を調査し、種の数と島の面積とのあいだにどんな関係があるかを特定するのは、トップダウン・アプローチの例だろう。

ボトムアップ、トップダウンのそれぞれに長所があるが、因果性のメカニズム（特に「プログラム上の原因」）を幅広く捉えて理解するには、双方の知識を合わせる必要がある。大きなシステムがどのように出現し、どのように働きつづけるのかを因果性のメカニズムとして説明するには、生態学はまだ登場したばかりなので、今後の進展に期待するしかない。もちろん、課題が複雑すぎるからといって、因果性のメカニズムが特定できないとか、存在しないなどと決めつけるのは早すぎる。

サイモン・レヴィンの著書『持続不可能性──環境保全のための複雑系理論入門』では、抽象的な上位レベルから始まる、生態学のトップダウン・アプローチの例を見ることができる。レヴィンは、生態学の研究テーマをいくつか概観したあと、生態系の一般的なパターンと相互作用を六つの原則にまとめた。

①生態系は規則的なパターンで構成され、そのパターンは体系化し、認識し、調査することができる。
②肉眼レベルのパターンは、長い時間をかけて築かれるのがふつうであり、局所的なレベルで発生する変化の上に蓄積される。
③歴史上の偶然は、発展のパターンの決定と安定の面で重要な役割を果たす。
④「突発的な事象」「具現化された発展のメカニズム」「環境上の事象」「確率的なプロセス」のなかで偶然が起こり、それによって変化が促される。
⑤多くの生体システムの相互作用から、多様性を育む生態系が生まれる。

⑥複雑な適応システムは、多様性と非線形性、階層組織に依存する。

これらの原則は、トップダウン・アプローチをとる場合に特定できる一般法則の例である。明らかなのは、生態系では、非線形である「創発型」の関係が重要な役割を果たすことだ。ただし、「発生させる原因」として作用する「偶然」の役割とは別物である。レヴィンは、こう指摘する。システムの「ある領域」で、何らかの変化が起こったときに、その変化がニュートラル、つまり利益も不利益ももたらさないのであれば、それが共有される範囲は局所的にとどまる。だが、あとで別の変化が起こり、利益がもたらされると、その変化は広く浸透する。この例では、環境は「発生させる原因」として働き、自然選択は「プログラム上の原因」として働く。変化が広く浸透することは、非線形に見えるかもしれない。というのも、「発生を促す原因」が徐々に蓄積されているあいだは観察できず、適応が始まった瞬間に、突然起こったように映るからだ。この状況では、適応が急速に広まるため、外部から見ると、突発的で、断定型で、非線形の原因があるように思える。

変化のこのようなモデル、すなわち、まず最初に、微細で、観察されない事象や変化があるが、これがのちの大規模な変化に必要な要素であるというモデルは、発見がむずかしく、環境が変化した原因を探るときに、なかなか思いつかない視点だ。特定の状況を細部まで慎重に分析することが、「発生を促す変化」（「些少な」変化に見える）の不可欠な役割を明らかにするのに必要なのだろう。一方で、大局的な視点も、大規模な変化を観察するには必要な場合が多い。ただしこれは、因果性の方向が大から小へ向いているという意味ではない。実際には、レヴィンが検討した生態系からのデータは、因果性の方向がむしろ、小から大へ向いていることが多いという。

遺伝子と環境の相互作用に関する初期の議論で得られた一般法則にも、この知見が表れている。極限環境では、遺伝的変動と環境の選択の影響が、どちらも過大に見えるきらいがある。極限環境が数世代にわたって持続すれば、そのような極限環境に適応する遺伝形質が子孫に伝えられるだろう。その遺伝形質があるほうが、より多くの繁殖につながるからだ。別の言い方をすれば、「集団の遺伝子構造が、自然選択の結果を反映する」ということだ。「自然選択」とは、「生き延びる可能性と繁殖する可能性を増やす形質が、その環境のなかで広く行き渡る」という観察結果を言い表したものだ。環境が長期にわたって安定しているなら、遺伝的素質は、その環境に適合すべく進化する。環境に劇的な変化が起こった場合、変化する前の環境の要素に強く依存していた遺伝的素質が、その遺伝形質を最大限に発現させる可能性は小さくなる。

生態学のような広い分野を扱う研究から、さまざまなことが明らかになってきている。たとえば、「システムに起きる変化のなかには、そのシステムの他の要素には影響しないものがある」という指摘だ。ひとつまたは複数の種の変化が、他の種には何ら影響を及ぼさず、したがって、システム全体に影響しないことがある、という例だ。これは、アリストテレスの因果性へのアプローチにおける中心思想、すなわち「分析をおこなう規模は、その分析の結果に多大な影響を及ぼす」を言い換えたものだ。因果性のメカニズムのなかには、二つの要素の関係を観察することによってしか識別できないものがある。それ以外にも、多数の要素間の相互作用を調べる必要があるものや、システムレベルでしか観察や調査ができないものもある。

レヴィンによる「全体像を知るには、さまざまな規模をまたいで説明を統合し、一致させる必要がある。……ある特定の規模のパターンが強く現れたり、自己組織化を表すパターンがあったりする」という指摘は、アリストテレスの「プログラム上の原因」レベルへのアプローチを思い出させる。これはまた、一般的なシステムの調査にも適用できる。

ところで、真の因果メカニズムなるものは存在するのか？　答えはノーだ。むしろ、裏づけがあって妥当だと確認されれば、因果メカニズムはニュートン力学や熱力学の法則と同じ分類に入るかもしれない。因果メカニズムは着手点を、つまり、因果性の行為を導き出せる原則を記述しようとするのだ。とはいえ、その原則の根底にある因果メカニズムを、将来にわたって固定すべきだと言っているのではない。たとえば、ニュートンの法則群も、現在では相対性理論から導けると考えられている。もし、生態系に関する一般法則や、その他の法則が精査に耐え、広く受け入れられるなら、因果メカニズムを解き明かすための基本原則という役割をになうことになる。逆に、これらの法則が、すべての生態系を網羅する一般法則として妥当しなかったり、間違っていたり、もっと基本的な原則から導き出せたりする場合には、因果性の予測をおこなう着手点にはなれない。また、生態系レベルで働く因果メカニズムの解明につながるトップダウンの原則が存在するかどうかは、現時点では時期尚早で何とも言えない。それに、この生態学という比較的若い学問は、因果メカニズムを「プログラム上の原因」レベルで特定可能な分野かもしれないが、本当に当てはまるかどうかを見きわめるのも時期尚早なのだ。

時間と生物学

第1章では、因果性推論をおこなううえで必要な前提条件として、時間は一方向に進むと仮定した。生物学的な時間には、因果性を構築するために必要な、ひとつの方向に物事が順番に進むといった、いくつかの要件を満たす特徴がある。第一の特徴は、方向があること。なぜなら、分子レベルや高分子レベルでおこなわれる多くの生物学的相互作用は、いったんそれが起これば、逆戻りしたり、「なかったことに」したりすることはできないからだ。たとえば、いったん神経細胞が発火したら、たとえ発火のときに放出された化学物質がリサイクルされるとしても、その化学的・電気的事象を逆に戻すことはできない。この不可逆性は特に、「逆」の順番で実行することができない複数ステップからなる生物学的プロセスに当てはまる。個々のステップは逆戻りできたとしても、事象の連鎖には、逆戻りできない多くのステップが含まれている。このため、分子のタンパク質間相互作用から成人の体格形成に至るまで、さまざまな生物学的プロセスは、観察可能な特定の順番で実行される事象の連鎖からなる。因果性では、結果より前に原因が存在しなければならないが、生物学には、因果性を決定するのに必要なこの要素が存在する例が多数ある。

　生物学的な時間に関する第二の特徴は、多くの生命体には生まれつき「時計」が備わっていることだ。この時計は、分子間相互作用の配列《シーケンス》で構成される。ある特定の時期に分子間相互作用が実行され、決まったやり方で繰り返され、予測可能な決まったやり方で振る舞いを体系化するようになっている。わかりやすい例を二つあげよう。概日《がいじつ》リズム（「おおむね一日」という意味のラテン語を使って「サーカディアン・リズム」と呼ぶこともある）と月経周期だ。概日リズムは、およそ二四時間の周期で、ほとんどの人がたどる睡眠と覚醒の周期をつかさどる。月経周期は、約一カ月の周期で、妊娠可能年齢にある女性の排卵と子宮内壁の脱落（いわゆる月経）をつかさどる。このような体内時計とそれに関連する規則的なパターンの研究は、時間生物学という学問の領域である。

　人の概日リズムの主要な指令は、視交《しこう》叉上核《さじょうかく》（ＳＣＮ）と呼ばれる脳の小さな細胞群から出ている。この細胞群は、予測可能なパターンで繰り返されるさまざまなプロセスに指令を出す、一個の時計として機能する。時計の周期は人によって若干異なるが、平均は約二四・一時間で、周囲の明暗の周期によって「リセット」される。時差のある地域への旅行などで、急いでリセットする必要に迫られることもある。時差ぼけは、ふだんの規則的な明暗の周期が突然くずれたことによる生理的な反応である。

SCNは、睡眠–覚醒のサイクルの他にも、複数のプロセスを管理している。一日を通じて体温を一定に保つのも、そのひとつだ。通常、体温が一番低いのは、目覚める前の数時間だ。ホルモンの一種であるコルチゾールの分泌は、起床時に最大となり、夜の一〇時ごろに最低となるようパターン化されている。このような周期が生じるのは、脳やそれ以外（調節する対象の機能が、別の器官にある場合）の領域にある特定のタンパク質群が、あらかじめ調整されたやり方で順次的に相互作用するからだ。脳の視床下部にも時計があり、食事によって同期され、他の行動を調節している。脳以外の場所にある時計も、他の活動を調節する。

生物学的な時間の第三の特徴は、ひとつの生命体の生涯において、ある特定の決まった時点で起こる出来事の順番である。これは発達過程と呼ばれ、通常は一度しか起こらない。人の思春期の発現もこの例だ。発達の流れは受胎から始まり、種のゲノムに「組み込まれて」いる遺伝子プログラムによって指示される。

遺伝以外の、環境による要素も、この発達の流れに大きな影響を与える。場合によっては、その個体の最終的な体格や特質にまで影響を及ぼす。身長を例に考えてみよう。ヒトは時間をかけて各自の最終（成人の）身長に到達するが、成長の早さは一定していない。特定の栄養素が不足したり、ビタミンDの生成に必要な日照が不十分だったり、胎児期や乳幼児期や青年期といった発達に重要な時期に環境有害物質にさらされたりすると、最終身長が低くなったり、（遺伝上の）発達プログラムが阻害されて、致命的な結果を招いたりするおそれがある。要するに、あらかじめ決まっていたはずの結果を獲得できなくなるのだ。

別の例として、脳の発達を考えてみよう。脳にある多数の細胞は、胎児から乳幼児と育つにつれて、特定の順番で脳を形成していく。この発達プロセスを阻害する薬物が一度でも体内に摂取されることがあれば、発達に異常をきたすか、生涯にわたる機能障害や死を招くこともある。正常な発達は、生得的なプログラムをあらかじめ決まった順番で発現させることと、環境との相互作用の両方によって実現される。発達に関わる事象は特定の順番をたどらねばならず、元に戻せない場合も多いため、後続の事象は先行する事象の開始または完了を待たなければならない。

これらの例は、生物学的な時間の別の面を教えてくれる。発達プロセスでは、特定の時期の重大さが突出しているということだ。このような、比較的短いが重要な時期という点では、システム（系）理論の論者が言う「節点」に似ている。「節点」とは、他の多くの事象と結びついた構造やエピソード、出来事である。結びつきが強いことは、因果性の順序《シーケンス》を追ううえで決定的な、あるいは戦略的な役割を果たす。このように、特定の事象や時期の重要性が高くなることは、生物学の世界に、非線形の因果性を起こすメカニズムがあることを示している。

ここまで、生物の因果性に関わる時間の説明では、生まれつきのプロセス群があることを強調してきたが、前節で感染症のエピデミックについて論じたときには、一方向の時間の流れが、肉眼レベルの環境の順序《シークエンス》でも作用していた。ポリオのように規則的に繰り返すエピデミックは、まず、病原の生命体が集団内で、あるいは他の集団とのあいだでも広がることができるように、感染への弱さを持つ人が十分に多い集団のなかで蓄積していく必要がある。いったん、多数の感染が起こると、免疫を獲得するか死亡することによって、その疾患に弱い人の数は減り、エピデミックは終息する。再び、感染を急速かつ広範囲に広めるには、疾患に弱い人の数が積みあがるまで、かなりの時間を要する。

一方、インフルエンザのエピデミックは、これとは経緯が違う。インフルエンザは、新型ウイルスの出現によって引き起こされるからだ。インフルエンザ・ウイルスは遺伝的に変異しやすい性質を持っており（因果連鎖の一部をなす「発生を促す原因」）、感染しやすい家禽類や豚、人の体内で変異を繰り返す。その結果、それまでの免疫が効かないほど形を変え、重篤な症状を起こす強い毒性を持ったウイルスが出現する可能性が時間とともに高まっていく。ここでも、時間の経過が偶然の事象（人に疾患を起こさせる変異）を起こす可能性を高めている。このように、ポリオやインフルエンザのエピデミックでは、時間が因果的な役割を果たすが、確率に頼るだけの受け身の色合いが強い。これは「プログラム上の原因」の順序《シークエンス》に必要な要素としての時間の例である。

まとめると、一方向だけに進む体内時計と、植物と動物の両方に見られる、逆戻りができない発達の順序《シークエンス》から、生物が生物としての機能を果たす中心には、方向のある時間が存在することがわかる。方向のある時間は、因果性の概念を人に納得させる根拠のひとつになるかもしれない。

三面モデルを生物学に適用する

トップダウンの視点からすると、生物における因果性は、アリストテレスが提唱したように、複数のレベルが同時に作用していると考えられる。たとえば、遺伝子プログラムの要素のなかには、どの個体においても「**発生を促す**」と考えられるものがある。「発生させる」でなく「発生を促す」なのは、絶対の確かさで決まっている結果ではなく、可能性の高い結果への方向が組み込まれているからだ。この流れは、ときに「発生させる」事象によって妨げられる。たとえば、飲料水に混入したホルモンや処方薬の摂取、特定の時期に必要とされる栄養素の欠乏などが、場合によっては発達の面で将来的に悪影響を及ぼすおそれがある。

遺伝子プログラムの要素が「**発生させる原因**」の場合もある。たとえば、ハンチントン病を起こす遺伝子を受け継いだ人は、ある程度の年齢に達すると必ず発症する。

思春期は、「**プログラム上の原因**」の例である。思春期とは、さまざまな事象の発生に加え、複数の遺伝子や外部環境など、膨大な数のプロセスが絡み合った結果なのである。こうしたプロセスは、一定の順番で起こらなければならない多くの事象を調整する。つまり、さまざまな事象の始動、維持、停止などをつかさどる、複数の並列的・順次的なプログラムであると概念化できる。遺伝子コードはこのようなプログラムの設計者あるいは調整者であるため、その意味では遺伝子コード自体も「プログラム上の原因」に含まれる。ただし、全体の配列《シーケンス》は個々の部品を集めた以上のものであり、これは「創発型」といえるだろう。

ボトムアップの視点からすると、特定の生物学的プロセス（特定の時期における特定のタンパク質の産生あるいは抑制、タンパク質の構造を変化させる受容体の開放、タンパク質の無能力化や分解など）の基礎となる分子事象の配列《シーケンス》の要素はそれぞれ、特定の分子事象をもたらす。このような分子事象は、もし不適切に実行されれば、出生異常や死亡のような「**断定型**」の異常を引き起こしかねない。最終身長など多くの事象が、利用できる基質の量や、基質が活性している時間の長さという、段階的で「**幅のある**」差異に依存する。これらの結果、普遍的な特質は釣鐘曲線を描いて分布し、確率型のモデルによって最もうまく説明される。**非線形**モデリングは、発達の妨げとなる原因を理解するのに役立つ。たとえば、第二次大戦の終結時、オランダは深刻な食糧不足に見舞われた。栄養不足が胎児に及ぼした影響は、集団としての低身長や統合失調症のリスク増など、人の一生にわたって影を落とすものとなった。

生物学的な時間についてのこれらの例は、相対性理論の「時間は逆に戻せる」という予測とは矛盾するが、相対性理論の他の核心の理論とは矛盾しない。時間の進む速さは、観察者と観察対象の関係によって異なる。体内時計は、生命体から時計の駆動要因への関係を変えることによって、「進ませたり」「遅らせたり」することが可能だ。たとえば、時差のある地域へ飛行機で移動すると、昼と夜のサイクルが狂い、時差ぼけの不快な症状に悩まされる。これは、到着地で暗さと明るさのサイクルをリセットすることで解決できる。このリセットは、体内時計が、外部の駆動要因（暗さと明るさ）に合致するように時計を「進める」か「遅らせる」のである。同じ距離を同じ時間で移動するにしても、東西方向ではなく、時差をまたがない南北方向であれば、明るさと暗さの関係に大きな変化は生じないため、体内時計も変化しない。同様に、生涯の発達に関係する、あらかじめプログラムされた事象は、その事象が発生するために必要な事象や何らかの環境要因によって、発生を早めたり遅らせたりすることができる。

相対的な時間に積極的に適応する例として、生命体が、ライフサイクルのタイミングを計るのに必要な事象の発生を予測できない場合にとる方法がある。耐性幼虫の一種は、成長や繁殖に水分が必要である。そのため、水分がとれるかどうか予測できない地域や、とれる頻度が少ない地域に棲む種は、何年にもわたって生物としての働きを最小限に抑えることができる。いわば「休眠状態」に入るのである。いずれ雨が降ったときに、直ちに息を吹き返し、発達と生殖を再開する。

生物の時間には方向があるとする主張にとって、クローン化は反論の材料になるだろうか？これまでのところ、答えはノーである。というのも、クローン化（成熟した生命体から幹細胞を取り出して、核を取り除いた卵子に注入し、必要な支援を与えつつ別の成熟個体に発達させること）は、元の生命体の**絶対的な**複製にはなっていないからだ。それが偶然の作用なのか（次の節で論じる）、クローンを育てる環境を完全に同一に再現できないからなのか、核を除去するプロセスによって微細な変化を生じさせてしまっているのか、遺伝子構造の形成後が違うのか、これらの一部または全部が組み合わさった結果なのか定かではないが、現在までクローン化されたすべての生命体は、幹細胞を取り出した元の生命体と微妙に違っているのである。それはちょうど、そっくりの「一卵性双生児」であっても、彼らを知る人たちからは見分けがつくのと同じである。将来もずっとこのままかどうかはわからないため、もしかしたらクローン化は体内時計の進む方向を「リセット」できる本当の例になるかもしれない。ただし、時計のリセットと「逆方向に進む」ことは同じではない。

最後になるが、生物的システムの方向性は、生物学のきわめて重要な理論、ダーウィン進化論の本質的な特性である。進化は、時間をかけて、ある特定の順番で起こる。その順番は事前には決まっておらず、再現することもできない。似たような生物学的特性が、地球誕生から今日まで何回か出現したことは、何かが、おそらくは環境が、この出現を「選ぶ」あるいは影響を及ぼすという考え方を裏づけている。しかし、この「選び主」に正確な複製を複数回、進化させたという認識があったかどうかは定かでない。

生物学的な時間に関するここでの議論は、**検証型**の理論を適用したものだ。膨大な調査結果による経験的な証拠から、体内時計がいたるところに存在していることが判明した。また、その体内時計は、方向があって逆戻りできない性質、周期性、分子レベルと高分子レベルの構造などを有していることがわかった。どのプロセスも遍在性が高いから何らかの因果関係があるに違いないとする主張は、ポパーの言う反証可能性の厳密な基準を満たしているとはいえないが、植物界・動物界をまたぐ遍在性と、日、季節、年、さらに長い期間にわたる周期的活動を可能にするメカニズムの多重性からは、それ以上のものを読み取ることができる。

ここで、**叙述型（話の脈絡を追う）**の論法が連想される。ある人が、なぜ体内時計が遍在するのかについて深く考えないことに決めたとしよう。だが、問いを避けたり、仮説をもとにした実験がなければ「非科学的だ」と主張したりすることは、魅力的で明白な問いを、無視したり見過ごしたりすることを選ぶということだ。

体内時計は、生命体が特定の時期に適切な状態で機能できるようにし、それ以外の時期には活動を抑えるか停止させる。日中に多く活動する動植物は、太陽光の下にいるのが最も良好な活動状態であり、日中にコルチゾールの分泌が盛んになったり、最も明晰に覚醒していたりするような生理的機能を有している。夜行性の生命体の場合は逆になる。ダーウィンの理論を思い出してほしい。これらの機能が共存するのは、そうすることで、その生命体が生き延びて繁殖する可能性が上がるからだという。実験は不可能だが、きわめて説得力に富んだ解釈に行き着く。進化という概念がこれほど説得力に富むのは、進化という概念は、生物のさまざまな状況に当てはまる物語を与えてくれて、しかも否定できないからである。もちろん、異論はあるだろうし、自然選択の存在を「検証型」として概念化する人もいるだろう。しかし、体内時計の存在には説明が必要だ。

現代物理学の時間の概念（時間に方向はない）と、ここで述べてきた生物学的な時間（時間は一方向）が矛盾しているように見えるのは、どちらかが間違っているからなのか？　私の考えはこうだ。まったく異なる二つの時間のモデルは、レベルの違う分析をおこなった場合に、構成要素がいかに違う意味（ときには矛盾すらしている）を持ち、違う解釈が可能かを示している、と。宇宙学者は、気の遠くなる時間が経過している宇宙の進化に関心があり、現代物理学では、時間を亜原子粒子の観点で捉えるのが主流である。一方、地球という惑星の上にいる生命を研究する生物学では、生命体の観点で時間を捉えるのが主流だ。生物学でも、分子レベルの現象や、そのベースにある亜原子粒子の研究も盛んではあるが、体内時計の遍在性と、多くの生化学的なプロセスや事象が時間の一方向性を決定的なものにしている。この、一見矛盾する観点は、光の波と粒子の二重性に似ている。どちらも、うわべはまったく異なる二つの形態が同時に存在できること、また、どちらの特性を強調するかを決めるのは観察者だということを示している。

本書で提案する因果性のアプローチの根底には、これと似た概念がある。誰かが、因果性の存在を仮定し、その適用から生じる恩恵によって仮定の正当性（有用性）が判明するなら、本書の論述の大半を支える「方向のあるモデル」も正当化される。一方向に流れる時間は、生物学者の知る世界を最もよく説明する。事象には、見定めることのできる原因があり、適切な手法によって、原因と結果の関係を独立的に捉えることができる。一方、光速を超える速さが存在し、したがって時間には方向がないとする前提は、多くの精密な予想を導き、したがって有用性と美しさの両方がある。さまざまな見解があるなかで、ひとつの見解だけに対して、説得力に富み、より真実に近づくよう要求することは、説明の力を著しく失うことにつながる。つまり、一見矛盾しているような見解を受け入れれば、説明の力が最大化されるという利点を手にすることができるのである。

生物の因果性における偶然

本書で頻出するテーマでありながら、まだきちんと論じていなかったのが「偶然の果たす役割」だ。深い洞察に満ちた『偶然、発達、老化（*Chance, Development, and Aging*）』のなかで、著者のケイレブ・フィンチとトム・カークウッドは、「偶然は、遺伝子と環境に並ぶ三本柱のひとつであり、生命体の発達にとって重要な役割を果たす」と述べている。彼らの観点では、生体システムにおける「偶然」には、「ランダム」と「確率論的」という二つの意味がある。「ランダムな偶然」は、まったく予測のつかない結果を指す。「確率論的な偶然」は、結果のばらつきを予測できる状況を指す。たとえば、遺伝子発現の例で考えてみよう。遺伝子は特定の受容体と相互作用するので、タンパク質を産生する際、時間のばらつきが生じる。また、物質がそのターゲットに到達するまでに移動（拡散）しなければならないので、距離のばらつきも生じる。それぞれに上限下限の枠があり、数学的に記述できる。さらに、このばらつきから、異なる結果が生まれる可能性もある。確率論的な偶然は、このように定量化できるため、因果性モデルに組み込むことが可能だ。

ランダムな偶然も、その可能性を数学的に記述できるが、予測不能なので、「確率論的な偶然」の因果性とは異なる。つまり、確率論的な偶然は、確率型（ディメンショナルな）因果性の形であって、はっきりと区別できる断定型（二項対立）の結果よりも、小さな差異を生みやすい。そうなると、これは「**発生を促す**」因果性と同類である。逆に、ランダムな偶然は通常、予測不能であり、**断定型**および「**発生させる**」因果性のほうに近い。ただし、例外もある。たとえば、ある事象の発生時期や、ある物質の量が、後続の事象にきわめて密接に関係している場合は、わずかな差異でも、発達の大きな異常性につながることがある。その異常と関連の強い遺伝子かタンパク質に対する影響の結果だとすれば、これは「**プログラム上の**」因果性といえるだろう。

確率論的なモデルに沿った「偶然」の三つの例をあげよう。

①同一細胞の、どのグループを移動させ、どのグループを削るかの選択
②非対称細胞分裂の際、どちらの半分が成長するかの選択
③分子のブラウン運動

この三例は、異なる結果を生む可能性があり、したがって因果性が認められる。十分な観察をおこなえば、それぞれの発生は、与えられたシステムのなかで予測可能だ。因果性のあるランダムな偶然の例としては、発達の特定の時期に毒素に曝露することや、宇宙から注ぐ宇宙線によって誘発される変異などがある。確率論的な偶然は、プロセスの重要な側面であり、ランダムな偶然は、外部からプロセスに課されるものである。

こうして見ると、確率論的な偶然は、不確定性原理に似ているところがある。測定の絶対的な正確さと予測、そして因果性の予測に制限を設けるが、非常に正確な予測をする能力は排除されない。フィンチとカークウッドの見解では、調査と実験を重ねることで、生物学的な偶然の差異の根底にあるメカニズムを浮かびあがらせ、特定することができる。また、差異の限界について記述し、制約を課すことで、予測の正確さを向上させる。たとえば、フィンチとカークウッドは、多くの生体プロセスでは、特定の時期に特定の量の基質を必要とするため、プロセスの開始時にわずかな量の違いがあっても、のちの結果に大きな違いを生む可能性がある、と指摘している。この議論は、カオス理論における初期状態の重要性を連想させる。こうした事例を広く調べることで、特定の結果が起こる可能性を予測できる。さらに、特定の時期に、特定の基質の可用性に影響する因子を特定することで、結果の確率論的な違いを把握できる。ただし、不確定性原理と同じく、確率論的な偶然は、個別の結果を予測できない。その事象が起こってからしか知ることができないからだ。確率論的な偶然は、差異はもともと存在するもので避けられないことを示している。

フィンチとカークウッドは、偶然のメカニズムを調査し、体系化するアプローチを構築することで、それまで広く信じられていた「偶然には、ひとつの意味しかない。それは、予測がまったく不可能という意味だ」とする考え方への対抗手段を示した。たとえば、インフルエンザ・ウイルスには、ひんぱんに変異する能力を持った特定の酵素があり、それがウイルスの新しい株を絶えず出現させているという認識が広まった。そこで、世界中でウイルスを監視し、新種の株のなかで特に悪性なものを見つけだす監視プログラムを活用し、対策手順の整備を進めた。これによって、新型ウイルスをターゲットにしたワクチンを大量に生産し、数カ月以内に配布し、エピデミックの発生を大幅に抑制できるようになった。このように、確率論的な偶然が作用するメカニズムを把握することは、望ましくない結果を最小限に抑える介入策の策定につながるのである。

興味深いことに、ダーウィンは、偶然のばらつきが自然選択に作用するのかについて考察している。予測は可能なものの、それは個々の生命体のレベルではない。つまり、偶然は予測を排除するものではないが、予測に制限をかけると彼は考えた。

最後に、フィンチとカークウッドは、そのようなプロセスを記述する言語自体に、さまざまな解釈を生んでしまう原因があると指摘している。偶然のランダムさを強調すると「研究や測定には適していない」「それにまつわる事象は重要ではない」「科学という学問の枠を超えている」といった印象を与えかねない。だが、どれも真実ではない。

さらに、事象を偶然のせいにすると、その事象に属する価値を見過ごすおそれもある。たとえば、発達の重大な時点で発生する環境事象が、偶然の事象あるいは環境による影響と説明されることがある。「偶然」という語には、「どうしようもできない」とか、「因果性の考察に含めることはできない」といったニュアンスがある。一方、「影響」という語は、自然界の因果性として理解されやすい。このように、語句によって、伝える因果性の意味が大きく異なる可能性がある。

生物学の領域における因果性の一般法則化

①生体システムにおける因果性は多くの場合複雑だが、何も確定できないわけではない。本章で紹介した多くの例は、生物学の領域での因果関係の複雑さを示している。複雑である理由は、注目する事象（成人身長、副鼻腔炎、致死的な心拍異常など）が、複数の要因の相互作用によって生じるからだ。そもそも、個人の最終身長や、異物の侵入に対する免疫反応、心臓の電気伝導など、正常な生理的事象の多くが複雑なのだから、特に驚くことではない。だが、「〈生まれつき〉対〈育ち方〉」「〈遺伝〉対〈環境〉」のような因果性に関係する言い回しには注意が

必要だ。一部の人にとっては「単純さこそ美」（「オッカムの剃刀《かみそり》」と言うこともある）かもしれないが、ある人が「単純」と呼んでいる判断が、自然界にとってつねにそうとは限らない。いずれにせよ、何百年にもわたる科学の研究を見れば、因果説明が特定できることは明白だ。

②複数レベルで分析をおこなうことは、説明の説得力を最大化する。確かに、アリストテレスのモデルを実際に運用しようとすると、その複雑さやむずかしさが、自然界の因果性研究の足かせとなる。それを見抜いたガリレオは正しかった。しかし、ガリレオ以降、数世紀を経て、さまざまなツールや手法が開発され、科学者は複数の因果性因子を見つけ出し、特徴づけることができるようになった。本章で例示したように、因果関係を複数のレベルで詳細に検証することは、いまや可能であり、有益なのである。たとえば、分子生物学者や集団遺伝学者、感染症の専門家、伝染病学者、医療制度の関係者が用いるツールは、地球上から天然痘をなくすのに必要だった。因果性の流れを追いながら、どの段階で介入策を実施すべきかをツールが教えてくれたのだ。ガリレオが間違っていたわけではない。というより、この例は、複数のレベルで作用する複数の作用因子《エージェント》を理解するために、方法論的ツールと概念的ツールを人類が初めて利用したケースだったのである。

③生物学的な時間は、生まれつき備わったもので、方向があり、逆戻りはできない。

④生体システムで結果を予測する能力にはつねに限界があるが、研究を重ねることによって予測の精度を上げることは可能だ。とはいえ、たったひとつの事例でも、正確な予測はむずかしい。分子レベルであれ、環境レベルであれ、個々の事象が持っている相対的で独自な部分が、多くの因果関係が持つ複雑さと絡み合っているからだ。特にむずかしいのは、ひとつの作用因子《エージェント》を見つけることではなく、相互作用する要素のそれぞれに、因果性の影響がどの程度及んでいるかを見きわめることだ。これは、多くの因果関係が持つ確率論的な性質あるいはディメンショナルな性質を、別の言い方で表したものである。生物に関わる不確定性原理は、絶対的な確かさを制限するが、これはすべての媒介変数《パラメーター》を確実に指定できないからだ。ただし、因果メカニズムの大まかな一般法則を見つけることはできる。

生物学的な因果関係を記述する能力に限界があるのは、「多くのシステムで、要素の数が非常に多い」「異なるレベルで、多くの異なるシステムが相互作用する」「偶然の事象に左右される余地がある」「初期（早期）の状態、あるいは事象の重要性が突出して高い」などの理由による。

複数の手法を活用し、複数の視点を持つことは、特定の因果性に関わる要素を明らかにして、理解する能力を高めてくれる。また、手法や測定の精度を継続して向上させることは、因果メカニズムと結果を識別する能力をいっそう高めるはずだ。このように、「生物の不確定性原理」が働いて、一〇〇%の正確さに到達できないとしても、研究を積み重ねていけば、知識の面でも予測能力の面でも、それらを向上させる可能性は高いといえよう。

⑤生物学の領域で正確さと因果性を示すうえで、反復実験、反証可能性、仮説検証は重要なツールだが、それらの適用には自ずと限界がある。自然界で起きたことを、そのとおりに反復して再現することはできないからだ。したがって、反復実験や、反証可能性、仮説検証のツールを使った因果メカニズムの研究には限界がある。すべての種、すべての環境、すべてのシステム、すべての世界が、それぞれに独自の要素を持つ。この五〇〇年で得た科学的知見の大半は、ガリレオが推奨したアプローチ（特定の要素を切り離して研究する）によるものだ。今後の大きな課題は、研究対象の因果メカニズムをシステムレベルでテストできる手法を開発することである。

大規模なシステムで因果メカニズムを探索する際の一般法則

本章では、「**プログラム上の原因**」についても、因果性の一般化を提唱したい。

①大規模で複雑なシステムでは、因果性のあらゆる影響を明確に特定するのは不可能だ。大規

模なシステムは多くの要素で構成されており、要素同士の関係を、すべて漏れなく、かつ数学的正確さをもって**同時に**記述することはできない。さらに、システムは静止しておらず、時間とともに変化していく。たった二つの要素だけでも、関係に生じた変化は、その二つの要素と相互作用する他の部分にまで影響が及ぶ可能性がある。言い換えれば、システムを構成する個々の要素間の関係それ自体が複雑なのだ。したがって、複雑なシステムにおいては、原因を形成する要素のすべてを厳密に指定することも、因果性に寄与する度合いを測ることも不可能なのである。

この二つの課題（すべての相互作用を特定する能力に限界があること、それらを同時に定量化することは不可能なこと）は、システムのひとつの部分で起きた変化の影響を予測する能力にも制限をかける。これは特に、長期にわたる場合に顕著となる。カオス理論が予測するように、初期のわずかな差異が、長時間を経過したあとの結果に大きな影響を与えかねないからだ。

つまり、多くのシステムは、完全に記述することができない。理由のひとつは、システムの概念と境界は人為的に設定されたものであり、自然界は要素が増えれば相互作用の数が指数関数的に増えるため、そのシステムの全要素を記述することは不可能だからである。このような限界は、ゲーデルの不完全性定理や、ハイゼンベルクの不確定性原理にも通じている。

②複雑なシステムは、変化を制限したり促したりするメカニズムの構築や組み込みをおこなって

いる。たとえば、多くの非生物および生物のシステムにおいて、水分子の構造は温度変化の結果に影響を与える。生物の世界では、多数の遺伝メカニズムが、「想定外の」DNA配列やそれらにコード化されたタンパク質を除去し、そうした変化が起きたときに個々の生命体が生き抜く可能性を低くしている。このようなメカニズムは、ある特定の因果性の結果を抑制あるいは促進するという因果性の目的を持つものとして捉えられる。このように（レヴィンやアリストテレスが指摘したとおり）、システムは、システムレベルで原因に帰属するように見えるが、個体が持つ独自の要素、あるいは比較的制約の大きいシステムの要素から出現するメカニズムをつくりあげる。

③複雑なシステムの境界は、人為的に決められている。たとえば、長い年月にわたって地球の大気がどのように変化したかを説明することに興味がある人は、地球の核《コア》と太陽をシステムに含めるだろう。どちらも、エネルギー源として重要だからだ。では、地球と太陽のあいだの宇宙空間はどうだろうか。それも大気の構成に影響を与えるのではないだろうか。このように、研究の範囲を区切る境界は、多くの場合、任意に設定されて研究や議論が進む。一方、地球とそれ以外の宇宙というように、自然界には不連続な面があり、これが因果メカニズムを探索する範囲を狭める、都合のいい制限となることがある。さらに、システムの定義は、ある要素と要素のあいだで新しい関係性が発見されれば見直されるし、そもそも研究の内容

によっても変わりうるのだ。

生物科学と物理科学の違い

物理科学と生物科学は、因果性を探究するうえで、似たような多くの課題にぶつかる。たとえば、微細なもの（電荷の変動によって、特定のイオンだけが細胞に入れるようにする仕組みとか）から、広範なもの（数千平方キロメートルの地理的領域において、植生のほとんどを単一種の樹木が占めている理由とか）まで、さまざまなレベルの現象を説明する必要に迫られる。あるいは、いまでは観察可能な現象をもとにして、遠い過去に発生した事象を推測できるかもしれないと期待したりする。この類似性が驚くにあたらないのは、生物の世界の土台をなしている構成要素が、物理科学の研究している構成要素と同じだからだ。

もうひとつの類似点は、どちらも、研究対象を多層の、相互作用するシステムに編成している点だ。生物学は、分子、細胞、器官、機能システム、生命体、種のような構成要素の周りに秩序を築く学問であり、物理学は、対になった亜原子粒子、原子核、元素、岩、テクトニクス・プレート、惑星、太陽系などのレベルで物質の動きや相互作用を研究する学問である。

ただし、生物学と一部の物理科学（化学、物理学、地質学など）とのあいだには大きな違いがあり、この違いが、本書のテーマに多大な影響を与えている。私たちは、目的論や因果性の目的を、物理学よりも生物学のほうに、さまざまなレベルで当てはめようとする傾向がある。たとえば、神経細胞のイオン・チャネルを研究する生物学者は、神経細胞が、電気的情報を細胞群に沿って伝達するシステムの一部であることを認識している。各経路には秩序があり、最後は、独自の機能（たとえば知覚）を持つ中枢神経系細胞の集合体に行き着くことも認識している。だが生物学者は、これらの知覚があるのは**目的**があるからだと考えようとする。危険を避けるため（たとえば痛覚の経路）とか、食べられるものを見つけるため（たとえば嗅覚と視覚の経路）というふうに。生物学者（および一般の人も）は、コロニーや家族、群衆、一族、街、州、国家など、生命体の集団にも目的を当てはめようとする。バクテリアのある種のコロニーは、まとまって作用すると、繁殖を促進したり、栄養を摂取しやすくしたりする有機物を分泌する。任意の一個の生命体が産生する有機物の量ではその生命体の生存が維持できない場合でも、多くの生命体が同時に物質を産生すれば、集団も、ひいては個々の生命体も恩恵を得られる。同様に、人の家族は、後の世代を育成し、生き延びさせ、永久に存在させる可能性を最大化するために、身体的・精神的な援助をおこなう。また、多くの家族が生活をともにする集団は、捕食者から身を守ったり、仕事を分担したりしている。さらに大きな集団（地域社会、州、国家、国家連合体）になると、そのメンバーが生き延びる可能性がさらに高くなり、ひいては遺伝子と、個人としての考えと集団としての考えの両方が広まりやすくなる。このように、私たちは、相互作用の各レベルに目的を当てはめ、目的はときに、因果性を示唆する（このようなことは、物理科学の世界ではおこなわれない）。だが、因果性の属性が、そうした意味づけのあることをほとんど意識されないまま、適用される場合もある。たとえば、種は、新しい生態的地位《ニッチ》に順応したり、自分たちの生息範囲を広げたり、捕食者や天候や地理上の劇的な変化に順応したりする存在であると記述される。このそれぞれが、観察される現象に何らかの目的や原因があることをほのめかしている。

人間の意図が分析に入り込むことを否定するつもりはない。むしろ、生物の機能を分析の異なるレベルで解釈することは、生物学的組織の異なるレベルで発生する、因果性の振る舞いの観察によって影響を受ける可能性があると言いたいのである。一方、物理学者の多くは、「統一場理論」や「万物の理論」を探し求めている。この理論では、物質がどのように機能するかを、どのレベルの分析でも説明できるのだ。つまり、分析のあらゆるレベルで、物質を理路整然と説明できる唯一の理論があるはずだという信念を、彼らは持っている。ただし、これは生物科学の分野には当てはまらない。

生物科学における因果性推論のなかに目的（意図）が潜んでいるという見方は、本来してはならない、批判されるべきことだろうか。ガリレオは、アリストテレスの四つの原因のうち、「意図による原因」については保留してもかまわないと述べ、物理科学に献身的に取り組んだ。今日でも、物事を意図で説明するのは、物理科学の因果説明においてほとんど、あるいはまったく出番がないように見える。だが、生物科学では、いまも広く適用されつづけている。これは、因果性における目的には人の想像力をかき立てる力があることの表れであり、完全に無視したり排除したりするのはナンセンスだと私は思う。むしろ、アリストテレス・モデルを使って、因果推論の他の面から目的を切り離すことで、因果推論を不適切におこなってしまうリスクを小さくすると同時に、物事の「なぜ」を追究する「重要な」問いの探索をつづけることができるのである。

第8章

検証型で考える③

疫学の場合

疫学とは、個人のグループや集団全体の調査を活用し、健康でない状態の相互連関と原因を探る科学である。その目的は、疾病の予防や治療に資する戦略を明らかにすることにある。

学問として確立されたのは、一九世紀半ばから二〇世紀はじめにかけてだ。疫学が生まれたきっかけは、行政府が収集する出生記録や死亡記録などの人口動態統計を正確に分析したいという要望があったからである。また、一部の疾病は、個人よりも集団を対象にしたほうが予防しやすいという認識が広がったからだ。

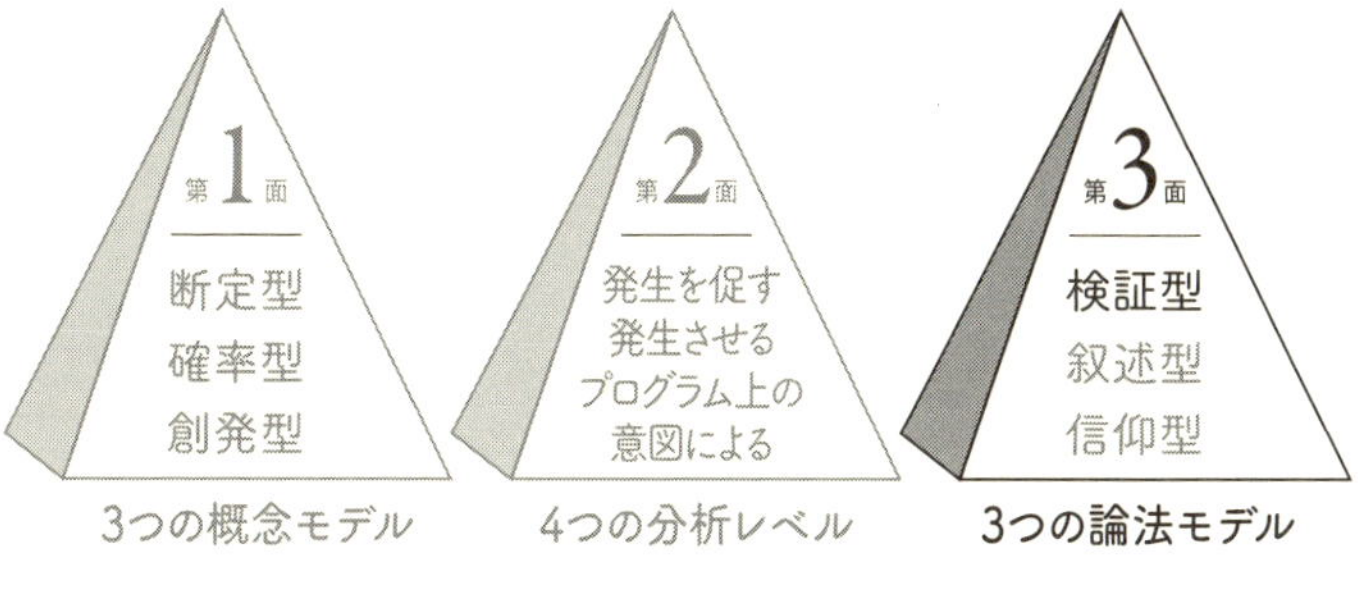

流行病の一時的な性質と、地域固有の病の永続的な性質を区別したのは、ヒポクラテスの功績である。一五〜一六世紀に大流行したペストは、欧州全土で大勢の人を死亡させ、死の病と恐れられた。現代でも、インフルエンザ、ノロウイルスなどによる胃腸炎、SARS（重症急性呼吸器症候群）、HIV／AIDSの流行が、たびたびニュースをにぎわせている。

一六〇〇年ごろ、ロンドン特別区が疫病の状況を把握するため、出生と死亡の件数を週ごとに集計しはじめた。このデータはあまり使われなかったが、イギリスの医師ジョン・スノウの登場によって状況が変わる。スノウは、ロンドンで仕事をしていた一八五四年、致死的な下痢（いまで言うコレラ）に感染した患者の住んでいる場所を地図にまとめ、発生状況が、ある特定の地域に集中していることに気づいた。それは地域の飲料水を引いている井戸の周辺だった。スノウは、汚染された水がコレラを伝播させていると結論づけ、周辺住民がその水を使わないようにすればコレラの流行が止まるとの仮説を立てた。そこで、スノウはブロード街にある井戸の手押しポンプのハンドルに鎖をかけて使えないようにした。やがてコレラの騒ぎは収まった。

スノウは、何をしたのか。まず、統計情報を丹念に集め、特定グループの特定の病気と、そのグループに共通する特徴との関連を明らかにした。つまり、ブロード街という地理的な共通点を見つけたのだ。つぎに、その住人たちに共通する要素を特定した。すなわち、ブロード街にある井戸の使用だ。そこで、井戸の使用と病気の広がりに関連性があるという仮説を立て、エピデミックのさらなる拡大を防止するために、感染経路を遮断するという介入策を実施したのだ。

この多段階を踏んだ推論プロセスは、因果性推論の応用を成功させた例といえるだろうが、現在では異論も出ている。当時、スノウが井戸を閉鎖したとき、コレラの流行は、すでに減少傾向にあり、彼の行動がエピデミック解決の本当の原因ではないと主張する学者もいる。いずれにせよ、水源とエピデミックのあいだに因果性のつながりがあることに疑いはない。コレラとは、コレラ菌の混じった水を摂取することによって伝染する病気だからである。

今日、疫学の研究は、食習慣、行動、遺伝、職場での有害物質への曝露、地理、調理習慣などのリスク因子を検証し、これらのリスク因子と特定の健康被害のエンデミック（地方流行）やエピデミックとの関係を見つけ出そうとしている。しかし、そのような研究は、スノウの取り組みに対して一部の学者が異議を唱えているのと同じような課題に直面する。二つの事象のあいだに因果性が介在しているのかどうかを確認するには、どうすればいいのか？

天然痘撲滅への道

興味深いのは、スノウの取り組みが、疾病には細菌が関与しているという細菌論が発見される前に断行されたことだ。スノウは、原因となる作用因子《エージェント》が何なのかを知らないまま、伝染手段を絶つことで、将来の流行を予防したことになる。そのスノウより遡ること一〇〇年、イギリスの医学者エドワード・ジェンナーも、牛痘の膿《うみ》を人に接種することで、天然痘を予防できることを発見していた。

ジェンナーが予防接種を発見したことは、その後、複雑な因果性推論の応用を経て、一九八〇年、天然痘の完全撲滅という現代医学の偉業につながった。世界保健機関（WHO）が成し遂げたこの撲滅運動は、「感染症の伝染や拡散は、その集団の大半の人が、原因となる作用因子《エージェント》に免疫を持ってしまえば終息する」という仮説に基づいていた。さらに、この仮説は「特定の作用因子《エージェント》（いまの例では天然痘）に感染した人が再び感染することはない」という仮説に基づいている。感染作用因子《エージェント》による疾患が人に苦痛を与えつづけることが可能なメカニズムは四つしかない。

①まだ感染していない新しい個体を、つねに「探しつづける」こと
②まだ感染していない人間が「感染できる」状態になるまでは、別の種を感染させて生き延びること
③免疫をつくれない稀少な人のなかで生き延びること
④まだ感染していない人間が「感染できる」状態になるまでは、無生物に付着して生き延びること

天然痘ウイルスは、人でしか生きられないため、(感染に)弱い人を感染させて生存を維持しなければならない。また、伝染力が強いので、免疫を持たない人のあいだで急速に広がる。ときには、集団全員を罹患させたことも、初めてこのウイルスに曝露した人のほぼすべてを罹患させたこともある。それ以降は、地球上のどこか奥地の、孤立して暮らす少人数の集団を「宿主」にして生き延びる。数年が経つうちに、もっと人数の多い集団に、感染経験のない子どもが増える。その集団にウイルスが再び持ち込まれると、子どもや、未感染の少数の大人のあいだで急速に広まる。これがエピデミックのパターンである。

直接的な因果性推論に照らし、公衆衛生の科学者は、エピデミックの終息後に、ウイルスが生き延びている孤立地帯の住人に予防接種をすれば、疾病としての天然痘は完全に撲滅できるという仮説を立てた。

そこで、人口密集地域に住む子どもや未感染の成人への予防接種と、エピデミックの終息後にウイルスが潜伏している宿主の発見を二本柱に、積極果敢な天然痘撲滅キャンペーンが始まった。これには、奥地に住む宿主の発見と、新たな感染を迅速に検知できる監視チームの結成が必要だった。天然痘の流行の兆し、あるいは、たったひとりの感染でも発見されたら、監視チームが派遣され、抗体を持たない住人にワクチンを接種する。感染する可能性のある住人がいる孤立地帯が減りつづけ、ついに、最後の宿主である人間から天然痘ウイルスが取り除かれる日がきた。こうして、天然痘ウイルスは根絶された。今日、天然痘はもはや人類の災厄ではなくなり、予防接種も必要ない。なぜなら、ウイルスが人間界にはすでに存在しないからだ。これは、疾病の因果の網を詳しく知り、実に見事な成果として結実させた例である。予防接種をしていない人の数は増えつづけており、そういう人たちは天然痘への弱さがあるわけだが、この疾病が再び人類の脅威となるのは、悪意を持った誰かが意図的にウイルスを人間界に放ったときだけである。

▼コレラが残っている理由

対照的に、コレラは、汚染された水道の使用を遮断することで流行を食い止められるとスノウが示したあとも、一五〇年以上にわたって、エピデミックになりうる破壊的な力を持った感染症でありつづけている。コレラ菌は、糞口経路で拡散することが知られており、下水処理の整備と飲料水の塩素殺菌によって、先進国の多くではコレラ菌が広がる余地がほとんどなくなっている。しかし、上下水道の処理施設は高価なため、現在でも整備されていない地域は世界に数多くある。さらに、コレラ菌は、人間以外の動物を宿主にできるうえ、その独自な生態が有効なワクチンの開発を阻んできた。このように、複数の作用因子《エージェント》について生物学的にも疫学的にも同じ程度の知識があっても、作用因子《エージェント》の個性によって、因果連鎖を断ち切る方法は大きく異なるのである。

▼どのように撲滅計画を策定するか

ブロード街の井戸の件、天然痘の撲滅、まだコレラを制御できない地域が世界に残っていることなどから、重要な教訓が得られる。

第一の教訓……天然痘ウイルスやコレラ菌に関する生物学的な知識が、天然痘の撲滅やコレラ菌の一部地域での封じ込めに役立っているにせよ、原因の作用因子《エージェント》が特定されるよりずっと前に（さらには、ウイルスとか細菌という概念が形成されるより前に）、天然痘のワクチンが開発され、井戸が封鎖されていたこと。つまり、原因（群）の知識が限定的あるいは不十分でも、結果を変えることは可能だということである。

第二の教訓……天然痘の撲滅と一部地域でのコレラ予防には、原因となる生命体を特定する必要があるが、それぞれの感染作用因子《エージェント》がどのように拡散していくかという力学も突き止める必要がある。

第三の教訓……このような生命体の拡散と、それによって起こる疾患のエピデミック的性質は、何によって決まるのか。作用因子《エージェント》が**集団**としてどのように振る舞うか、あるいは、その生命体とは関係なく、人々がどのように組織化されているかで、ある程度は決まってくる。つまり、人口集中地区に住むとか、学校に通うとか、身体の接触があるとか、奥地から都会へ移動するといった行為が、因果の網の要素となるのだ。これを理解することが、抑制や撲滅の戦略を立てるうえで重要になってくる。

たとえば、天然痘の撲滅には、感染がまだ進行中の地域を世界中から見つけ出す以外にも、多くの政府機関や非政府機関の協力、特別に訓練された医療チームの孤立地域への迅速な派遣、多国間で協調した介入策をとるための資金確保なども必要だった。介入策を成功させるには、実施をためらう国の政府に対して、結果の有益さを説得する必要もあったし、外部との接触がほとんどない、孤立した地域の住民に対して、いかに恩恵があるかを説明し、納得してもらう必要もあった。そのためには、介入策の推進機関が、孤立した地域で生活を営む集団の価値観、社会構造、統治体制などを、きちんと理解する必要がある。また、近代思想に触れたことがなく、旧来の世界観で暮らしている人たちに、疾病や予防策を的確に理解してもらうためのモデルを開発し、現地の人材を訓練して活用する方法を工夫しなければならなかった。このように、天然痘の因果連鎖には、原因の生命体が特定の方法で拡散すること以外に、膨大な要素が組み込まれていたのである。経済的・政治的な因子以外にも、居住と移動のパターン、価値観と社会構造、予防という概念そのものも、因果連鎖に含まれていた。

つまり、天然痘とコレラの原因もひとつではなく、錯綜しているのだ。「**発生させる原因**」は、特定の感染作用因子《エージェント》である。「**発生を促す原因**」には、人と人以外の動物の免疫システム、人同士の接触のパターン、人と動物の接触パターン、手洗いの習慣などがある。「**プログラム上の原因**」には、集団における取水の方法、国や地域の経済的能力、予防接種計画の実現性、大衆の健康の捉え方、地域の政治的統制者が、感染に弱い人たちの集団に外部の者が近づくことを許すかどうか、などがある。こうした情報は、天然痘を撲滅できたときのように、計画を成功させる指針となり、また、これまでポリオやコレラを完全に制圧できていない理由を指摘するのにも役立つ。

天然痘撲滅計画の成功から得られる教訓として、重要なものは他にもある。非常に複雑な因果パターンを詳細に分析し、構成要素を特定して理解し、そこから得た知識を活用して、望ましくない事象を変えたり除去したりすることは**できる**、ということだ。天然痘ウイルスの生態を解明するのに何十年もかかり、その因果の網を解明するのに必要な「生物学的」「環境的」「行政的」な戦略を策定して実施するのに数世紀を要した。だが、戦略が提案されて実施されると、撲滅は比較的早く達成された。この例は、「多くの因果の網に見られる性質は複雑すぎて、因果性推論をいくら応用したところで役に立たない」という懸念への反論となる。問題を分析して複雑さを解明し、その結果に基づいて効果的な行動をとることで、人類に大きな恩恵をもたらすことはできるのだ。

個人ではなく、グループや集団に着目して公衆衛生の介入策を実施し、成功した例は他にもある。そこから浮かびあがったのは、「プログラム上の」因果性に関する新たな視点だ。上水道へフッ素を添加することで、虫歯の発生率と歯の喪失率を劇的に低下させる。小麦粉にビタミンを補うことで、ビタミン不足による疾病をなくす。塩にヨウ素を添加することで、甲状腺腫の発生を大幅に減少させる。こうした取り組みがうまくいくかどうかは、まだ病気にかかっていない多くの人が、その予防戦略の「対象となっている」かどうかに依存する。実際に敵と戦ったことはないが、後方支援で戦争に加わった兵士のように、予防戦略の「対象となっている」人は、たとえ個人としては病気が治るなどの恩恵を得られなくても、因果の網の一部に組み込まれたのである。つまり、「プログラム上の」分析レベルでは、個人はシステムの要素であり、したがって因果の網の要素なのである。さらに、全員が予防戦略の「対象で」なければならないと社会が選択するかどうかは、集団の健康増進を行政府が目的のひとつに掲げるといった、政治的・道徳的価値観が共有されているかどうかにかかっている。

肺がんの原因は喫煙なのか

感染症への取り組みは因果推論を応用した成功例だが、他の公衆衛生の課題はもっと複雑で、因果推論のむずかしさの一端を示している。一九三〇〜四〇年代にかけ、喫煙は肺がんを引き起こすという主張がなされた。その主張は、天然痘の予防接種やブロード街の井戸閉鎖のように、実際の生物学的メカニズムの知識が不十分なままおこなわれ、他の多くの要因ともあいまって、因果性のつながりに疑問をあおることになった。では、肺がんの原因が喫煙なのかどうかを突き止めるには、どうすればいいのか。

喫煙と肺がんの関連が最初に指摘された時点では、コッホの原則が効力のあるモデルだった。これは、本書でいう断定型モデルといえよう。コッホの原則には、三つの基準がある。

①特定の疾患につねに関連している作用因子《エージェント》の特定
②その作用因子《エージェント》が疾患を起こしうることの提示
③原因の可能性がある作用因子《エージェント》を除去あるいは制御することによる、疾患の発生の排除あるいは縮減

では、この基準は、因果性を証明する証拠となるのだろうか？

一九五〇年、イギリスの疫学者リチャード・ドール［一九一二～二〇〇五年］とオースティン・ブラッドフォード・ヒル［一八九七～一九九一年］は、肺がんを発症するリスクは、喫煙者のほうが非喫煙者よりはるかに高いことを提示した。しかし、非喫煙者でも肺がんを発症したし、喫煙者なのに発症しない人も大勢いた。そのため、コッホの原則のうち、最初の二つは当てはまらなくなった。そしてもちろん、三番めの原則は、テスト不可能だった。何人かの被験者に喫煙させ、

何人かには擬似的な煙草《プラシーボ》を与えて、喫煙ががんを発症しやすいかどうかを判別するというのは非現実的であり、倫理的にも問題があるからだ。このような難題は、スノウによる井戸の封鎖当時にあがった、有効性についての疑問と同じ疑問を提起した。さらに、一九五〇〜六〇年代の著名な疫学者たちに、因果性を確立するにはどのような種類の証拠が必要かを考えさせるに至った。

▼ブラッドフォード・ヒルの基準

● 一貫性
● 関連の強さ
● 時系列
● 用量反応あるいは用量勾配関係
● 特異性
● 一貫性
● 生物学的妥当性

この基準は、一九五四年にオースティン・ブラッドフォード・ヒルがまとめたものである。この基準は広く知られ、ひんぱんに引用されている。項目の多さが、因果性を納得のいく形で証明することのむずかしさを表している。ひとつ、あるいは数個の基準に合致したとしても（彼は「基準」という用語は使っていないが）、あらゆる状況に有効なものはないことを示唆している。逆の言い方をすれば、因果性に関する多くの仮説が現実的にありそうだと思わせることは、複数系統の証拠があってこそ可能だということを示唆している。さらに、まったく系統の異なる証拠が増えるほど、因果関係の存在が強固になり、特定された関係が偶然に起こった可能性は低くなる。疫学者は、**収束的妥当性**（複数のシステムが同じパターンをたどることの実証）という語を用いて、ひとつの結論の裏づけとなる、複数系統の証拠を言い表す。また、**信頼性**という語を用いて、同じ実験結果あるいは同じ結果が複数回、繰り返されることを言い表す。どちらのアプローチも、ひとつの調査で見つかった関連の説明が、偶然ではない可能性を高める。とはいえ、収束的妥当性は、関連に因果関係があることを絶対の確かさで証明することはできない。理由としては、「何らかの他の因子が原因である可能性がどうしても残ること」「調査と測定自体が、最終的な結果に影響を与えてしまうこと」、そして、ヒュームが二〇〇年以上前に指摘していたように、「最後の線を結ぶには、やはり推論が必要であること」があげられる。

因果性の裏づけはできるが証明はできないもうひとつの理由は、コッホの原則の三番めを反映している。原因の候補と疾患のあいだの関係を遮断したときに結果が起こらないのであれば、因果関係の存在が裏づけられる。だが、すでに述べたように、スノウが井戸を封鎖したあとでコレラのエピデミックが終息した現実は、多くの人に、井戸と下痢のあいだに因果関係があるのは正しかったと納得させた。しかし、現代の歴史家のなかには、スノウが乗り出したときにはすでにエピデミックは終息に向かっていたと考える者もいる。つまり、井戸の封鎖は、エピデミックの解決にはほとんど、あるいはまったく影響しなかったというのだ。アメリカで男性の喫煙率が下がったのと同じ時期に男性の肺がん発症率が下がったことは、二つのあいだの因果関係を支えているものの、依然として、何か他の環境変化の可能性は残る。たとえば、大気汚染防止法のおかげで大気汚染が緩和されたことなどが、肺がん発症率の低下の一部またはすべてを説明する可能性は残るのである。とはいえ、この具体的な代替説明（大気汚染の緩和）は、肺がん減少の要因としては無理があるように見える。というのも、アメリカの女性の肺がん率は過去五〇年間、女性の喫煙率の上昇に伴って上昇したからだ。このように、男女の集団で肺がん率の**傾向が一致していない**ことに何らかの要因があるのかもしれないが、この発見は、喫煙と肺がんのあいだの因果連鎖をさらに強くする。

煙草の煙にさらされることと肺がんの因果関係は、現在では真であると広く受け止められているが、生物学的なメカニズムはまだ発見されていない。喫煙と肺がんの因果関係が広く受け入れられたのはおそらく、収束的証拠の強さを反映したものだ。たとえば、ブラッドフォード・ヒルがあげた証拠のほとんどに合致するデータが実際にあり、因果関係があることに専門家や医療従事者が納得し、最終的に一般の人々の大半も喫煙が肺がんを引き起こすことに納得した。しかし、集団レベルで喫煙率を下げるのは、がんと喫煙のあいだに因果性があることを世間に納得させるより、もっとたいへんである。法規制を通じて、若年層への煙草の販売を禁じたり、公共の場所での喫煙を大幅に制限したりすることで、煙草に触れる機会を減らすと同時に、うしろめたい気持ちを抱かせ、煙草に対する行動を変える必要もある。喫煙率を上手に下げることは、「プログラム上の原因」における因果推論の好例である。科学の分野でも、歴史のような「話の脈絡を追う（叙述型）」場合でも、その両方で因果性の真のつながりを人に納得してもらうには、修辞法（ことばを美しく巧みに使って表現すること）が中心的な役割を果たす。これについては第９章で詳しく論じるが、ここで少しだけ触れておきたい。科学者、議員、公衆衛生担当者、一般大衆に、因果性の真実を納得させるには、いくつもの修辞的技法を駆使しなければならない。いずれにせよ、一部の人、特に若い人は、つながりがあることを納得しないか、たとえつながりがあるにしても、何らかの理由で（この議論は本書の範囲外である）興味を持たないか、あるいは、つながりに頓着せず喫煙を始めるか、つづけてしまう。これは、「科学」と「話の脈絡を追う論法」のあいだには、たとえ一部に線引きを認める人がいたとしても、つねに明確に線引きできるわけではないことを示している。

治療が恩恵なのか害なのかをどうやって示せるか

病気は、何千年にわたり、理学療法、薬剤療法、心理療法によって治療されてきた。こうした治療の多くは、病気の原因を想定して患者を診断し、スノウがそうだったように、推奨される治療を施したおかげで患者の状態は上向いたと主張する。ある治療法が有効かどうかは、おそらく、その治療法が試されているあいだ、ずっと疑われつづけたはずだ。一方、行政府の介入策（治療介入策）の有効性を科学的な手法で広く検証するようになったのは、ここ六〇年くらいのことだ。介入策は、多くの分野で、因果性の有無を問う一種の実験として見ることができるため、因果性の一般的な課題を考察する場合に参考になることが多い。

現在、提唱されている治療法が「本当に効果がある」ことを実証するための標準的な方法には、無作為化対照試験（RCT: Randomized Controlled Trial）がある。このＲＣＴが、いかなる経緯で「治療の有効性の証拠を評価する基準」になったのか、触れておこう。それによって、因果推論にも向上させる方法があることや、一方で、因果関係の有無を判断する手法であっても、一部は行き当たりばったりで無計画に作成されていることがわかる。

一七五三年、ジェームズ・リンドは、当時のイギリス海軍で流行していた壊血病を、柑橘類の摂取で予防できるという仮説を立て、その実験をしようと考えた。ある軍艦の乗組員には柑橘類を含む食事を、別の軍艦の乗組員には通常の食事を与え、経過を観察した。柑橘類を摂取したほうの乗組員には壊血病が発生せず、摂取しなかったほうでは発生した。このような無治療比較あるいは**対照群**の方法を通じて、リンドは、治療（柑橘類）を施したグループに見られた変化（壊血病が起こらない）は、その治療（柑橘類）がもたらしたものであって、偶然や、周囲の未確認の要因によるものではないと判断できた。つまり、柑橘類は、壊血病の予防をもたらし（予防の原因となり）、ひいては、疾患の発症を抑えるいわゆる「解毒剤」の役割も果たしたのだった。イギリス海軍が柑橘類を常備したことで、ライムをもじってイギリス人を「ライミー」と呼ぶようになったほどだ。だが、リンドが採用した手法の背後にある一般法則については、およそ二〇〇年間、ほとんど注意が払われなかった。

もう一例、紹介しよう。一九二〇年代、米国ニュージャージー州ホーソンにあるゼネラル・エレクトリック社の工場で、技師たちが、電球の製造品質に影響する要因を調査した。彼ら自身も驚いたが、工場労働者をただ観察するだけで、電球の品質に変化が見られたのだ。つまり、観察という行為が工場労働者の振る舞いを変えたのである。のちにホーソン効果と呼ばれるようになる、この意表を突く「観察の効果」は、品質向上の手順を見つけようとした技師たちにとって、あまりうれしいものではなかったが、原因と結果の判断についての重要な疑問を投げかけた。単に当事者を観察するだけで「行動」を変えられるのなら、取り入れた変化が効果をもたらしたことをどのように知ればよいのだろうか。

その答えは、統計学者のロナルド・フィッシャーによって、ほぼ同じ時期に得られた（ただし、臨床試験に使われるまでには、さらに三〇年を要した）。今でも使われている統計的試験の多くを考案したフィッシャーは当時、イギリス農業局に雇われ、穀物生産高を上げる方法を探していた。数十年にわたり、農業局は実験をつづけ、水やりの状況、種子や土壌の種類など、農業のさまざまな要素の影響を比較していた。だが、解釈の問題につねに直面していた。完全に同一の農地はないため、二つの農地で異なる「農法」を実施して、異なる結果が出た場合、その「農法」が異なる結果を招いた原因だったと、どれほどの確信をもって言えるのだろうか。二つの農地はおそらく、降雨量や日照量、土壌の質、前年に耕作した作物なども違うはずだ。

　フィッシャーの解決策は、二段階になっていた。ひとつめが、多くの農地を比較すること、二つめが、調査したい「介入策」の農法をおこなう農地と、通常の農法をおこなう農地とを無作為《ランダム》に決めることだ。この試みは、二つのきわめて重要な目的を達成した。第一に、多数の農地で実施した単一の介入策と、他の多数の農地で実施した通常の農法を比較することで、偶然によって観察結果に差異が出る可能性を小さくした。比較する農地区画の数が増えるほど、その農法が持つ「実際の効果」が差異となって観察されることになるからだ。少数の農地しか比較しない場合は、差異があっても偶然で片づけられる可能性があるが、多数の農地を比較すれば、観察された差異が偶然だけでは説明がつかなくなる。フィッシャーは、観察された結果に差異が出た場合、その理由の説明から偶然を排除する基準として、閾値《いきち》の設定を提唱した。具体的な数字には言及しなかったが、彼のこの提唱は、いま世界中で使われている基準の先駆けとなった。現在の基準は、〇・〇五［$p<0.05$：Pは、ある実験中に、偶然に差が生じる可能性を表す尺度］より小さい確率を閾値として用い、これより小さい場合は、観察された差異が偶然によるものとは考えにくいとしている。二つの対象を比較するというのは新しいアイデアではなく、実際にリン

ドも壊血病の何種類かの治療法を調べているが、比較した結果のあいだにある差異が、因果性の存在を示す差異なのかどうかを定義するという考え方は画期的なことだった。

フィッシャーのもうひとつの新しい試みはさらに革新的だった。多数の農地にまばらに、あるいはランダムに介入策を割り当てると、農地間に自然に存在する差異が何であれ、その差異を最小化する効果があったことだ。これは、偶然によって、調査の対象になっていない差異が、比較対象になっている二つのグループにランダムに、したがって均等に存在する可能性が高まったからだと考えられる。このため、どの農地に介入策を投入して、どの農地には投入しないかの選択では、系統的バイアス〔統計的な測定が、外部から影響を受けること〕を避ける必要がある。ランダムな割り当てをする場合には、介入策をおこなう区画と、従来の農法をおこなう区画とのあいだで、関心の**ない**変数（たとえば、土壌組成、天候、水やりの技法など）は、差異の発生源として「制御される」か、排除されることになる。

土壌中の放線菌から抽出されたストレプトマイシンが、結核の治療薬の候補として開発された一九四〇年代後半まで、フィッシャーの洞察が疾患の治療に応用されることはなかった。結核（黒死病《ブラック・デス》のペストに対比させて、白死病《ホワイト・デス》と呼ばれることがある）は、毎年数百万人を死に至らしめていた。一八八二年にコッホが、彼の原則の最初の二つを使って、結核の原因と思われる作用因子《エージェント》を特定していたが、治療法を発見できなかった。ストレプトマイシンが結核を治療できるかどうかは、もちろん重要な問いだったが、そもそも製造がむずかしく、つねに供給不足だった。このため、ブラッドフォード・ヒルも参加していた効能試験の設計チームは、被験者をなるべく少なくしたかった。

研究者たちもリンドのように、治療を施さない個人を対照群として用意する必要があると考えた。結核患者の一部は、自分の力でゆっくり回復することがあるからである。同時に、被験者をストレプトマイシンの投与グループに入れるか、無治療グループに入れるかに際しては、私情をはさまず、公正さを保とうとした。結核は致死的な病であり、治療の終了には何カ月もかかるからだ。彼らが選んだ答えは、積極的な治療を受ける人と受けない人を、くじ引きで決めることだった。フィッシャーのランダム化の概念を治療群あるいは対照群に直接当てはめているが、これは、試験の要素の動機づけに影響する偶然の差異を制御するというより、公平さを優先したのである。

しかし、この新しい取り組みにはホーソン効果を考慮していなかったので、のちの試験では新たな条件が追加された。被験者全員をまったく同じ状況に置き、積極的治療を受けているのか、対照群の治療を受けているのかを本人に気づかせないようにしたのだ。このような秘匿あるいは「盲検（目隠し）」によって、調査に関わるすべての個人に、自分にはいい結果がもたらされるはずだという同じ期待を抱かせることができる。さらに、調査する側も目隠しすることで、彼らが、介入策を受ける被験者と対照群の被験者を区別して扱うのを防ぐこともできる。「二重盲検」という用語は、被験者と現場の調査担当者の両方に目隠しをする意味で使う。

その後、一九五〇年代半ばには、紆余曲折はあったものの、臨床試験をランダム化するための三つの要素が特定された。

①介入策を受ける個人と、介入策が違いを生むかどうか判断しない個人を比較する。

②被験者を、積極的治療群と対照群（多くの場合、偽薬《プラシーボ》あるいは無効果の治療をおこなう）にランダムに振り分ける。また、結果に影響を及ぼしうる他の変数の効果を同じにし、何らかの特徴によって治療群と対照群とのグループ分けに影響が及ぶ可能性を排除する（グループ分けに恣意が入り込むと結果に影響するため）。

③現場の調査担当者や被験者には、グループ分けの情報を知らせない。これにより、二つのグループが受けるホーソン効果を同程度にし、二つのグループへの扱いが変わる可能性を排除する。

これらの基準は、確立されてから六〇年ほどしか経っていないが、科学の分野で広く使われている。というのも、観察された結果が、実験の条件や介入策によってもたらされたと考えられる確率から、偶然を割り引いて判断できるからだ。同時に、原因と結果を示し、因果関係の強さや起こりやすさを定量化するための直接的な手法も提供してくれる。ただし、これらの基準は、観察された差異をもたらしたのが介入策であることに、絶対の確かさを保証するものではない。なぜなら、その差異が単なる偶然だった可能性や、二つのグループのあいだに気づいていない差異が存在していた可能性が残るからだ。技術的な言い方をすれば、観察された差異を、実験の条件や介入策に帰すことのできる確率は、つねに一より小さい（一〇〇%より低い）のである。そのため、「因果関係の確立には、つねに推論に基づく推理が使われている」というヒュームの主張は、RCTでも否定できない。むしろ、RCTは、因果性の主張が暗示される強さや信頼度を判定する手法を提供するのである。因果関係が存在する可能性は、ステップを追加することで、さらに高めることができる。たとえば、別個の環境のもとで調査を繰り返し、結果の再現を確認するようなことだ。

今日、薬剤療法の許認可の責任を負う各国の公的機関では、その大半が認可に際して、少なくとも二つの独立した調査がその薬剤の効果を実証していることを必要とする。ただし、調査が何回あればいい、という絶対の数字はない。調査のなかには、介入策に効果があると示すものも、効果がないと示すものもある。

さらに、過去数十年間で、新たな課題も明確になった。効果も差異も**ない**ことがわかった場合に、どうすれば因果関係が**ない**と主張できるのだろうか？　この疑問が重要なのは、ベーコンとポパーの知見に関わりがあるからだ。つまり、因果関係の可能性を排除する能力は、差異が**見つかった**場合に因果関係が存在するという結論を強化するのである。この疑問には、**統計の検出力**という概念で対応する。統計の検出力とは、もし差異が存在しているなら、その差異を検出するのに十分な数の被験者を調査したと断定できる信頼性を計る概念である。これは、統計的に意味のある差異が検出されなかった場合に、因果関係が存在しないと推理する強さを定量化する統計的手法である。しかしここでも、因果関係を否定する結果が出たからといって、「誤って否定的な結果が出てしまった」という可能性を排除することはできない。

反事実的推論と順序づけのための統計的手法

最後に、疫学者と社会科学者が、因果関係の特定のために用いるアプローチを二つ紹介しよう。これらは、実際には無作為化《ランダマイゼーション》できない状況のときに、無作為化対照試験（RCT）の論法を用いて推論しようとするものだ。

ひとつめのアプローチは、「反事実」を用いたアプローチである。これは、原因の可能性がある変数に**さらされなかった**集団を、「対照群」として使用することである。フィッシャーが最初に見抜いたRCT手法の真価は、治療を受ける被験者と治療を受けない被験者（対照群）を、注目している変数（治療）以外はあらゆる点で同等になるように、細心の注意を払って無作為化することにあったが、「反事実」のアプローチも同じ前提に立っている。つまり、比較する二つのグループに対して、仮説で示した原因、あるいは原因の可能性のある変数にさらされること以外は、あらゆる点で同等となるようにする。こうしておけば、異なる結果が出た場合の説明として、因果性の仮説が検証されるのである。

　ＲＣＴの無作為化は、ときに「失敗する」ことがあるのを覚えておいてほしい。なぜなら、比較するグループが、意味のある何らかの点で違っている可能性があるからだ。たとえば、男女比率が違うかもしれない。これは望ましくないため、調査担当者は、グループの状況ができるだけ同じになるように対策をとることができる。いまの例では、調査を設計する段階で、各グループの男女比率が等しくなるように被験者を割り振るわけだ。ただし、いかなる場合でも偶然の働く余地はあり、調査終了時には、結果にとって重要かどうかにかかわらず、各グループに何らかの差異が見つかることはよくある。こうした望ましくない差異を、調査後に「調整する」目的で統計的手法を使う場合もあるが、これは理想的な調査という観点から見て、あってはならない操作を招くおそれがある。反事実の手法も、これと同じ課題に、もっと大きな規模で直面する。対照群に対して、原因かもしれない変数以外はあらゆる点で同一であることを保証するのは、可能であったとしても、非常にむずかしい。

　近年、調査したい変数にさらされるグループとさらされないグループのあいだの差異を最小化し、可能なかぎり調整をおこなう手法や統計技法が開発されている。だが、こうしたアプローチでもやはり、調査担当者が、自身の専門的知識に照らして、影響があるかもしれないと思われる変数を洗い出し、変数のすべてが似ている個人を比較しなければならない。こうした技法でも、なかには、実際の結果を変えてしまう、統計的操作が入り込む余地がある。

二つめのアプローチは、原因と結果のあいだで連続して起こる関係を取り扱う統計技法である。つまり、時間をかけて追跡した個人や集団のデータを利用して、そのデータが、原因と思われる変数Aがほとんどつねに変数Bより先に起こり、変数Bは変数Aがなければ存在しないように見えるなら、統計上はAがBの原因であることの裏づけとなる。これは、コッホの原則の最初の二つの応用であり、実験を実施できない状況での考察に役立つ。しかし、何らかの他の変数がAより先に起こっていて、両方がBにとって必要かつ十分である場合や、Aが別の変数Cを引き起こし、その変数Cこそが真の原因であるといった可能性はつねに残る。

ここまでで明確にしたとおり、因果性に関するアプローチはどれもそれぞれに限界がある。反事実のアプローチと、統計的手法（偶然の関連に配慮し、調査上の関心はないが、結果に影響を与えることがわかっている変数を除去する）の強みは、無作為化ができない状況において、原因の可能性のある変数を調査するための道筋を提供することである。だが限界もあり、比較されるグループに、意味のある、しかも予測していなかった点で違いが生じたり、調査担当者が把握していない変数が結果に影響を与える可能性があったりする。比較による有効性を調査するという新しい分野では、こうした手法を適用し、広くおこなわれている治療において集団レベルで他より有効なものを見つけようとする試みが始まっている。だが、そのような比較では、なぜあるグループが治療を受けたり、原因かもしれない変数にさらされたりするのか、またなぜ対照群はそうなっていないのかが説明されることはめったにない。本書で述べてきた、因果関係を解明するための手法のほとんどがそうであるように、反事実のアプローチにも強みと限界があり、それらが生み出す証拠を検討する際には、強みと限界に留意する必要がある。

疫学と臨床試験の分野は方法論的には確かに進歩したが、それでも、「他の何らかの変数か変数群が真の原因である可能性がつねにつきまとうために、因果推論には、推理の飛躍が必要だ」とするヒュームの洞察を無視するわけにはいかない。いずれにせよ、ブラッドフォード・ヒルが指摘したように、検証型論法を使うときに誤って推理してしまう可能性は、複数のアプローチを組み合わせることで減じることができる。

精度を高めるための手段には、次のようなものがある。

- 立案した仮説を、実験前にテストする。
- 予測どおりの結果が出た実験を再現する。
- 対照群の個数を十分に確保することで、仮説が誤って拒否されることを防ぐ。
- 複数ラインの証拠を整備し（収束的妥当性）、段階的な関係（たとえば、「Aが多くなれば、より多いCが生まれる」や「Aを減らせば、より少ないCが生まれる」など）の存在を示す。

因果性を絶対的に実証することは、まだ人知の及ばないところだが、ヒュームの懐疑論が招く思考停止状態から抜け出すには、想定した原因の可能性と強度を定量化し、因果関係を示す証拠を数多く収集したり、除外したりする方法で対抗すればよい。

アクシデント（事故）

テクノロジーがより進歩して信頼性を増すほど、私たちは、何か問題が起こったときに人的ミスだと思うようになる。船長や船員のミスでないなら、機器を設計して設置した技術者たち、あるいは経営陣や彼らが策定した保守方針のミスなのだ。

――エドワード・テナー［アメリカの歴史家。一九五四年〜］

「アクシデント」という語は、「ある事象の原因が通常の枠を外れていること」「意図しない結果が生じたこと」を意味する。学者のなかには「人間の制御を超えた」というニュアンスをきらって、「アクシデント」という語を使いたがらない人がいる。だが、どんなことばを使うにせよ、アクシデントの研究では、本来の想定とは異なる事象が発生したなかで、原因の作用因子《エージェント》と因果連鎖を特定することを目指している。アクシデントを研究する過程で課題に直面し、その経験を深く掘り下げた著作を二冊紹介しよう。

社会学者のチャールズ・ペローは、『起こるべくして起こる事故』のなかで、比較的大きな損害（ペローは、小さな不都合のある結果を「インシデント」と呼んだ）を引き起こす事象に注目している。彼は、アクシデントを原因の種類によって分けた。たとえば、「ひとつの行為や、ひとつの部品の故障のような、直接的な原因によるもの」、あるいは「もう少し複雑な、たとえば制御システムにおける複数要素の相互作用などの原因によって引き起こされたもの」などである。

ペローは、原子力発電所でのインシデントとアクシデントを深く分析し、原因を四つに分類した。第一レベルのインシデントまたはアクシデントは、安全弁のような**単一部品**の故障によって起こる。第二レベルのアクシデントは、**装置のユニット**を構成している、相互に関連した部品の集まりの異常によって起こる。たとえば、蒸気発生器の故障などである。第三レベルのアクシデントには、発電所の冷却システムのような、複雑な**サブシステム**の異常が関わる。第四レベルは、システム全体に影響する、設計の誤りによって引き起こされる。

ペローの分析は、いくつかの点で示唆的だ。ひとつは、アリストテレスの分析モデルと、ある程度重なること。たとえば、第一レベルの安全弁の故障や、第二レベルの蒸気発生器の異常は、直接、インシデントの引き金になるため、アリストテレスの言う「発生させる原因」と考えられる。ユニットやサブシステムの異常は、システム異常を引き起こした設計の瑕疵《かし》がアクシデントより先に存在していれば「発生を促す原因」となり、異常自体がシステムの複数要素の相互作用の結果であれば「発生させる原因」となる。ペローは、第四レベルとして「意図による原因」をあげている。これはペローが、人は自分たちの失敗が大規模で壊滅的な損害を起こしうると知りながら、複雑なシステムをつくりあげるものだと結論づけているからだ。つまり彼は、人がもっと大きく、もっと複雑な構造体やシステムをつくろうとする根底には、驕《おご》りや強欲、人という存在に備わる特性やその振る舞いがあるとしている。複雑な構造体やシステムが、ある時点、ある状況下で異常をきたし、重大な損害を招く可能性に、人は目を向けないのだ。

ペローの考察では、アクシデントの分析に際して複数レベルで検証することが、原因の分析においても、分析で発見したことの伝達においても有益だと強調している。彼の理論の主要な目的は、アクシデントを分析するうえでの一般的な枠組みをつくることにあった。その枠組みの有効性を判定する最終基準は、役に立つかどうかであり、自然界に存在する何かを表しているかどうかではない。同じことがアリストテレスの理論にも言える。判断するときの最終基準となるのは、実用性なのである。ガリレオにとって、アリストテレスの分析モデルが厄介だったのは、実験では評価できない究極の原因に人々の関心が向けられるからだった。歴史を振り返れば、当時のガリレオは正しかった。科学が花開いたのは、ガリレオがそのころの科学にはなかった方法（話の脈絡を追う、叙述型論法に基づいて因果性を示す）で持論を発表したあと、何年も経ってからだった。今では、システムレベルで複雑な相互作用を分析するための手法が利用できるようになり、複雑な課題を分析するための構造を提供するアリストテレスの分析モデルも、より便利に活用できるようになった。多重レベル分析は、確かに単一レベルの分析よりむずかしいが、私たちの興味を引く多くの複雑な状況を分析するツールとしては、非常に強力である。

ペローの姿勢は、以前にも述べたように、分析を実行すべきレベルは、部分的には、解明したい課題によって決まるというものだ。つまり、単一のアクシデントの分析なら、問題を起こした発電所や故障の具体的な面に集中すればいいかもしれない。だが、複数の異常や、大規模な送電網の障害を分析するには、システム上やプログラム上の相互作用に着目し、住民の電力使用パターンから気候、自治体の政策、製造業が確保できる電力量に至るまで、さまざまな課題を分析する必要が出てくる。ただし、障害を引き起こした「発生させる原因」も、可能なら特定すべきである。

複雑なアクシデントの分析では、複雑性と非線形性の議論で登場した課題も重要になる。何らかの部品、ユニット、サブシステムが複数の機能を実現し、フィードバック・ループと分岐経路を通じて、他の多数の部品、ユニット、サブシステムと相互作用する。関わってくるのはシステム全体から見れば小さな部分だけかもしれないが、それらの相互作用は、望ましくない事象を、急速かつ指数関数的に拡大してしまう。つまり、アクシデントは、単一の事象とその結果のあいだにある非線形の関係を浮かびあがらせるのだ。システム内のそのような相互作用の数が増え、システムが大きくなるほど、非線形の因果性の力学が働く可能性が高くなる。

たとえば、障害が二つの要素で同時に起これば、予想していなかった問題が起こる可能性がある。この状況を、ペローは「相互作用型複雑性」と呼んだ。さらに、システムの要素が「緊密に連結されている」場合、エラーは瞬時に広がり、食い止めにくい。このような性質は複雑なシステムには内在するものであって、避けることはできないとペローは論じている。それゆえに彼は、「ノーマル・アクシデント（起こるべくして起こった事故）」という言い方をしたのだ。だが、非常に複雑なシステムでも、他に影響を及ぼさない単独の問題を引き起こすことがある。その場合には、断定型（線形）の推論や手法が有効なこともあると、ペローは指摘する。それで問題が解決できれば言うことはない。なぜなら、手間もかからないし、資源も節約できるからだ。たとえば、天然痘の完全撲滅に際して、まだ感染者が残っていた未知の孤立地帯を突き止めたのは、断定型の推論によってだった。それ以外の要素、たとえば、ウイルスの独特な生態、人の免疫機能、人の移動パターン、政府が部外者の流入を防ぐための地域封鎖の度合いなどについては、さまざまな因果の網を解き明かす必要があった。

ペローは、アクシデントを完全になくすことはできないと結論づけている。なぜなら、すべての相互作用を漏れなく予測することは不可能だからだ。とはいえ、同時に彼は、アクシデントの頻度と深刻さは、緻密な設計と慎重さによって減らすことができると信じている。

エドワード・テナーは、アクシデントを「意図しない結末となった事象」と定義し、アクシデントの調査に幅広いアプローチをとることを提唱している。テナーの観点では、このような意図しない結末は「望ましい」か「問題含み」かのどちらかであり、事故は避けられないとするペローの悲観論とは好対照をなす。たとえば、二〇世紀全体を通じて、高速道路の通行速度が渋滞によって遅くなることと、一マイルあたりの重大事故率の低下が、並行して発生したとテナーは指摘する。自動車の総走行距離が延びることで事故の件数は一時的に増加したが、それに伴い、より安全な車や道路、運転技法の開発が進んだ。それらを支えるために、自動車と高速道路のシステムの複雑さが増したことは、一マイルあたりの事故率をさらに低下させた。このような「進歩」は、必ず起こるとはかぎらない（航空機や自動車業界の事故率の低下は、海洋産業の事故率の低下と一致しなかった）。だが、惨事といえるような悪い結果が、往々にしてテクノロジーを変化させ、その結果、安全や健康を高めるという楽観的な結論を、テナーは下している。テナーは言う。「直近の一〇〇年間を解釈すれば、楽観主義者のほうが優勢である……劣悪な状況に直面したとき、悲観主義者は力ずくで改善しようとする。一方、楽観主義者は、革新的な刺激策の投入機会と捉える」

第9章

叙述型で考える

物語から見える真実

歴史の研究とは、原因の研究である。

——エドワード・ハレット・カー

［イギリスの歴史家・外交官。一九八二年没］

完全な歴史というものは、もはや存在しない……だが、歴史とは何か、あるいは歴史とはどうあるべきかについて、誰もが異なる考えを持っているからといって、私たちが互いの歴史論をもう読まない、ということにはならない。

——リチャード・J・エヴァンス

［イギリスの歴史学者。専門は、ドイツ近代史］

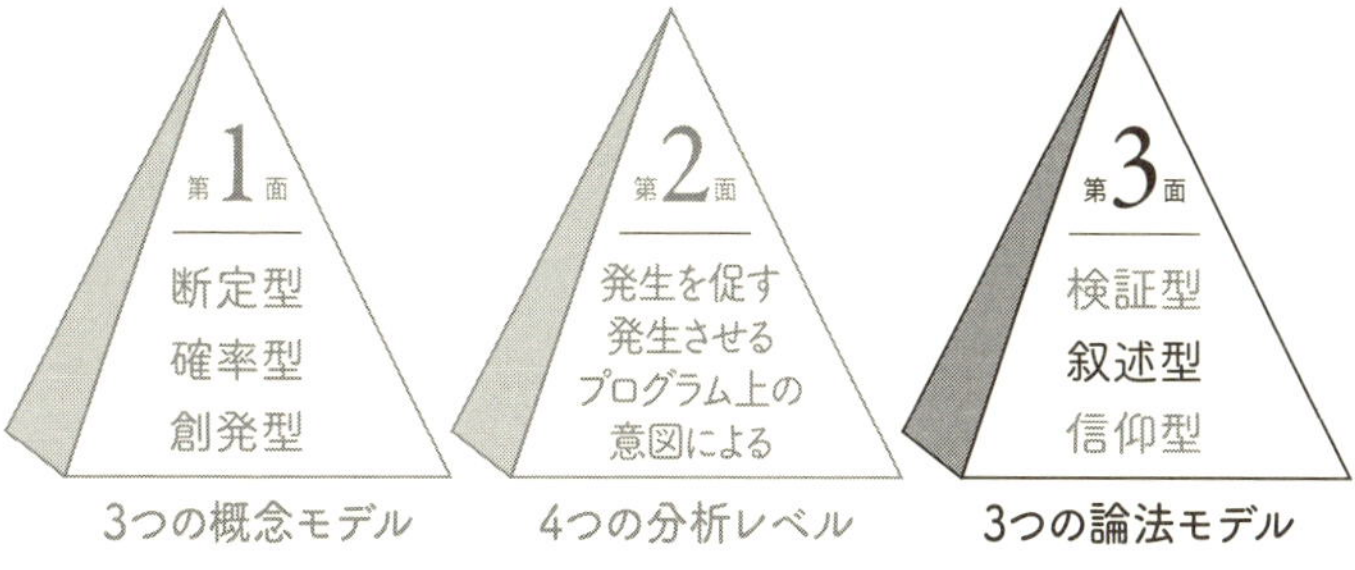

歴史と科学のあいだには大きな違いがあるとする認識は、やはり遠くアリストテレスの時代にまで起源をさかのぼることができる。ただし、近代において歴史と科学を最初に区別したのは、一八世紀前半に活躍した哲学者ジャンバッティスタ・ヴィーコである。さらに一九世紀の社会学者マックス・ヴェーバーによって輪郭がくっきりと浮かびあがり、今日では両者の区別が絶対的なものとして表現されることも多い。

自然科学以外の知識の形態には、多くの呼び方がある。たとえば、歴史、叙述（脈絡を追う）、物語、年代記、共感的手法などで、それらの要素は多くの学問分野で使われている。呼び方が違うと意味も微妙に異なるが、ここでは、すべてを同じものとして扱うことにする。本章の目的は、些細な意味の違いにこだわることではなく、これらの学問分野や手法が共有する内容を、特に因果性へのアプローチとの関わりのなかで明らかにすることだからである。

「叙述による推論」や「歴史に基づく推論」を簡潔に定義しようと試みても、残念ながら失敗に終わるだろう。かつて、科学を簡潔かつ正確に定義しようとして失敗したのと同じだ。だが、第1章で科学的手法の核心を衝《つ》いたように、この章でも、知識の獲得に作用する叙述型手法の本質を明らかにしていきたい。このアプローチは、輪郭を広く描こうとしているが、定義の詳細という内側は塗りつぶしていないので、満足しない方もいるだろう。科学で得た知識も、叙述で得た知識も、違いはないと考える人もいれば、両者の区別は絶対的なものであって、違いを示せないのは努力が足りないと不満をもらす人もいるだろう。だが、このアプローチは、本書の中心テーマと前提を反映したものだ。すなわち、「実用的な区別をするうえで、厳密な定義は必須要件ではない」ということだ。実際、このアプローチは、本書で提案する因果性アプローチの主要な前提、「認められる差異が大きいほど、その差異をもって区別することに意味があり〈現実的〉である」と似通っている。哲学者スティーヴン・トゥールミン〔一九二二〜二〇〇九年〕は、そのような主張を、絶対的な区別を重視する議論と対立するものとして「現場の理論」と呼んだ。私の主張も、その精神にのっとっている。

「歴史」の歴史

歴史の創始者といえば、紀元前五世紀のギリシャの歴史家ヘロドトスまで遡ることが多い。長きにわたって、歴史家の務めは、過去の出来事を、真実に沿って正確に要約したり、結論づけたりすることだった。しかし、一九世紀末になると、歴史の専門家であるなしにかかわらず、ある考え方が広く受け入れられた。すなわち、歴史は、再構築する人の信念体系だったり、時代の見方だったり、個人かグループかという作業形態などから形成されるという見方だ。この「発見」は、二〇世紀初頭に物理学者のあいだで広まった「絶対の確かさは不可能」という認識と時を同じくしている。とはいえ、歴史学と物理学という二つの分野の研究者のあいだでは、対応が大きく異なっているように見える。ヴェーバーや二〇世紀の理論物理学者たちは、科学研究にはもともと限界が存在することを受け入れていた。一方、そうした態度や分析手法の強みそのものが、歴史の専門家や、因果推論の手法に批判的な人から攻撃されることもあった。歴史学的手法の相対性を表すのに、「修辞的な」や「ホイッグ史観」〔「進歩を推進した英雄」と「進歩に抵抗した凡人」とに分け、両者の闘いと、それによる「英雄」の勝利として歴史を記述する歴史観。一九世紀のイギリスで優勢だった「ホイッグ党」に由来〕という言い方が、長年にわたって使われてきた。その背景には、相対的なやり方で得た知識を軽視するという、否定的な意味合いが潜んでいる。

こうした懐疑論がどれほどのものかは、『歴史とは何か』(一九六一年)という本で、皮肉交じりに言及されている。この本は、イギリスの著名な歴史家エドワード・ハレット・カー〔一八九二〜一九八二年〕が、ケンブリッジ大学でおこなった一連の講義をまとめたものだ。

「私は、一八九〇年代に書かれたものはナンセンスだと言い切れるほど、自分が時代の進歩とともに歩んでいることを願っている。だが、一九五〇年代に書かれたものなら、すべて筋が通っていると言い切れるほど、進んだ人間ではないようだ」

カーが皮肉を込めて吐露した感情は、学問分野と、その手法の価値を判定する唯一の基準として「絶対の正確さ」が使われる場合のジレンマを表している。すなわち、絶対の正確さが不可能なら、正確さは存在しないことになる。科学は、自然の姿をより正確に記述する方向を目指して進歩していると信じている人でも、やはり、絶対の知識は、科学のどの分野でもいまだ到達していないことは認めるだろう。そして、永遠に到達しえないかもしれないことも。

本書では、科学的手法でも叙述型手法でも、絶対の確かさには到達できないという立場をとる。科学と歴史を分けるのは、研究対象の主題であり、使用する多数の（すべてではない）手法であり、最終成果物である。この章では、両者の類似性も示したい。歴史の知識は、科学のそれと同じように、時間とともに正確さを増すことができる。さらに重要なのは、正確さの程度は、適切な手法と対応策をとることによって向上させられるということだ。また、次の章では、科学的手法や叙述型手法を用いても、絶対の知識に到達することや、最終的な因果性を特定することはできないと論じる。これは、宗教や信仰型の手法と、科学や叙述型の手法とを区別する主要な要因なのである。

カーは、本のタイトル通り「歴史とは何か」という問いに答えようとした。まず、歴史家は、事実に拠って立つことを指摘したが、その一方で、事実の収集は、歴史家の主要な務めではないと主張した。尊敬に値する歴史家の最も重要な資質は、事実をいかに巧みにつなぎ合わせ、解釈できるかにあるのだ。事実についての知識は、時が経過して、未知の書類や証言といった新たな情報が明るみに出れば変わる可能性があると、カーは強調する。新たな情報の出現で、すでにわかっている事実の解釈が変わったり変わらなかったりするが、歴史家の歴史家たるゆえんとして、その中心にある行為は、既知の事実をどう結びつけ、いかに解釈するかにあるのだ。

ある点で、これは科学に似ているように見える。科学も、自然に関する事実を積み重ねて「真実」

を見きわめようとし、より多くの事実が集まれば、より正確に真実を表現できるようになるという前提に立つ。たとえば、ニュートンが重力に関して示した偉大な知見は、大学の新入生にはいまでも教えられているものの、ニュートンの死後三〇〇年を経て発展した数学分野と、二〇世紀に出現した素粒子物理学に取って代わられた。だからといって、ニュートンの思想に対する称賛や敬意が薄れるわけではない。一方、歴史家の殿堂には、ニュートンやガリレオやアインシュタインに匹敵する人物がおらず、叙述型の知識と科学的な知識のあいだには、何か別の違いがあるのではと推測される。それを区別しておくことは、有用であるだけでなく、非常に重要である。

カーが主張したように、科学と歴史の明白な差異は、ガリレオ、ニュートン、アインシュタインの業績からもわかるように、「事実の発見」こそ、科学の中核をなす本質的な役割であり、重要な事実を発見した者は名声を得ることになるという点だ。それとは対照的に、歴史をはじめとする叙述型の学問において、事実の発見は二次的で、小さな役割しか果たさない。実際、科学の究極の目的は、自然界のすべてを説明できる事実を発見することだと言われているが、歴史の最終目的は、過去の事象がその後の事象をいかに引き起こしたかについて、できるかぎり包括的な解釈を組み立てることなのである。歴史家たちも、折りにふれて「歴史の統一場理論」を発見しようと試みた時期もあった。すなわち、歴史には、ただひとつのパターンが存在し、発見されるのを待っているという考えだが、いまでは、ほとんどの歴史家や社会科学者がその考えを拒否している。それに対して、理論物理学者たちは、ひも理論やブレーン宇宙論、あるいは「万物の理論」のような、すべてを統一する理論を発見することが、いまでも探究の目的となっている。

叙述型の学問分野は事実の積み重ねに依存するため、歴史的手法でも、事実の再現性や精密さについての合意が重要な要素となる。有能な社会学者や政治学者、経済学者は、関心のある分野の事実を収集し、それを理路整然とした年代記や物語に織りあげる能力を持つ。ただし、文書、事象、一連の事実といった素材は同じでも、観察者が違えば、たとえ用語の意味について事前に合意していたとしても、解釈は大きく異なってくる。この不一致の解決策は、ないのかもしれない。もしあるとすれば、どの解釈が好みかについて、研究者の集団で全員の意見が一致したときだけだろう。科学分野では、それとは対照的に、意見や解釈の違いを解決する理想的な方法は、可能性のある他の選択肢を除外し、これはと思える仮説を検証するための新たな実験を、設計して実施することだ。叙述型の学問分野では、新しい事実が定説をくつがえすことはめったになく、仮説を実証するのに、再現性や予測は必要とされていない。科学分野では、新しい実験や予測の検証結果によっては、それまで広く受け入れられてきた科学的見解でさえも反故にしかねない。このように、どちらのアプローチも複数の事実を統合するところは同じだが、ポパーが強調し、四世紀前にベーコンも言及したように、予測の反証可能性は、科学的手法を使う多くの分野で中心的な役割を担っているが、叙述型の学問分野では、そうではないのである。カーが強調したように、有能な歴史家は、大きな問題に対して理解を深めることのできる解釈を、つまり人を納得させられる解釈を、事実から上手に引き出せる人なのである。

取るに足らない話だが、両者の区別を際立たせるものがある。科学では、ある研究成果が画期的なものと判断されれば、その事実を発見した人、あるいは実験を設計した人にノーベル賞が贈られる。たとえ、その発見に至るまでの、自然界の構造を多岐にわたって解き明かしてきたのが別の人たちであっても。一方、歴史の分野では、未知の文献や新しい「事実」を掘り起こすことは確かに重要だし、感動を呼ぶが、それ以上に、他の文献や情報との関係を解釈して、それらをまとめあげる人が専門家として評価される。カーは、歴史において「事実を積み重ねる」という役割は、「事実に反する、容認できない歴史理論を振りかざすスキュラ」と「自分で勝手に思い描いた、個人的な歴史理論を振りかざすカリュブディス」のあいだにおける緊張関係だと表現している［スキュラとカリュブディスは、ギリシャ神話に登場する海の怪物。ともにシケリア島の近くで人や船を襲うことで、恐れられていたという］。そして、「歴史とは、歴史家と、その歴史家が手にした事実のあいだで絶え間なくつづく対話だ」と結論づけた。

結局、発見者と事実の役割は、叙述型と検証型とでは正反対なのである。叙述型の学問分野の中心には、「脈絡を追って話をする人」や「物語を語る人」がいて、彼らはなくてはならない構成員である。検証型の科学では、発見者個人の役割は、できるだけ完全な事実のリストを集めるという目的からすれば、重要度は下がる。さらに、新事実を発見する過程で、たとえ特定の個人が中心的な役割を果たしたとしても、いずれは別の誰かが同じ発見をするかもしれない。だが、叙述型の学問分野では、そうではない。科学者（検証型）は、自分の調査対象以外のものも含めて、自然の秩序を表現する方法を探す。一方、歴史家（叙述型）は、知っていることを個人の力で本当らしくまとめあげ、事象を包括的に理解する方法を探す。カーは、優れた歴史家は、現在の世界観が歴史の解釈に影響を与えることを意識し、持論を組み立てる際にも、そのことを考慮すると述べている。私が思うに、科学者は、自分の結論がおおむね真実に沿っていて、ただ、ありうるすべての事実についてまだ知識がそろっていないために限界が生じている、という前提に立っている。一方、叙述型のアプローチでは、研究者個人およびその人が属する集団の文化によって、つねに大きな影響を受ける。検証型アプローチでは、こうした影響をできるだけ小さくする道を求めるのである（ただし、科学史という分野ではしばしば、二つのアプローチを組み合わせている）。

歴史がより「主観的」（完全にではない）で、科学がより「客観的」（完全にではない）であるとして、一方が他方より本質的に優れていたり、有用であったりするのだろうか？　ヴィーコとヴェーバーはそう考えていない。知識を得るためのこの二つの方法は、扱う課題が大きく異なるため、実践するアプローチも違わざるをえない。特定の状況にいる個々の人間を扱う場合や、人間の動機について因果性の問いかけをおこなう場合は、叙述型アプローチのほうが威力を発揮する。無生物の世界を扱ったり、人の振る舞いを確率に基づいて予測したりする場合は、往々にして検証型アプローチが便利である。ある要素と要素の相互作用や選択を扱う場合は、どちらのアプローチにもそれぞれ強みと限界がある。

一九九七年に『歴史学の擁護』という刺激的なタイトルの本を出版したイギリス人歴史学者リチャード・エヴァンスは、自分の選んだ学問で使える手法を追求し、科学者と歴史学者の類似性も明らかにしようとしている。さらにありがたいことに、科学者と歴史学者のアプローチにおける因果性の役割を理解するうえで、特に関係の深い相違点を他にも強調してくれている。

第一に、歴史とは、「将来の事象の、できの悪い予言である……歴史が自らを再現することは決してないからだ」。この点でエヴァンスは、カーや歴史家ジョージ・サンタヤーナとは意見を異にする。

第二に、「歴史は、予言の力を持った法則をつくることはできない……とはいえ、一般論を生むことはできるが、その範囲が広がると例外が増え、裏づけに引用できる確実な証拠からは、ますます離れることになる」。ただし、エヴァンスはこれを否定的に捉えていない。彼は、「科学と違って人生は、はるかに多くの驚きで満ちている」と締めくくっているからだ。

もちろん、エヴァンスの見解が、歴史学者のあいだで世界的な合意を得ているわけではない。たとえば、アメリカの著名な歴史学者ジョン・ルイス・ギャディスは、中立の立場を表明している。「歴史は間違いなく、経験を拡大させる手段として最高のもの」という考え方の源としてマキャヴェリを引用している。ギャディスは、「過去を学んでも、将来を予測する指針になるかどうかはわからない。だが、過去を学ぶことは、経験を広げて将来に備えることである。過去を通じて、みずからの能力と根気を、さらにうまくいけば、おのれの知恵も磨くことができる」と述べている。

叙述型手法の強み

物語の概要が妥当なこと、それこそ私たちがいま望んでいるもののすべてだ。

――スティーヴン・トゥールミン〔哲学者。イギリス生まれで、アメリカに帰化。二〇〇九年没〕

叙述型の手法において、平凡な使い手と優れた使い手を分ける能力は、カーが指摘したように、関連をつくり、その関連の訴求力を他の専門家に納得させる手腕である。こうした修辞法の使用は、古くは古代ギリシャの時代から、人の能力のひとつとして認められていた。しかし、本章の冒頭で指摘したように、「修辞的」という語は、今では否定的な文脈で使われることが多くなっている。たとえば、ある主張が「単なることば」にすぎないことや、議論から生まれたある確信が、深い知性や美の対極にあるものの影響を過度に受けていることを指摘している。修辞に対するこの中傷めいた姿勢のなかに暗黙的に存在するのは、「事実」に基づく信念のみを特別視する感覚だ。科学的知識は、議論や討議によって得た知識よりも優れていて、より客観的だという考え方の延長上にある。

もちろん、科学者はその科学的結論の妥当性をもって他者を納得させなければならず、そのために科学者も修辞的技法を使う。すでに述べたように、科学には議論の妥当性を支えるための検証や反証の技法がある。叙述型分野で証拠が得られないのは、調査対象の事象が多くの場合、固有のものだったり、そのつど大きく異なっていたりするために、比較したり同一視したりすることが不可能だからだ。いずれにせよ、一連の考察の妥当性を科学分野で討論する場合に、修辞的な技法が果たす役割は、しばしば低く見られ、ときには無視されることもある。

逆に、叙述型手法を使って導き出した結論の正確さが確認されたり、反論されたりすることもある。関連のある文書や複数の情報源から証拠を活用し、異なる環境で似たような結果が生起するパターンを見つけるとか、比較する事象間の違いが重要でないか微細なものにすぎないと示すのである。これは第8章で論じた、疫学での反事実的概念や収束的妥当性、証拠の優越などに似たところがある。

叙述型手法の大きな強みで、最も優れている点は、過去と現在の一度限りの事象に関する理解を深める能力にある。それを端的に表している証拠はたぶん、その普遍性だろう。これは、あらゆる文化で使われている。科学の力は、反復や操作が可能な事象を検証する能力と、将来の事象を予測して、人類に恩恵をもたらすものを生み出すための知識を獲得する能力にある。

宇宙の起源のような、過去の一度限りの事象を研究する科学分野も多いが、それらの研究では、科学的手法だけでなく、歴史学で使われる手法も組み合わせて活用している。歴史学者の場合も同じで、自身の仮説を肯定あるいは否定する文献を集めるときは、科学的手法も利用している。どちらも、証拠の内容や意味合いや重要度をいかに解釈するか、さらに、その解釈が受け入れられるかどうかは、その研究者が身につけている推論や修辞的技法の能力に大きく左右される。このように、叙述型であれ科学であれ、共通しているのは、正確な事実を土台とし、組み上げた解釈が正しいことを人に説明する際に、修辞的技法を用いていることだ。

二つのアプローチの共通点は、修辞的技法を駆使することだけではない。学問分野を検証型か叙述型かできっぱりと二分することは、多くの学問が科学と人文科学をまたいでいることに照らせば、あまり現実的でない。たとえば、古生物学では、新しい化石が発見されると新しい解釈が生まれ、ときには、種の変異に関する過去の学説が書き換えられることがある。こうした解釈は、検証も反証も不可能なので、歴史学者は、過去の事象について解釈をし直したり、自説を組み立て直したりすることしかできない。新しい文献と同じように、新しい化石は、それまでに発見されていた情報に照らして解釈される。将来もまた新たな発見がなされ、そこで解釈が修正されていくだろう。進化心理学という学問分野では、予測ではなく、事後の説明に知的作業の主眼が置かれている。予測が主要なテーマである経済学でさえ、主として過去の経済パターンと、人がとる一定の行動の傾向を、将来の経済活動を予測する基準点として使う。

そして、自然界に内在するメカニズムではなく、さまざまな変数の関係を明らかにするのである。こうした考えに同意できない人もいるだろうが、経済学者の予測を長期的に見れば、政治学者や歴史学者、社会学者がおこなう予測と大差ないのだ。これらの学問分野はどれも、検証型と叙述型を横断しながら、知識を増やし理解を深めて、より正確な予測をおこなうために、それぞれの長所を活用している。

叙述型と検証型手法の区別は、さらに曖昧である。科学の多くは、再現性や反証可能性に依存しない、もしくは依存できないからである。ハイゼンベルクの不確定性原理は、強力な科学的見解の例であり、存在を立証することも反論することも許されない。同様に、ダーウィンとウォレスが自然選択（淘汰）の理論を提唱してからほぼ一〇〇年にわたって、進化論が科学分野の学問として扱われたのは、実験で肯定的な結果が出たとか、代替案に有力な反論ができる、という理由からではなく、自然選択理論の包括性と、他にもっともらしい代替案がない、という理由からだった。彼らの理論が受け入れられたのは、さまざまな事実と複数の観点からの証拠が密接につながった結果である（収束的妥当性）。一方で、具体的にどのように進化が起きたかというメカニズムについては、いまも研究の途上である。

叙述型と検証型の区別の曖昧さを、別の例で考えてみよう。科学者は、「美しい」とか「包括的」という表現を使うことがある。理論を受け入れてもらうためのアプローチを正当化するために、科学者もそうした形容詞を駆使するのだ。アインシュタインは、三〇年にわたって統一場理論を追い求めた。これは、自然界の基本的な四つの力（強い力、弱い力、電磁気力、重力）を統一して記述する理論だが、まさに、多くの科学者が共有する「単純こそ美」という思想の表れである。「単純こそ美」は、「節約の法則」とか、一四世紀に単純さを信奉した哲学者の名をとって「オッカムの剃刀《かみそり》」とか呼ばれることもある。ブライアン・グリーンが著書『エレガントな宇宙』のなかで巧みに表現しているように、ひも理論の信奉者とブレーン宇宙論の信奉者は、同じ冒険をつづけている。同書は、ある行動を定義するときに、本質的に「よりアピールする」「正しい」「よりよい」ものにしようとする人間の気質の強さについても論じている。ハードサイエンス〔数学を重用し、累積的に発展する学問〕であっても、主観的で、検証不能なアイデアであっても、修辞上の要素であっても、同じなのである。

ではなぜ区別を捨て去らないのか

叙述型と検証型の手法では多くの要素を共有しており、境界がそれほど曖昧なら、区別することに意味はあるのかと考えがちだが、それは誤りである。叙述型の見解が受け入れられるかどうかは主に、その見解を生み出し、支えている論拠を、学者や専門家がどう評価するかにかかっている。事実は検証でき、代替の説明も探すことができ、結びつきの強さは分析できる。だが、主張されている「関連」については、検証や反論ができない（「事実」が検証できるのとは対照的だ）。ここが、叙述型と検証型が区別される点である。逆に、叙述型の手法に対する個人や集団の態度が、物事の理解を後押しするという意見もある。また、検証型にしたところで、これまで、科学の基準に達するだけの正確さをもって物事を説明することに成功していない、という言い方もできる。いずれにせよ、私はこんなふうに考えている。区別には価値があって、知識を組み立てるための重要な何かを伝えているという見解に対して、最も説得力のある証拠は、叙述型の手法が、あらゆる時代のあらゆる文化に存在し、あらゆる人に利用されているという事実だ。それに対して、科学の手法は、考案されてからまだ日が浅いのである。

この主張は、神経科学者のロジャー・スペリーとマイケル・ガザニガの研究によって、さらに裏づけを得ている。二人は、いわゆる「分離脳」の手術を受けたことのある患者を調査した。この手術は、二つの大脳半球、すなわち右脳と左脳をつなぐ太い神経繊維束を切断して、一方の脳から他方の脳へ重大な発作が広がるのを防ぐ目的でおこなう。スペリーとガザニガは、脳には左半球の言語領域かその近接部分に「中心」の場所があるという証拠を発見した。この発見は、それまでばらばらだった証拠をひとつにつなげ、人の脳には、叙述型推論をおこなうことと、事実を結び合わせて叙述型の因果の網にまとめる機能が、生まれつき備わっていることを強く示唆することになった。

それに引きかえ科学的手法は、数千年つづく歴史の長い糸からすれば、新しい概念とさえ言えるかもしれない。とはいえ、何世代もかけて進歩を重ね、改良されてきた。科学的手法への私たちの理解は、五〇年や一〇〇年前のそれとは雲泥の差がある。先に述べた不確定性原理や、無作為化対照試験（RCT）の理論も、この一〇〇年のあいだに登場したものだ。今後も、新しい分析ツールの登場や、おそらく概念の進化に伴って変化しつづけるだろう。科学的推論が学習によるアプローチであるのに対して、叙述型推論は、人に生まれつき備わっているアプローチと言えるかもしれない。どちらも、知識を積み重ねることで発展してきた。その知識は、学者のグループが協力し、議論し、工夫し、すり合わせて、それまでの信頼性の低い、予測しづらいものから、有益で正確なものを引き出し、積みあげてきたものだ。二つの手法は、それぞれ土台が異なるものの、共通点もあるので、それぞれを別のものとして維持することは、単に便利なだけでなく、必須のものだと私は考えている。

それぞれの手法には異なる強みと限界があると知ることは、どちらか一方の推論で集めた証拠のほうが全体としては優れているし効果的だという主張への対抗策となろう。ある手法を完全に除外したり、どれかひとつを圧倒的に優れていると主張したりすることは、異なる状況下で因果関係を特定する、それぞれの手法の効力を無視するようなものだ。

たとえば、因果性自体が、首尾一貫した叙述を求める試みであるから、因果性は叙述型の概念だと主張することも実は可能だ。しかしこの主張は、科学的手法の独特な能力を無視している。つまり、提案された因果メカニズムのうち、いくつかを除外する能力や、他の因果関係の仮説に数学的な確率を割り当てる能力を無視することになる。いずれにせよ、因果性の構成要素には、事象は互いに結びついていて、事象の順序が結果に影響するという考え方を認め、取り込む必要がある。もちろん、この考えを科学的に検証可能なものとして扱うことはできない。だからこそ、本書の冒頭で「因果性は存在する」と仮定したのである。さもないと、立証不可能な認識である因果性について、議論を始めることができないからだ。また、因果性を理解しようというこの探究の目的は、この世界で生きている私たちにとって、究極の知を得ることではないのである。

まとめると、修辞的な叙述型と、科学的な検証型の区別は絶対ではない。どちらにも検証に適した問いというものがあり、どちらも批判を受けやすい。たとえば、社会科学者は、「自分たちは過去の事象を調査しているから、政治的な意思決定に独自の判断を下すことができる」と信じていたり、科学者は、「自分たちの手法は客観的だから、政治的な問いにも独自の解決策を提供できる」と信じていたりする。どの立場だろうが、間違った使い方を押し通せば、自らの価値をおとしめるだけで、結局は愚の骨頂だ。そうならないよう、最終的に、というより、まず最初に、叙述型も検証型も、互いの強みを認め合うべきだ。因果性とはまさに、叙述型と検証型の手法を橋渡しして知識に導き、あるいは、それらの手法をツールとして使って、原因と結果のつながりを発見する概念なのである。

ホロコーストの否認と歴史の真実――叙述型の強みと限界

二〇〇〇年にイギリスの裁判所でおこなわれた名誉毀損の訴訟を例として、「歴史家の手法」すなわち「叙述型の手法」の強みと限界について考えてみよう。議論の参考にした文献は、歴史学者リチャード・エヴァンスの『ヒトラーについての嘘――歴史、ホロコースト、デイヴィッド・アーヴィングの裁判（*Lying About Hitler: History, Holocaust, and the David Irving Trial*）』である（いま、議論と言ったが、私自身は、このテーマについて、当初の研究にも、その後の広範な調査にも、参加してはいない）。歴史の真実という概念に対するエヴァンスの視点については、すでに触れた。この裁判では、エヴァンス自身が被告側証人の代表として参加しているため、中立の視点でこのテーマに取り組んだとは言いがたい。もちろん、歴史上の真実というような非常に大きな概念を定義したり擁護したりするのに、ひとつの事象だけを取りあげて論ずるべきではない。いずれにせよ、裁判になったことで、見た目の中立性が提供され、イギリスの厳格な名誉毀損法（名誉毀損が成立しないことを証明するのは被告側の責任であり、そもそもの前提から原告有利になっている。ただしこれは将来、改定される可能性がある）が、この裁判を検証に値する興味深い事件にした。

この裁判の被告は、デボラ・リップシュタットというアメリカ人の歴史家だった。彼女は、著書『ホロコーストの真実』のなかで、ホロコーストの否定論について検証している。すなわち、「ナチスは、ユダヤ人やジプシー、その他の〈社会的弱者〉を国家の敵と見なし、それらの集団を絶滅させる組織的な計画を持っていた」という考えを否定する人たちの見解について検証したのである。同書のなかでリップシュタットは、デイヴィッド・アーヴィングという、歴史を専門的に学んではいないが、第二次大戦中のドイツを題材に数多くの歴史小説を発表した作家を取りあげている。このアーヴィングが、ホロコーストは存在しなかったという持論を押し通すために書物を改竄《かいざん》したと、リップシュタットは指摘したのだ。彼女の『ホロコーストの真実』がイギリスで出版されると、アーヴィングは名誉毀損で彼女を告訴した。

リップシュタットの弁護団は、アーヴィングが執拗かつ意図的に翻訳をねじ曲げ、他にも証拠書類について虚偽の陳述をしていると主張した（それ以外の弁護策として、リップシュタットの見解が誤って解釈されているだけで、彼女はアーヴィングを批判したり傷つけたりする意図はなかったという立場をとる方法も検討されていたが、それは見送られた）。

アーヴィングの主張は、一例をあげれば、ヒトラーは一九四三年になるまで、ユダヤ人の絶滅計画を知らなかったというものだが、それよりかなり前に、絶滅計画を策定して実施する戦略が進行していた。アーヴィングは、翻訳し直した大量の証拠資料を提出して、自分の主張の論拠を示した。問題となっているヒトラーに関する時系列は、歴史的にはすでに定着して、広く受け入れられている事実であると。それに対して、リチャード・エヴァンスが出廷して証言した。アーヴィングは、組織的な大虐殺の計画および遂行にあたってヒトラーに責任はないとする自らの主張に合うように、意図的に（時系列を入れ替えて）証拠を改竄したのだと、エヴァンスは指摘した。最終的に裁判所は、アーヴィングが提出した証拠は虚偽だとするエヴァンスの主張を認め、彼の陳述が真であると判断し、リップシュタットに有利でアーヴィングに不利な判決を下した。

この例のいくつかの側面は、叙述型の手法を使う際に、因果説明が受け入れられる基準を知るための手がかりになる。それは、次のようなものだ。

①証拠資料を複数の人が閲覧でき、資料の内容について合意が形成されること。

②専門家や有識者は、自らの主張を裏付けることができる証拠を示し、また、その証拠は、偶然の出来事や誤差ではなく、パターンの存在を示す複数の実例によって補填できることが望ましい。また、そうすべきだ。エヴァンスが裁判官を納得させることができたのは、アーヴィングが多くの証拠書類を誤訳していて、これらの間違った翻訳が、つねに彼の主張を裏付ける方向に向かっていた、つまり、偶然に起こった誤訳ではなかったことを立証したからだ。そうすることでエヴァンスは、アーヴィングが証拠書類を改竄したというリップシュタットの主張の正当性を、裁判所に納得させることができたのである。

③この裁判が明らかにしたのは、他の専門家による証拠の綿密な調査が、科学における再現不可能性の場合と同じように、歴史の調査においても「自己修正」のメカニズムとして活用できるということだ。

④悪質な改竄は、科学分野と同じく叙述型分野でも見つけ出すことができ、「何でもあり」の主張は、叙述型推論でも否定されるのである。

一方で、この裁判は、検証型（科学的手法）と叙述型（歴史の手法）の違いも際立たせることになった。リップシュタットの主張の正確さをひとりの裁判官に納得させるのと、「再現可能な実験と観察、代替説明の除去、複数の系統にわたる証拠の収束、複数の専門家による合意」などに基づいて科学的な因果理論を広く受け入れてもらうのとでは、大きな違いがある。また、歴史上の証拠文書は、偽造したり、改竄したり、誤解を招くように意図的に並べ替えたりすることができ、しかもこれを実証するのは、状況しだいでは非常にむずかしく、ときには不可能ですらある。もちろん科学でも、実験ノートや実験結果の写真を改竄することは可能だが、実験や測定の場合は、それを再現することによって主張を検証できる。これが、叙述型の歴史学者となると、そうはいかない。というのも、歴史学者が扱う事象は、遠い昔に起こった独自な事柄であって、つまり、再現できない一度きりのものだからだ。

ライト兄弟が飛行機を発明できた理由とは──物語で答えを引き出す

二〇〇三年は、飛行機が発明されてから百年めの記念すべき年であった。予想どおり、百周年を特集した書籍が数多く出版されたが、興味をそそる謎解きへの試みが見られた。たとえば、トム・クラウチとピーター・ジャカブの共著『ライト兄弟と空の時代の発明（*The Wright Brothers and the Invention of the Aerial Age*）』の冒頭の文章に、謎への興味がはっきりと記されている。「なぜ、ライト兄弟だったのか？　地道に自転車店を営んでいた二人が、誰の力も借りず、どうやって問題を解決したのか？　科学や工学の専門的な教育をほとんど受けたこともないのに、過去何世紀にもわたって名だたる研究者たちが果たせなかった複雑で困難な問題を、彼らは、なぜ解決できたのか？」

クラウチとジャカブの本は、ライト兄弟の成功に寄与したさまざまな要因をあげ、この謎に対する精緻で多岐にわたる答えを世に問うている。ライト兄弟の母親が機械に詳しかったことを引き合いに出し、遺伝子の面でも環境の面でも、兄弟に影響を与えたと述べている。また、兄弟の家庭環境にも触れ、勤勉さと個性と自立を尊び、温かくいたわり合う家庭で育てられたことで、兄弟が互いに支え合い、空を飛ぶ機械をつくるという冒険をやり遂げる根気が養われたとしている。

クラウチとジャカブの主張は、こうだ（この主張には、確かに説得力がある）。自転車に関する深い知識が、ライト兄弟に決定的なひらめきを与えたという。二人は、自転車に乗る人が、曲がる際に、さまざまな面を動かすことに気づいたのだ。すなわち、曲がる方向に車体を傾け、同時にハンドルを回す。これは、曲がるときに、ひとつの垂直面しか動かさない馬車とは対照的だった。この観察をもとに、彼らは、鳥の飛行を細かく分析し、旋回するときに翼を変形させることを突き止めた。これらを総合して、飛行機には翼が三枚必要で、操縦者は翼を垂直方向、水平方向、左右方向に制御できなければならないと結論づけた。

クラウチとジャカブは、ライト兄弟の実務的な経験にも言及した。彼らが印刷所を開いて独自の印刷機を設計・製造し、自転車店でも働いていたことに注目している。それこそ、試行錯誤のものづくりの世界に打ち込み、不具合が出た場合にはその部分を捨て、うまくいくものを順番につなげていく姿勢を身につけたことが成功の要因だったとしている。

兄弟の最終的な成功は、何によって達成されたのか。それは、自転車について熟知していたこと、自然界を注意深く観察していたこと、時間をかけて機械の技術を培っていたこと、これらすべてを、革新的な工学の設計に結実させたことによって達成された。彼らの姿勢は、試行錯誤を繰り返す学習にも活かされ、その学習が高度な技能を生み、自分で組み立てた飛行機を飛ばすまでになっていった。

ところで、ライト兄弟を取りあげた特集本は他にも数多く出版されたが、なぜ、クラウチとジャカブの本があれほど評判になったのか。それは、航空工学の原理についての著者たち自身の知識と、ライト兄弟の育った状況や性格（兄弟の競争相手たちの性格も）、職業倫理観、職業経験、客観的な技術を、理路整然として、説得力があり、興味をそそる物語にまとめあげたからだ。著者たちの分析は正しいのだろうか？　専門家でない一般読者にとっては、「断固、正しい」だ。

将来、著者たちの分析を覆すような情報が発見される可能性はあるだろうか？　当然、ありうる。著者たちの書いた歴史は、科学のどの分野と比べても完結性で劣る。だが、大いなる疑問が解き明かされたあと、たいして関心が払われなくなった科学分野のように、著者たちの書いたライト兄弟の伝記は非常にわかりやすく、読者を満足させてくれる。だから、私は彼らの最初の問い「なぜ、ライト兄弟が、なぜ、あの時期に」が将来、まったく異なる方法で答えられることは、おそらくないだろうと思っている。クラウチとジャカブは因果性の問いを掲げ、よく練られた、人を納得させる答えを本のなかで示したのだ――それが究極の答えではないにしても。

▼トクヴィルがたくさんいる――なぜ解釈はゆれるのか？

アレクシ・ド・トクヴィル〔一八〇五～五九年〕が書いた『アメリカのデモクラシー』は上下巻の大著で、トクヴィルが一八三一年にアメリカを訪れたときの様子と、彼がそこで体験したことをもとに、アメリカの民主主義の長所と短所について論じている。出版から一八〇年を経た今でもなお、広く引用されている。トクヴィルが分析のなかで、まず最初に注目したのは、アメリカの民主主義が、個人の自主性を重視していることだった。それが、アメリカ民主主義の大いなる強さと、個人の大きな成功を導いたというのが彼の意見だった。一方で、社会的な孤立者を生みだし、統治の仕組みを著しく弱体化させることにもなる。さらに彼は、民主主義が多数派による専制を招きやすいことも指摘したが、この欠点は、彼が民主主義の中心と考える強力な官僚機構によってバランスがとれると感じていた。

コロンビア大学人文科学教授のロバート・ニスベット〔一九一三〜九六年〕は、この本について一九七六年に書いた記事のなかで、「たくさんのトクヴィルがいる」と指摘した。前に紹介したホロコースト否認の一件でも似たような話が出てきたが、ニスベットは、トクヴィルのこの上下巻が刊行されてから数十年にわたって、さまざまな人が、さまざまな訳し方をしてきたと述べている。はじめの二五年ほどは熱狂的に受け入れられ、広く称賛された。だが、「一八六〇年代後半から一九三〇年代後半にかけては、トクヴィルに関する記事や論文は、ごくまれにしか現れなくなった。だが、一九四〇年ごろには再び洪水のごとくあふれ出て、四〇年代後半には、トクヴィルをテーマにしたり、引用したりしたものが出回らない月はほとんどなかった」。ここで注目すべきは、トクヴィルの業績を引用するときの着眼点が、以前とは大きく変わっていたことだ。一九三〇年代、書き手の多くはファシズムの台頭について論じるなかで、「独裁制を生む源としての大衆」というトクヴィルのことばを引用した。ところが、第二次大戦後は、民主主義における中流層の豊かさに関するトクヴィルの論に注目が集まった。一九五〇年代になると、関心の向く先がまた変わり、アメリカの民主主義における社会的および文化的孤立についての論が取りあげられた。

ニスベットが言っているのは、ある時代の書き手たちがトクヴィルの思想のひとつの側面しか見なかったとか、ひとつの側面を完全に無視した、ということではない。彼が言いたいのは、そのときの文化で優勢な論調が変わると、学者の主眼点も変わるということだ。違う時代の違う書き手が、トクヴィルの論述の異なる側面を強調するのは、彼の知見の偉大さの表れである。ニスベットはこのことを、トクヴィル自身のすばらしさと、トクヴィルの著作のなかから自分たちの見解に有利に働く箇所を見つけ出す書き手たちの能力という、両方の表れと見ている。ニスベットの論点は、一冊の書物でさえ、異なる時代の異なる解釈者によって、彼らのそれぞれの結論に合うように利用される、ということだ。つまりこれは、叙述型の手法が、いかに書物そのものとその解釈者によって左右されるのかを表している。

さらに最近の例をあげるなら、二〇〇七年、フランス大統領に選出されたニコラ・サルコジが、政治を変えたいという意欲の裏づけとなるようにトクヴィルを使っている。サルコジは国民に対して、自分が大統領として解決を期待されている問題への新しいアプローチをつくりあげると訴えた。二〇〇七年七月二二日付け『ニューヨーク・タイムズ』紙の第一面に、サルコジ内閣で経済・財政・産業相を務めるクリスティーヌ・ラガルドの記事が掲載された。その記事によれば、ラガルドは、『アメリカのデモクラシー』を引用して、「フランス人はもっと働いて、もっと稼ぎ、金持ちになったあかつきには、低い税金の褒美が与えられるべきだ、とトクヴィルは書いている」と発言したそうだ。ラガルド大臣の表現は正確のように見える。トクヴィルは、一八〇〇年前に目にしたアメリカ式の民主主義の恩恵について、確かに言及している。とはいえ、ラガルド大臣の発言には、トクヴィルが同時に指摘していた弱点については触れられていない。

ラガルドが、一八〇年も前に書かれた政治学の文章に、そのような文脈で言及することは、トクヴィルの深い洞察力と先見性、そしておそらく、トクヴィルがフランス人であることについて語ることでもあった。しかし、過去一八〇年にわたる解釈の揺れ幅の大きさは、誰が、いつ解釈し、それを誰が読むのかという重要性を強調せずにはおかない。やはりここでも、叙述型のあらゆる手法に共通する問題が登場する。ニスベットの記事をいま読むと、彼が執筆した時期は東西冷戦の最盛期で、その文脈にとって関係の深いことに焦点を当てているのは当然だ。今日、誰かがトクヴィルを引用するなら、また別のテーマを強調するだろう。学者も政治家も、トクヴィルの観察とそこから引き出した結論の力は認めているが、さまざまな時代のなかで、人々がどの観察に重きを置き、いかなる解釈を導くかは、それぞれに異なるのである。いずれにしても、トクヴィルの名著がなければ、この世はもっとつまらなくなっていただろう。

因果推論における叙述の役割

因果性の叙述は、まったく異なる観察、事実、事象を、包括的で整然とした「全体」に編み込むことである。この「全体」では、後に起こる事象が前に起こった事象に、納得できる形で結びつけられていく。この手法は、人間にとって普遍的なようであり、おそらくは生まれつき、つまり、脳の構造のなかに植えつけられているのだろう。叙述型手法の力は、歴史が歩んできた道と、人間が否応なく過去と現在のあいだにつながりを見つけようとしてしまうところによく表れている。

先ほど紹介した三つの例は、因果性を叙述型の手法で理解しようとする方法の強みと限界を教えてくれる。ライト兄弟の本を書いたクラウチとジャカブの分析からは、叙述型の手法が、他のアプローチでは答えることのできない問いに答えられる高い能力を備えていることがわかる。クラウチとジャカブの本を、同じ時期に出版された類書と比較すると、彼らの労作は、因果連鎖とその影響力の特定の面で抜きんでている。少なくとも、ひとりの読者として私はそう思う。彼らの物語は、読者と博識な学者の両方を、わかりやすさと正確さで納得させる能力の高さで評価される。もちろん、他の著者の結論のほうがより納得できる読者もいるだろう。示された因果性の影響が確認と反論にさらされる科学とは異なり、クラウチとジャカブの叙述は、その修辞の魅力だけが拠り所なのである。結局、クラウチとジャカブの本の説得力と価値は個々の読者に委ねられるが、だからといって、その議論の美しさが色あせることはないし、おそらくもっと重要なこととして、結論について深く考察する喜びも、いささかも損なわれない。

リップシュタットの裁判と、それに関するリチャード・エヴァンスの説明からは、歴史的手法の正確さには基準があり、その基準をもとに、さまざまな言い分のある主張を丹念に調べることができるということがわかる。中立に近い立場の人は、そのデータを使って、歴史に関する叙述を組み立て、その妥当性について判定を下すことができる。叙述型の手法が、個人の意見や、それが書かれたときの時代や背景、議論の修辞的美しさに依存するだけでなく、それらは叙述の内容と解釈の仕方の両方に影響を与えるのである。

最後に、トクヴィルが『アメリカのデモクラシー』で見せた知見に、二世紀ちかくにもわたって関心と称賛が向けられつづけていることは、広い範囲に及ぶ現象を説明するときの叙述の力を物語っている。この本は、トクヴィルがアメリカを旅して執筆したのと同じころに出版された科学関連のどの本よりも、人の記憶に残り、大きな影響を与えた。のちの時代の著名な思想家にまで影響が及んだことは、彼の考察がいかに正確だったかを如実に示している。

とはいえ、彼と同じ時代の科学者の著作と比較するのは不公平だし、見当ちがいだ。叙述型の年代記が持つ能力と科学物のそれとは種類がまったく違う。メンデルが発見した遺伝の規則性の重要性と、トクヴィルの著作を比較するなど、まったくもって筋違いで、メンデルにもトクヴィルにも失礼なことだ。

科学的手法というツールを得て、人が過去のどの時代よりも自然界の仕組みを深く理解できるようになったように、因果性に対する叙述型の手法も有用で強力なツールなのである。つまり、どのアプローチにも、それに応じた場所があるということだ。各アプローチの実践者たちが、使用する手法や論法の違いを認識していれば、それぞれの因果性の知識にふさわしい領域を踏み越えてしまわないように注意することができる。また、適用方法の違いも意識しておくことで、自分の主張が棄却されるおそれも減らせるはずだ。重要なのは、因果関係についての問いに、そのアプローチがうまく適用できるかどうかであって、たったひとつしかない究極のアプローチを見つけることではないのである。

第10章

信仰型で考える

信念体系から見える真実

知ることのできる物事を証明する場合、証明は感覚か知性のどちらかでおこなわれる。しかし、神の知識に関しては、感覚からの証明も（神は肉体を持たない）、知性からの証明も（神は人の知るいかなる形態もとらない）おこなうことはできない。

——マイスター・エックハルト

［ドイツのキリスト教神学者。一二六〇～一三二八年ごろ］

私が霊的なものを信じるようになったのは、目的の問いかけにどう答えるか悩みはじめてから、かなりの時を経たあとだった。

——アラン・サンデージ

［アメリカの天文学者、二〇一〇年没］

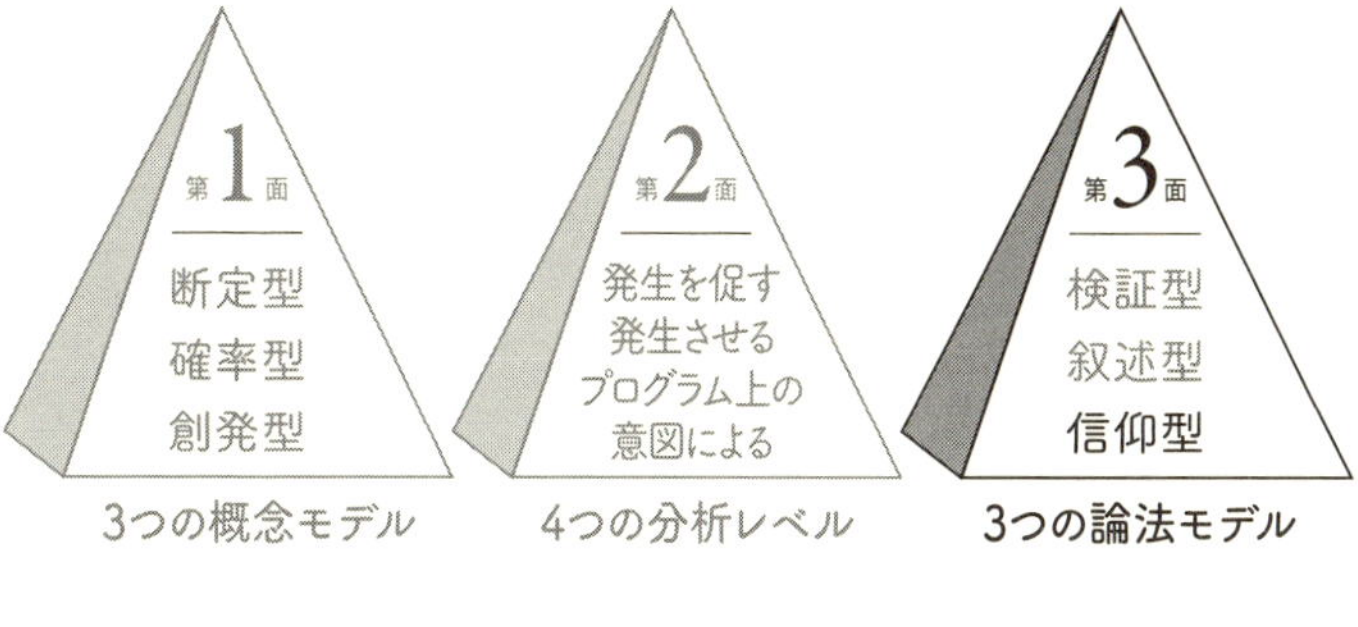

マイスター・エックハルトが述べたジレンマは根が深い。なにしろ、彼がそれを表明してから七〇〇年ほど経ったいまも、誰ひとり乗り越えられずにいるのだ。多くの人が、宗教から、また霊的信念から、奥深い感情と知的な喜びを得ているという。だが、エックハルトは、そうした人が自分の誠実さを示すために宗教を利用してはならないと説く。一方で、宗教的な思想の妥当性や有用性を受け入れない人が、自分の考えを裏づけるために叙述型や検証型の議論をおこなってはならないとも説いている。

エックハルトの主張の真髄は、宗教において因果性を理解するには、違うアプローチをとらなければならないということだ。宗教の因果性は、論理でも感情でもない、別種の推論あるいは知識に基づいている。本章の中心テーマは、エックハルトの主張に沿っている。本章ではまず、信仰型のアプローチが、有史以来ずっと存在してきた因果性モデルにとって主要な存在であり、いまも世界中で広く受け入れられていることについて述べる。そして、このアプローチが検証型や叙述型といかに共存し、因果推論のもうひとつの論法となっているかについても論じてみよう。

「宗教的」と「霊的」は、交換可能なことばとして扱われることがある。どちらも、この現実の世界の起源を説明し、人生をいかに生きるべきかの指針を提供しようとする信念体系を指すからだ。しかし、「宗教」という語は、より綿密に体系化され、確立され、大人数の集団によって共有される、もっと正式な信念体系を指すことが多い。「霊的信念」という語は、型にはまらない、通常はあまり体系化されていない信条を指す。このような区別は重要だが、本章ではこれらに共通する要素、すなわち生命の起源や目的、あるべき姿のような根本的な問いを説明する全体的な信念を重視し、「宗教的」と「霊的」を同じ意味のものとして用いたい。

用語について、さらに整理しておこう。本章では、市民の集合を意味するギリシャ語から派生した「聖職者」という語を、宗教的と霊的という語を包含する語として使う。信仰型の手法の特徴は、因果推論を支える信念体系が多くの人のあいだで共有され、十分に長い期間、つづいていることである。叙述型と検証型の信念体系も、たとえば社会学者や科学者などの学術界で信奉されているが、そうした信念体系のアプローチは、時間による変化が、信仰型に比べて頻度も度合いもはるかに大きい。

共通の特性

信仰型は、**与えられた**真実を基盤としている。まず、中核となる思想を据え、そこから規定を導く。中核の思想には通常、根源的な力が存在すること、また、その力が自然の主な事象を過去からずっと主導し、今後も主導しつづけていくことが知識として組み込まれている。これは、検証型や叙述型とは好対照をなす。検証型と叙述型はどちらも、普遍性の**探究**に重きを置く。

別の言い方をすれば、検証型と叙述型が普遍的特質を特定する手法をもたらそうとするのに対し、信仰型は普遍的特質が何かという知識から始めるのである。

つまり、多くの信仰型体系は「なぜ」という問いに重きを置いて、宇宙で起こるすべての事象の背後にある目的を説明しようとするのだ。対照的に、「なぜ」という問いは、ときにはダーウィンの自然選択のように個別的なテーマとして取りあげられることもあるが、通常は検証型の因果推論では主要な論点ではない。本章の冒頭で引用した、アメリカ人の天文学者アラン・サンデージ〔一九二六〜二〇一〇年〕のことばは、信仰型の最も重要なゴールは因果上の「目的」の研究であるとしている。

信仰型の二番めの特徴は、中心の思想あるいは普遍的な特質が、人がどう生きるべきかを定めるのに使われることである。信仰型でない法律や政治の体系も、日常の生活に普遍的な特質を当てはめようとするが、その法は一般に、人の振る舞いに影響を与える目的で人がつくったものだ。政治制度に関しては、政府や人間性への信頼にもとづいて一般原則を構えているところもあるが、その原則は、究極的な原因から引き出されたものではない。ただし、神権政治や、宗教的な因果性を政治的機能の構造と本質に組み込んでいるものは、そのかぎりではない。

叙述型推論はときに、万物の特質を明らかにして、それを日々の生活に適用するための論法として使われることもあるが、推論の方向は、人の振る舞いを観察することによって決まる。観察の結果が、のちに万物の特質として一般化されるのである。一方、信仰型の因果推論では、それとは方向が逆になるのがふつうだ。検証型の手法を実践する人のなかには、普遍性の起源を探究する人もいれば、個人やグループの研究によって広く共有されるようになった、人間の行動様式を記述する人もいる。ただし、これらは、宇宙や有機体が備えている構造や機能から発生したものとして公式化される。ときには、「種の生き残り」といったように、「誰かの目的」として擬人化されることもあるが、検証型を実践する人はふつう、信仰型のように「正しい」「正確」「倫理的必然」といったラベルを貼ったりはしない。信仰型のこの一面は、サンデージが霊的信念を得たきっかけについて問われたときの答えに表現されている。サンデージは彼自身について、次のように述べている。

（私はかつて）目的を問う質問や……倫理や道徳観の根源を理解するという問題に悩まされていた。善きこととは何か？　科学では中立に価値があり、宗教では激しさに価値がある……何か絶対のものがあるはずだ。唯一で絶対の答えは、倫理とは神の望まれることだということである。

信仰型体系が究極の原因の知識から始めるからといって、信仰型に答えられない質問はないということにはならない。実際は、検証型や叙述型と同じように、信仰型も、人の理解を深める道を探究することが自分たちの存在の中心価値であると強調している。彼らは折に触れて、人の知識は不完全であると位置づけることで、人が知識を広げていけるような手法や筋道を提示する。しかし、これに当てはまるほとんどの信仰型の論法は、知識の欠如を、その人の特徴や落ち度によるものと捉える。つまり、誰もが究極の知識を手に入れ、実生活に応用する方法を知るためには、各自がかなりの努力をしなければならない、という立場をとる。究極の知識は誰にでも開かれていると考える検証型や叙述型の人にとっては、まず最初にそれを見つけ出すことが目的であり、聖なる力にとって既知であるものを明らかにすることではない。

　この、知に関する信仰型手法と他の手法の区別は、目新しいものではない。たとえば、かつてプラトンは、神話と哲学を対比させ、両者の手法に違いのあることを説明している。プラトンにとって、神話は時を経て伝えられてきた考え、したがって証明の必要のない考えであり、一方、哲学は、理由をたどることができ、したがって証明が可能な知識であった。今日、「神話《ミソロジー》」ということばは、空想的な神々や昔話を連想させるが、古代ギリシャでは、**ミュトス**［ある集団に特有の、神々、自然などについて伝わる物語］が、信仰型と同じような役割を果たしていた。アリストテレスの分析モデルの四番め「意図による原因」を見ても、この様式の因果推論が、はるか昔から別種のものと考えられていたことがわかる。

　これ以外にも、検証型、叙述型と対照をなす信仰型の特徴として、強い感情的要素があげられる。これは、多くの信仰型信念体系の中心に位置するものだ。とはいえ、これは好んで口の端にのぼるような話題でもないし、長期にわたって働きが持続するとも限らない。だが、感情の要素は、信仰型体系で強調されるのがふつうであり、儀式によってさらに高められることも多い。もちろん、検証型や叙述型の領域でも感情露わな人が関わることはあるが、それが長くつづくことはまれであり、集団現象として、たとえば信仰型体系に見られる千年祭のような現象として広がりを見せることはめったにない。信仰型のこうした側面には、アリストテレスも言及している。彼によれば、人は宗教的儀式を通じて、日常で経験している感情とはまったく別次元の感情に支配される**パテイン**（トランス状態）を体験することがあるという。

物事の始まりを説明できるか

アメリカの哲学者ウィリアム・ジェイムズは、宗教について論じた名著『宗教的経験の諸相』のなかで、宗教的生活の特徴を五つあげている。

1　目に見える世界は、より霊的な宇宙の部分であって、この宇宙から世界はその主要な意義を得る。
2　このより高い宇宙との合一あるいは調和的関係が、私たちの真の目的である。
3　祈り、あるいは、より高い宇宙の霊――それが「神」であろうと「法則」であろうと――との内的な交わりは、現実的に業《わざ》のおこなわれる方法であり、それによって霊的エネルギーが現象の世界のなかへ流れ込み、現象世界に心理的あるいは物質的な効果が生み出される。

4 或る新しい刺激が、何か贈り物のように、生活に付加され、それが叙情的な感激か、それとも真剣さおよび英雄主義への訴えかのいずれかの形をとる。

5 安全だという確信、平安の気持が生じ、他者との関係において、愛情が優れて力強くなってくる。

〔『宗教的経験の諸相（下）』、桝田啓三郎訳、岩波書店、一九七〇年より引用〕

ジェイムズは、他のさまざまな試みより宗教を上位に置き（「私たちの真の目的」）、祈りのような儀式が結果をもたらすが、儀式は物質的な基盤を持つエネルギーや方法に依存すると述べている。さらに、宗教は、愛情と平安という望ましい目的の中心にある源泉だと主張する。最終的に、宗教を通じて発生する感情の高揚を強調し、これこそ宗教が、科学や叙述と区別されるゆえんだと考えている。ジェイムズのことばを借りれば、「人生について知ることと、あなた方の存在を通り抜ける（宗教の）力強い流れに沿って、確実な場所で生きることとは別物である」。

これまで本書に登場した区別がどれもそうであったように、検証型、叙述型、信仰型のあいだの違いは、絶対的なものではない。これら三つのアプローチはどれも、個人が属す社会に依存している。つまり、似たような考え方を持ち、往々にして感情的なつながりも共有する社会だ。さらに、どのアプローチも、個人の集団が寄り集まったものだ。その一人ひとりは、普遍性を追い求め、そこで使われる手法への信頼を共有している。

三つのアプローチに共通する要素は、他にもある。どれも、その因果性論法の妥当性を他人に納得させるために、修辞法を使って説得しようとする。第9章で、叙述型の手法として修辞法が中心的な役割を果たすことについて述べたが、修辞法はまた、信仰型や検証型でも使われる。すなわち、独自な考え方や、人生の重要な疑問に取り組むときに、他人を納得させるために使われるのだ。「真実」として受け入れられたものが時代とともに変わってきたことも、三つのアプローチに共通する点だ。ただし、信仰型では他の二つのアプローチに比べて連続性がはるかに大きな比重を占め、検証型と叙述型では順応や変化の比重が大きい。このことは、知識の捉え方の違いを反映している。検証型と叙述型では、知識は不完全なものであって、新しい知識を探すための手法を提供しようとする。一方、信仰型では、知識は通常、完全であって、もし完全でないのなら、それは人の理解能力が不十分だからと見なすのである。このように、三つのアプローチのすべてにおいて、時間とともに知識が変化したり、発展したり、発見されたりする点が共通するとはいえ、変化の理由は、信仰型と、検証型・叙述型とでは基本的に異なるのである。

信仰型が、与えられた真実から出発することはすでに述べた。それに対して、検証型・叙述型では、その手法を用いて第一の原因を突き止めようとするとき、つねに、ひとつの疑問に襲われる。「で、その前は?」。結局、探究者は「発生させる原因」も「発生を促す原因」も特定できない地点に足を踏み入れることになる。このことは、検証型・叙述型アプローチを批判する材料にされてきた。最終的に、因果性の目的を明らかにすることはできないと。だが、このことは、検証型・叙述型という知識の獲得方法にはじめから組み込まれている限界だと捉えるほうが適切だと私は考える。「どちらのほうがいいか？」という優劣をつけるような質問は、「何のために？」を付けずにそれだけを問うのは適切でない。これが、本章の冒頭で引用したエックハルトの真髄であり、彼の著作が、先行する思想家たちに対して異彩を放っている理由だ。他の思想家たちは、「信仰型（宗教）」と「論理や知覚（経験）」のあいだにある優劣を述べていたに過ぎない。

信仰型の因果推論に価値があると主張しても、「信仰型なんて、知りえないものがあるという事実を隠すための手法だ」と考える人には響かないだろう。逆に、信仰型を信奉する人は、「物事の始まりを説明できる信仰型の比類なき能力こそ、宗教と霊性を高みに掲げる存在だ」と主張するだろう。このような能力は、多くの信仰型体系の信奉者からは畏怖の念をもって見られ、それを信じない人からは非常に深い懐疑の念をもって見られる。この能力がいまも、知るという行為への三つのアプローチを区別する存在でありつづけているのは確かだ。この区別を維持するのが有益なのは、アリストテレスが二五〇〇年前に認識していたように、「意図による原因」には、「発生させる原因」「発生を促す原因」「プログラム上の原因」にはない別のアプローチと前提が必要だからである。

信仰型、叙述型、検証型のアプローチはそれぞれ個別に見ると、多くの人から軽視されたり拒絶されたりしている。二つを受け入れる人はいても、三つ全部を受け入れる人はいない。こうした違いが生じるのには、おそらく複数の原因がある。たとえば、人によって受けてきた教育が違うこと、ある型の思想や手法に触れた経験があること、ある型だけを受け入れる素質をそもそも持っていたこと、ある型だけが強調された環境で生まれ育ったか、その環境に身を置いていたこと、知識を手に入れる方法について興味が湧かないか、少なくとも、進んで考えようと思わないこと、などがあげられる。これまで人類が歩んできた歴史を見れば、三つの型のどれかひとつが、他の二つよりも優れているという主張が世界的に受け入れられたとは言いがたい。だが、それぞれの信奉者は、こうした世界的な理解や合意の欠如は、その型を使っていない人や信奉していない人に働きかけることで克服できると信じている。

一方、それぞれの型に共通しているのは、その型を信奉すれば、誰でも「真実」を手にできるということだ。それぞれの型の信奉者たちは、こんなふうに説明している。人々が、その型の手法や知識にもっと親しむか精通する「だけで」、誰もが、その知識をよりよく応用でき、さらに言えば、もっと満たされ、もっとよい市民になれる、と。こうした主張は、とりわけ信仰型に多く見られるが、これは信仰型が、人生を導く原則を真正面から扱うからだ。とはいえ、科学や人文科学の教育専門家による文献にも、似たような記述はある。では、誰もがひとつの、あるいは全部の型の基本的な教義に精通でき、適切に利用できるようになるのか。あるいは、誰もが、そうなろうとするか？　この設問自体、信仰型、検証型、叙述型の観点から考察すべきだろうが、私の意見としては、その型にたずさわった期間や経験、気質や知性など、その人が持つ能力や、属している文化に大きな隔たりがあるので、かなりむずかしいと思われる。本章の冒頭で引用したサンデージも言っているように、個人や集団が理解し、受け入れる型は、時間とともに変化してきた。そして、これからも変わっていくだろう。しかし、人によって性質が大きく違うことを考えると、普遍性が万人に受け入れられるのは願ってもないことだろうが、達成できるとは私には思えない。

他の章と同様に、ここでも、三つの型が、因果性の構成要素として独自の貢献ができることを多元的に論じた。どの型も、他の二つに対して交差しつつも、相補的であると考えられる。では、どの型を選び、いつ使うかは、どうやって決めるのか？　それぞれの型が本来持っている強みと前提に照らして、問題を解くのに応用できない、あるいは応用しにくいものを除外し、最もふさわしい型を判断することだ。また、複数の手法を組み合わせるのが最適な場合もある。どの型を採用し、いつ使うかは、場当たり的に判断するのではなく、それぞれの型の前提、限界、強みを把握し、対象となっている具体的な問題の性質に基づいて決めるべきである。

信仰型と検証型

信仰型と検証型を調和させようとする試みは、科学革命が始まったころにさかのぼる。多くの偉大な思想家をはじめ、数多くの人々が、科学的な推論や発見を使って、信仰型の観念を支持したり、反論したりした。ガリレオとニュートンは、自らの科学的発見が神の偉大さと栄光を表しているという立場をとった。彼らが発見したものの規則性と美をつかさどることができるのは神しかいないと考えたからだ。ガリレオが心底そう信じていたのか、あるいは、教会の激怒を買わないための方便だったのかは定かでない。というのも、彼が晩年に、太陽系の中心は地球ではなく太陽だとする持論を撤回したのは、カトリック教会の怒りを鎮めるためのように映り、本心からとは思えないからだ。

一方、ニュートンは板挟みで苦しんだりせずに、自らの科学的発見は神の力と威光を照らし出すものだという信念をはっきりと書き残している。ニュートンにとって、検証型は信仰型の真実を実証するための手段にすぎなかったのだ。米国国立ゲノム科学研究所の創設者で、本書の刊行時点ではアメリカ国立衛生研究所の理事であったフランシス・コリンズも、著書『ゲノムと聖書』のなかで似たような主張をおこなっている。また、分子生物学者のウルスラ・グッドイナフは著書『自然の聖なる深み（*The Sacred Depths of Nature*）』のなかで、「宇宙論は、宗教的見解と響き合うときのみ、そして聞いた人が宗教的だと感じられるときのみ、宗教的宇宙論として機能する」と述べている。このようにグッドイナフは、彼女が特に美しさと畏怖を感じる（感情を揺さぶられる）科学の要素を取り入れ、その美と威厳から、彼女が「宗教的自然主義」と呼ぶものを引き出している。グッドイナフはキリスト教長老派教会に属し、したがって信仰型の伝統的な環境に身を置いており、彼女の本が興味深いのは、自然の威厳にはすべての人間を結び合わせる力があり、この魔法こそが宗教的であると唱えていることだ。似たような考え方と意見が、ライプニッツ、デカルト、ベーコンなど、さまざまな思想家たちによって表明されてきた。一九世紀の進化論者ヘンリー・ドラモンドは、信仰型モデルと進化の統合を推し進め、ジョン・ハドリー・ブルックは一九九一年の『科学と宗教（*Science and Religion*）』のなかで、「どの世代にも、神学と科学を結びつける〈ヘンリー・ドラモンド〉がいた」と指摘している。

第1章で述べたように、因果性に関する科学的手法（検証型手法）が発展していくなかで、ガリレオがおこなったさまざまな貢献のうち最大のものは、検証型手法では、最終原因を追い求めることはしないと明示したことだ。では、ガリレオは、最終原因のような問いに答えられるのは信仰型の手法しかないと信じていたのか、それとも、検証型の手法を進歩させるには「意図による原因」には触れるべきでないと考えていたのか？　ガリレオの真意はわかっていない。わかっているのは、今日までの科学的事業の成功の多くは、もとをたどれば彼の頭脳に行き着くことだ。

近年、生物学的現象の解明に脳の画像が活用されるようになってきたが、一般人や研究者が宗教的体験だと見なしている現象についても利用されるようになった。医師でエッセイストのジェローム・グループマンは、科学と宗教をテーマにして書かれた最近の記事について触れ、科学の言語で宗教を説明しようとする一連の試みに苦言を呈した。「神経神学〔宗教の儀式や霊的体験が脳に及ぼす影響を、医学面から研究する新しい学問〕の基本的な誤りは、用語や手法をごた混ぜにして……科学の権威を宗教に与えようとしていることだ」。グループマンの見解は、この章ですでに述べた内容と似ている。すなわち、信仰型と検証型は、拠って立つ前提条件も違えば、使用する論法も違うということだ。グループマンの指摘によれば、皮肉なことに、「宗教上の信念は、脳の神経医学的な領域から発している」ことを実証しようとする人のなかには、こうした「科学的な」発見を用いて、神の存在を証明しようとする者がいるという。

だが、それは誤った主張だ。ある人が霊的体験と信じるものを経験するときに、その人の脳のなかで電気信号が巡り、あるいは血流が変化したことを持ち出して、「現実の」脳の動きを引き出したのだから、その人の信念が「現実である」ことの証明だというのは間違っている。一方、同じ証拠を見て、そうした信念はある種の脳の活動の結果にすぎない、つまり、事実とは無関係に脳がつくり出した想像上の産物にすぎないと主張する人もいる。信仰型の信念と脳に関する議論には誤りがあって、脳の活動と、報告された思考のあいだに関連が見られたからといって、信仰型の信念を証明することにも反証することにもならない。信念が、脳の活動の前からあったのか、活動のあとに生まれたのかを知る方法はなく、さらに、こうした手法では、その信念が本物であるか虚偽であるかの判断を下すこともできないのである。天文学者のサンデージは、証拠について問われたとき、こうした視点を踏まえて、次のように答えている。「私は、証拠が必要だとは思わない。それが信仰であって、理由などいらない。もし証拠があるのなら、信仰心など不要だ！」。これは、マイスター・エックハルトが七〇〇年前に強調していたことと同じだ。

進化論の科学者で、博物学に関するエッセイストでもあるスティーヴン・ジェイ・グールドも、科学と宗教は別物とする主張を支持している。グールドはそれを、「科学と宗教との相互不可侵」と呼んだ。［NOMA: non-overlapping magisteria：非重複教導権の原理。教導権とは、キリスト教会が、宗教的真理を教える権威と権限］グールドにとって、科学とは、宇宙がいかに創造され、どうしていまのような姿になったのかを考察する「教導権」であり、宗教とは、究極の意味や倫理観の問いについて考察する教導権なのである。この区別は、すでに本章で述べた通りだ。

これと同じように、信仰型の思考には真実も意味もないという白熱した議論が、検証型と叙述型の論法を使って繰り広げられた。それは、リチャード・ドーキンスの『神は妄想である』と、サム・ハリスの『信仰の終焉——宗教、恐怖、そして理性の未来』である。二人は、まさにその署名が物語るような確信を裏づける、多彩な議論を展開している。そこには、宗教上の多くの主張が証明不能であること、多くの宗教的見解が科学的に見て信憑性がないこと、何世紀にもわたって宗教の熱狂からもたらされた害悪なども盛り込まれている。二人の著作は、検証型の推論を支持するという見解のために修辞法を使った例である。

彼らの切り口は、それゆえに、マイスター・エックハルトの見解とは相容れない。つまり、多くの人の人生の中心に宗教があるのに、たかだかひとつの手法でけなしたり、持ちあげたりするなとエックハルトは主張しているのだ。だが、ドーキンスやハリス、そして彼らと意見を同じくする人たちは、エックハルトの主張に断固反対するだろう。だが、こうした対立を裁定する、究極の権威はないのである。したがって、違う意見や結論を持つ相手を、修辞法を駆使して説得するか、相手を正しいと認めたうえで、状況に応じて、異なる前提や資料を用いて解決策を講じるかの、どちらかしかない。

信仰型と叙述型

信仰型と叙述型のあいだのつながりを追い求めてきた学者や思想家は、他にも大勢いる。たとえば、カレン・アームストロングは、イタリアの詩人フランチェスコ・ペトラルカ〔一三〇四～七四年〕の「神学は実際のところ、詩である。それも、神を謳った詩だ」を引用している。同様に、ウィリアム・ジェイムズは、検証型と宗教の違いは「現象の恐怖と美、夜明けの〈約束〉と虹の〈約束〉、雷の〈声〉、夏の雨の〈やさしさ〉、星々の〈崇高さ〉にあり、これらが従う物理法則にあるのではない」と叙情的に語り、叙述型の比喩とつながりを使っている。「霊的」に対するジェイムズの捉え方は、ニュートンやグッドイナフとは対照的だ。ニュートンやグッドイナフにとっては、自然の多様性や秩序や複雑性に触れて驚き以上のものを感じることであるが、ジェイムズにとっては、何らかの偉大な力による感情の総合体を探究することである。ジェイムズはこうした霊性を、「一人ひとりに息づく感情」と呼んだ。彼にとって重要なのは、霊性と検証型を区別する知的な成果ではなく、探究に伴う深い感情の働きなのである（私が、叙述的な現象と見なしているものも同じものだ）。

サマセット・モームは、半自伝的小説『人間の絆』のなかで、宗教への疑いの芽生えと離絶を奥深く表現している。宗教的な信念も信条も喪失し、その喪失を何か他のものの価値で埋め合わせようと葛藤する主人公の姿を描いてみせた。主人公のフィリップ・ケアリがたどった道に読者が納得するかしないかはともかく、フィリップが物語のなかで直面する葛藤を通じて、作者モームは、叙述型手法の持つ力を生き生きと描き切っている。

神の存在と宗教的な因果性についての叙述型議論の例として、「パスカルの賭け」として知られるものがある。一七世紀の傑出した数学者ブレーズ・パスカルによるこの主張は、「神の実在を受け入れて、もしそれが間違っていたとしても、たいした損失はない。それに対して、神の実在を拒否して、もしそれが間違っていた場合の損失は、きわめて大きい」という考え方を表したものだ。パスカルはこの論法から、神の実在を受け入れるほうが得策だと結論づけた。私の見るところでは、「パスカルの賭け」の叙述型議論は、コリンズやグッドイナフのそれと比べると、修辞法的にやや弱いようだ。

別個の論法としての信仰型推論

霊的および宗教的な領域では、「因果性の真実」は、発見された知識が詰まった既存の書物や説教を研究あるいは瞑想することによって見つけられる。一方、叙述型と検証型の領域では、その分野の手法を駆使して、まだ見つかっていない真実を発見することに重点を置く。どの手法を使っても、新しい知識を得たり、現在の状況に新たに応用したりすることはできるが、信仰型の目的は、新しい知識を明らかにすることではない。高次の力との一体化を目指し、一体化とつながる感覚から湧き出る感情に浸り、その信念体系の教えに従いながら生きることである。この点によって、信仰型は叙述型・検証型から明確に切り離される。叙述型・検証型でも、何かを発見して感情が満たされれば、それは強力なものになりうるし、多くの人の暮らしに影響を及ぼす可能性もあるが、私にとって、それは信仰型とは違う領域（どちらが良いか悪いかではなく）の話に思える。

一九九七年、著名な科学雑誌『ネイチャー』誌に、宗教に関する調査の記事が掲載された。この調査では、アメリカ人科学者の四〇%が神を信仰していると答え、欧州の科学者に比べて、この割合がはるかに高かった。この記事を解説した執筆者は、おそらく自分の予想と違っていたせいで、この結果に驚きを示していたが、こうした数字は、ある人の見解を（それがどのようなものであれ）裏づける結果になるように、都合よく使うことができる。たとえば、「自分を科学者と思う人のうち、かなりの割合の人が、宗教は知識を得る方法として力があり、選択肢になりうるが、科学的手法と同等ではないと考えている」という見方もできるし、「科学者の大多数は、伝統的なアブラハムの宗教〔創世記のアブラハムの宗教的伝統を重視する宗教で、主にユダヤ教、キリスト教、イスラム教を指す〕は自分の人生にとってさほど大きなことではないと考えている」という見方にも使える。宗教と科学は別物かと直接に問うてはいないが、調査の結果から、ほとんどの科学者が両者を区別していることは見てとれる。

ヒンドゥー教とアブラハムの宗教における因果性

ここで、二つの伝統宗教であるヒンドゥー教とアブラハムの宗教における因果性の概念について簡単に考察してみたい。これら宗教に限らず、大きな広がりを持つ伝統を一般化しようとすると、その伝統のなかで因果性の捉え方に重要な影響を与える細かい部分や具体的な考え方をどうしても見過ごしてしまう。それは承知しているが、簡潔に整理することで、本章で論じてきたことをわかりやすく説明できるはずだ。主に取りあげるのは、まったく異なる文明において信仰型の体系が出現した発端や、伝統が時を超えて生きつづけていること、そして驚くほどに現代的な思想を抱えていることなどだ。

▼ヒンドゥー教の伝統

ヒンドゥー教は、直線ではなく、周期や循環のなかで因果性を捉えようとする。本質的に繰り返すものとして歴史を概念化し、時の始まりも終わりも規定しない。この形態は、宇宙の法をつかさどる神、**ダルマ**から生まれた。ダルマによって、原因と結果は撚り合わされることになった。たとえば、人の行動とその結果の両方を起こすのはダルマである。とはいえ、人が自発性を持ち、したがって行動に対する責任も持つので、人には因果性の力があると見なされる。始まりが欠けている例としては、ヒンドゥー教の聖典**『ヴェーダ』**がある。ヴェーダは、神の姿をした者や、人間によって書かれたものではない。ただ「在る」のだ。西洋風の思考では、これはほとんど、あるいはまったく意味をなさないが、ヒンドゥー教では、ヴェーダのことばが「時間を超越している」ことを言い表している。

ヒンドゥー教徒には菜食主義者が多く、ヴェーダにもこれを支える記述がある。理由としては、生き物への非暴力、つまり不殺生のためである。あるいは、他者に負わせた苦しみは、のちにその当人に跳ね返ってくるというカルマ（業）が信じられているためでもある。これは、ヒンドゥー教という信仰型の体系から、道徳や振る舞いの指針が導かれた例である。

多くの霊的・宗教的な体系のなかでも、とりわけ、長いあいだ存続してきたものと同様に、ヒンドゥー教にも多くの分派や教派があり、それぞれが、きわめて基本的な要素に見えるようなことに、異なる見方を唱えている。たとえば、サーンキヤ学派では、物理的な因果性と霊的な因果性を分ける二元的な手法をとるが、自分をヒンドゥー教徒だと思う人の多くは、そのような区別をしない。

ヒンドゥー教にかぎらず、多くの信仰でこのような差異を持つ分派が存在することは、先に述べた「霊的・宗教的な体系は、長い歴史のなかでも相対的にごくわずかな変化しか起こっていない」という一般論と矛盾するように見える。しかし、ヒンドゥー教の中心的な教義は、何千年にもわたって変化することなく、たとえ変化があったとしても、同じ期間に科学の領域でもたらされた変化に比べれば、量的にも質的にも些細なものである。

その一方で、ヒンドゥー教には驚くほど現代的に見える部分がある。たとえば、時間の「可逆性」や、原因と結果の互換性、時間の相対性（既存の絶対的な基準ではなく、観察者によって時間が変わる）などの例は、どれも相対性理論と量子力学の中心思想と重なる。量子力学の初期の理論家の多くは、こうした類似に気づいており、大衆向けの書籍、たとえばゲーリー・ズーカフの『踊る物理学者たち』や、最近ではブライアン・グリーンの『エレガントな宇宙』でも、似たような言及がなされている。書き手のなかには、このような古代の伝統と現代物理学のあいだの類似を、信仰型と検証型の統合の表れと見る者もいる。これは本章ですでに取りあげ、却下した内容と同じである。

さらに教訓的なのは（私の個人的な意見だが）、量子力学や相対性理論のもとになった概念が、欧米人にとっては直観に反するように感じられるのに対し、ヒンドゥー教では、大勢の人に受け入れられた事実である。これは、世界についての信念の正しさを証明するものとして、あるいは他の構成要素を拒否する理由として、「直観」や「自明性」に頼ることの限界を示している。また、「自然で」「自明で」「必然の」真実は何かを決める方法を探すときに、他の文化の思想を研究する意義を強調している。

▼アブラハムの宗教の伝統

西洋から中東にかけての三大宗教であるユダヤ教、キリスト教、イスラム教は、伝承の源をたどれば、唯一神への信仰という点で共通している。ここでいう神は、すべてを知り、あまねくおわす存在、すなわち、全知全能で、遍在するものであり、その意味において、因果性の究極の原因である。アブラハムの宗教観では、究極の原因は、時のなかの一点にあるひとつの源から生まれるため、因果性は線形の過程をたどる。

すべての始源である唯一神を信じることに加え、三つの宗教は、その宗教的伝統を創始した人間として預言者アブラハムを戴くところも共通している。イスラム教の起源はアブラハムの子、イシュマエルであり、ユダヤ教とキリスト教はアブラハムの別の子、イサクが起源とされる。

こうした共通点はあるものの、三つの宗教には大きな差異があり、さらに、ひとつの宗教のなかでも、教派ごとの違いは大きい。たとえば、ある教派では、神をすべての行為の究極の始源として認識する。また、別の教派では、神は創始者であり、時の始まりとともに、神の手から離れた、それ自身で行動してゆくものを創り出してきたと捉えている。この捉え方では、神は人間と世界の動きには介入せずに、ひたすら観察する存在であり、世界のあらゆる事象と人の振る舞いのすべての原因とする捉え方とは対照をなす。

因果性から見た場合、この認識の違いはきわめて大きいが、どちらも唯一の始源を信仰している点は共通しており、いつか邪悪が去るときが来て、世界中の人々の関わり方に新しい原則がもたらされる、という信念も共有している。ヒンドゥー教の宗教的伝統にも、これとよく似た思想が存在する。さらに、このような予測は、宇宙科学にも見ることができるし（現代の宇宙論では、宇宙は拡大と縮小を周期的に繰り返すのではなく、永久に拡大しつづけると考えられている）、ユートピアを説いた多くの物語にも見られる。しかし、科学では、いまの宇宙の構造は、時の始まりの時点で自然の力が発動した結果として考えられている。ただし、似たような考え方が存在することに対して、「それぞれの手法の違いは些細なもので、どの手法にも大した違いはないからだ」と思う人もいれば、「それぞれの手法には明白な違いがあるのに、それに気づかない人が、頭のなかで勝手につくり出しているにすぎないからだ」と納得する人もいる。とはいえ、どちらの信念も、そもそもの源は説得や叙述の修辞法の世界の話であって、他の形式の証拠を得ることはできない。

法が中心に据えられていることも、三つの宗教に共通する伝統だ。どれも、モーセ（ムーサーと呼ぶこともある）が神から戒律を授かり、それをもとに、人のおこないについて詳細な決まりを定めたことは多くの人が知っている。これにも、平安を説くもの、攻撃を重視するものなど、さまざまな差異があり、たとえば踊りひとつをとってみても、禁止する教派もあれば、神との関係を深める神聖なおこないと捉える教派もある。いずれにせよ、人が従うべき基本原則の源は神であるとする核心部分は共通している。

本章のまとめ

究極の原因を探る試みは、古代からおこなわれてきた。少なくとも有史以来、連綿と私たちの精神の一部に組み込まれてきたのだろう。多くの文化や人の集団は、唯一の存在、集団、霊的存在を信じるようになった。それらは、不可解に見えることも多かったが、研究や経験を積むことで理解できるようになり、私たちが住む物理的宇宙をもたらし、命あるものが、いかに生きるべきかの指針を示してくれた。こうした思想は、リグ・ヴェーダや、シュメール人の粘土板、バビロニアの神話、創世記などに書かれており、今でも世界の多くの地域で根源的な信仰として息づいている。こうしたテーマや、さまざまなパターンをたどる他の霊的なモデルには、多くのバリエーションがある。

では、こうした思想が人類史の起源に端を発し、いまも多くの人々にとって因果性の大いなる力でありつづけているのは、何を意味しているのか？　それは、人の思考にとって因果性が重要であること、そしてこの形式の因果推論が今後も反駁されることなく、広く維持されていくことを示しているのだ。これを、因果性の知識の最も重要な源と捉えつづける人もいれば、複数の源のひとつと捉える人もいるだろう。あるいは、時代遅れの破壊的な手法と捉える人もいるかもしれない。

本章で示そうとしたのは、霊的なものや宗教は、現代において、叙述型や検証型の手法を補完するモデルとして見れば、最も有効で最も利用しやすいということだ。真実が何かを決める決定者はおらず、これについては意見が分かれるだろうが、私たちの道具は、自分の見解がまさしく真実だと他者を説得するための修辞法しかないのだ。

神学者のマイスター・エックハルトは、科学的手法が出現したと考えられる時期より何世紀も前に、似たような結論に達していた。彼の主張は、本章の冒頭で引用したように、揺るぎのない目的を知りたいと追求している人が質問を投げかけた場合、科学でも、論理的な思考でも、その問いに答えることはできないというものだ。このような問いは、筋違いとか、答えがないとか、無意味だとか言われて拒否されることがある。だが、目的論的な信念が、人類史のなかで突発的に何度も生まれ、そうした信念が非常に多くの文化で生きつづけ、そしていまでも世界中で強い影響力を持ちつづけていることを考えれば、それも因果性のひとつのアプローチであると認めるべきだ。すでに二五〇〇年前に、アリストテレスは因果性へのひとつのアプローチとして「意図による原因」をあげ、ここで述べたのと同じ議論を展開していた。

第11章

物事の「なぜ」の探究

三面モデルを適用する

必然が保証されていることは、きわめて魅惑的だ。
なぜなら、細かい規則を知る必要がないからだ。

——ダンカン・ワッツ
［アメリカの社会学者。一九七一年～］

回想のなかでなら、人生を解明することができる。
だが、人は未来に向かって生きていかねばならない。

——セーレン・キェルケゴール
［デンマークの哲学者。一八一三～五五年］

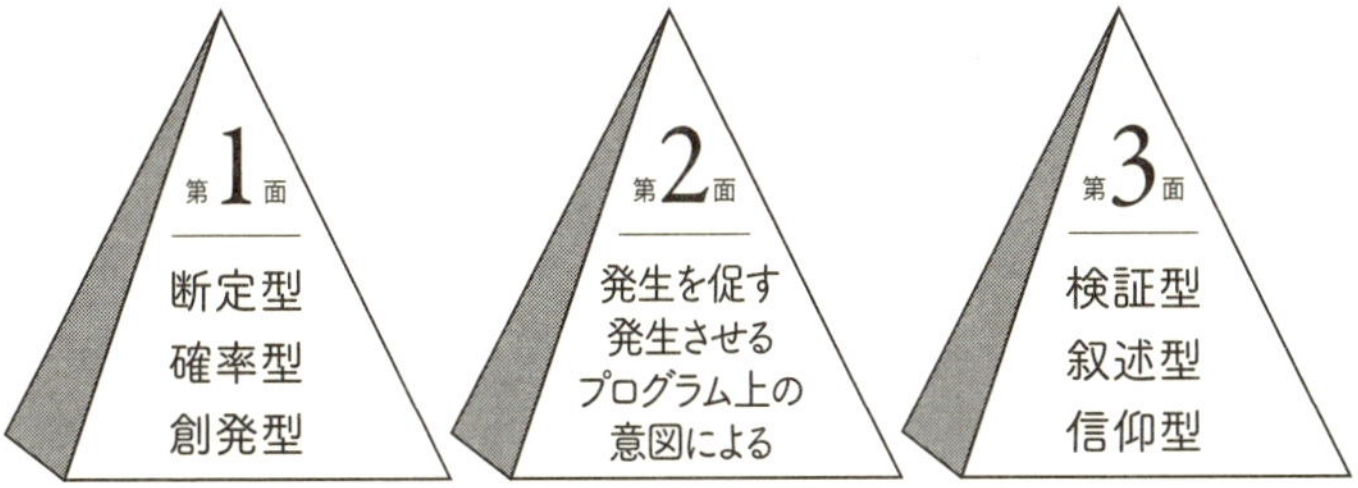

3つの概念モデル　4つの分析レベル　3つの論法モデル

これまでの章で、因果性の問いに取り組むための概念モデルを明らかにし、例を使って、さまざまな見解を詳細に論じてきた。この章では、逆の視点から見ていこうと思う。すなわち、具体的な課題を通じて、因果性の三面モデルについて論じ、その有用性と限界を明らかにしたい。課題は、「HIV／AIDS」「米国法」「うつ病」の三つだ。

1 HIV／AIDS

謎の病気の流行

一九八一年、ロサンゼルスの医師たちが、五人の若い男性がかかった奇妙な病気について報告した。患者は全員同性愛者で、その病気にかかるまでは健康だった。進行性で全身の消耗が激しく、他のどの症例とも違うその感染症は、患者の免疫システムの働きが低下、機能不全を引き起こしていることが推測された。

この疾患は当初、ゲイに関係する免疫不全（GRID）と呼ばれた。他の都市部の医師たちからも、明らかに類似性のある症例の報告が相次いでなされた。患者の大半は同性パートナーを持つ男性で、それまで健康だったのに、きわめて消耗の激しい感染症にかかった結果、多くが死亡していた。患者のうち、同性パートナーのいない者の大半は、持病への診療行為として血液製剤を投入していたか、違法薬物を注射していたことがわかっている。この新しい疾患に、英語圏の国々では、後天性免疫不全症候群（AIDS《エイズ》）という名を付けた。

患者の臨床的特徴と、ほとんどの患者に共通していた事実（同性のパートナーがいるか、使い回しの注射器で不法薬物を注射していたか、輸血や血液製剤の治療を受けていた）から、精液や血液などの体液との接触によって伝染する感染作用因子《エージェント》の存在が強く疑われた。他には見られない症状と、研究室での基礎実験から、これが「新しい病」、つまり現代の医療従事者にとって未知の疾患ではないかと思われた。

当時、可能だった治療法は、免疫不全の結果として発症した感染症や、がんに対するものしかなかった。ほとんどの患者は、ありふれた感染症とあまり例のない感染症の両方を何度か繰り返し、認知能力に障害をきたし、多くが消耗の激しい末期症状で死亡していた。この疾患には限りなく破壊的な力があり、世間が知るころには海を越えて拡散し、都市部以外の地域にも広がっていった。数年を待たずに、世界規模のエピデミック（流行病）となった。

未知のウイルス

一九八三年、パリにあるパスツール研究所のリュック・モンタニエが、エイズ患者は、エイズ患者以外には見られない未知のウイルスに感染していると発表した。研究者たちは、それをリンパ節症関連ウイルス（LーV）と呼んだ。

翌一九八四年、ワシントンにある国立がん研究所のロバート・ギャロと研究員たちが、「ヒトT細胞白血病ウイルス三型（HTLV－III）」と彼らが名づけたウイルスの分離に成功したと発表した。これら二つの研究グループはどちらも、エイズの原因を最初に発見したのは自分たちだと主張した。命名論争の妥協策として、ウイルスの名称は「ヒト免疫不全ウイルス（HIV）」で決着した。

　ウイルスが専門の科学者は、このウイルスをレトロウイルスと断定した。つまり、自分のRNAを、侵入先の細胞のDNAに注入して複製をつくらせるウイルスだ。これまでレトロウイルスの治療用に開発されていた薬剤をこの患者に投与すると、部分的には効果が見られるものの、すぐに耐性ができてしまった。

　その後一〇年間、ウイルスの生態について多くのことが明らかになり、その知識を通じて、より効果のある薬物療法が生み出された。最終的に、高活性抗レトロウイルス療法（HAART）という、何種類かの薬剤を複雑に組み合わせた療法に効果のあることが判明した。

　これにより、ウイルスの自己複製能力を著しく弱め、ウイルスが身体中に広がるのを防ぐことによって、健康への有害影響を押しとどめることが可能となる。ただし、ウイルスは細胞のなかに「隠れる」ことができるため、こうした薬剤でも、ウイルスを身体のなかから消滅させることはできなかった。

予防の試み

　高活性抗レトロウイルス療法は、HIV／AIDS（この病気は、いまはこう呼ばれている）の病状の進行を大きく変えた。免疫システムの機能が損なわれないので、従来はこの病気の特徴であった消耗性感染症の大半を抑えることができるからである。この療法のおかげで、多くの患者が、薬剤を服用する資金と気力がつづくかぎりは健康な生活を送れるようになった。

　だが、この疾患の原因となる作用因子《エージェント》が発見される前でさえ、コンドームや使い捨ての注射針を使うとか、リスクのある血液は輸血に使用しないなど、体液の交換に注意すれば、罹患をかなり防げることはわかっていた。そのようなやり方はすぐには広まらないから意味がない、というような批判もあったが、結局、この病気の感染経路が周知された現在でさえ、そうした予防的手段は大して顧みられないまままでである。

ウイルスが判明したことで、血液中にそれが存在するかどうかを検出する試験の開発も進展した。その結果、献血はすべて検査され、血液交換が安全におこなわれるようになった（残念ながら、いくつかの国ではこの方法が迅速に広がらなかったため、血液凝固因子を補充しなければならない血友病患者や、他の病気や怪我で輸血をした患者が新たに感染してしまった）。

今日、HIV／AIDSは世界中に存在する。新しい症例の件数は多くの地域で減少しているが、伝染そのものは収まっていない。開発途上国のなかには、治療法が行き渡っていなかったり、予算が捻出できなかったりするところがあり、そのような国では、予防戦略がうまく機能していないか、その地域に多く見られる「発生を促す原因」が予防戦略の対象からずれてしまっているため、新しい症例が増えつづけている。

抗レトロウイルス薬が開発されたことは、この病気を、治る見込みのない致死的なものから、完治はしないにしても抑制できるものに変貌させた。ある人がウイルスに曝露しても、四八時間以内に治療をすれば感染を防ぐことができ、妊娠中の女性に治療を施せば、出産時に子どもに感染するのを防ぐことができる。このような大きな進歩は、そのウイルスがこの病気の「発生させる原因」であるという知識に基づく検証型の研究によってもたらされた。

しかし、感染拡大に関する知識も、この一〇年間で開発が進んだ効果的な治療法も、この病気が地球の隅々にまで拡散していくのを阻止できないばかりか、世界のさまざまな地域で発症率を低下させることもできないでいる。エピデミックを止めるべきなら、伝染を食い止めなければならないのは明らかだが、そのためには、個人と集団の行動の特性を理解する必要がある。

たとえば、男性の割礼はウイルス伝播のリスクを低くし、性交渉の相手を複数持つことはリスクを高くする。このようなリスク因子の行動パターンを変えることは、非常にむずかしい。

第二面——四つの分析レベルで考える

ＨＩＶ／ＡＩＤＳの「**発生させる原因**」であるＨＩＶウイルスは、病気の存在が初めて明らかになってから、わずか三年後には発見されていた。ＨＩＶウイルスがなければ、この病気は発症しない。感染した場合は、免疫システムがほとんどつねに抑制されているか、放っておけばいずれ抑制されることになる。

これらの事実は、病原体と疾病を因果的に結びつけるコッホの原則の一番めの基準を満たす。この病気と例外なく関連する、ＨＩＶウイルス以外の因子（薬物、行動、遺伝子、感染作用因子《エージェント》など）は見つかっていないため、ＨＩＶウイルスがエイズの原因であることは専門家のあいだで世界的に合意ができている。他の原因を主張する少数の者は、主張を裏づける証拠を提出できていない。

治療法として、人の血流中の、ひいては全身のウイルス数を大幅に減少させるものが開発された。これは部分的には、コッホの原則の二番めの基準（原因の作用因子《エージェント》を除去すれば、症状が消える）を満たす。多くの科学者が、ウイルスの感染能力をなくし、疾患の発生を予防するワクチンの開発に取り組んでおり、一部の専門家は、天然痘の予防接種戦略が成功を収めたようにＨＩＶでも予防接種が成功し、ウイルスを人間界から駆逐できるのではないかと考えている。

しかし、ワクチンをつくるという生物学的な難問が仮に解決されたとしても、ＨＩＶウイルスの撲滅を達成するのがどれほど困難かは想像がつく。それは、麻疹《ましん》のような他のウイルス性疾患を根絶することのむずかしさや、効果的な治療法が何十年も前から確立されているにもかかわらず、いまだ根絶できていない、梅毒や淋病などの性感染症を見ればわかるだろう。それぞれの疾患には複雑な因果の網があり、その独自の特性を理解することが、予防と治療の両面で進歩を遂げるために必要なのである。

ＨＩＶ／ＡＩＤＳの「**発生を促す原因**」は、ウイルスが分離されるより前に特定されていた。次のような、人のあいだで体液を交換するような振る舞いや行為だ。

- 膣性交、肛門性交、口腔性交
- 注射針の使い回し
- 医療行為のなかでの、ウイルスで汚染された液体の注入や汚染臓器の移植
- 感染者である母親から経膣分娩で生まれた子への感染

これらの行為は、疾患が伝染していく可能性を高めるが、ウイルスがいなければ疾患を発症させることはない。しかし、これらの連鎖を遮断すれば、ウイルスや、ウイルスによる疾患の拡散を防止できるため、因果連鎖の重要な部分を占める。

HIV／AIDSで特筆すべきは、世界中に蔓延するまでの速さである。これに寄与した因子は、次のように多岐にわたる。

- 低価格化と航空網の整備により、飛行機での移動が普及したこと
- 快楽のために薬物を注射する行為
- 社会環境や個人の意識の変化にともなう、性交渉の相手人数の増加
- 医療現場での血液製剤の大量使用
- 感染防止に役立つとわかっているはずの予防策（医療用手袋を着用し、注射器も針も使い捨てにするなど）を、医療従事者が徹底しないこと

世界中でエピデミックの広がりを見せるHIV／AIDSに、これらの因子が寄与しているのは確かだが、それらがなくても、この病気は、時間をもっと要したかもしれないが、やはり出現して広がっただろう。

この病気にまつわる不名誉な意識も、HIVウイルスが蔓延する事態に寄与し、いまもつづいている。不名誉な意識があるために、症状に気づいても病院

で治療を受けようとしなかったり、医者や性交渉の相手などに自分が罹患していることを伝えなかったりすることがよくあるのである。行政や公職者による対応の遅さも、ウイルスと病気の蔓延を促してしまった。

このような文化的因子は「**プログラム上の原因**」であり、いまも解消されていない。それらは、環境のなかに埋め込まれた因子の一部であり、「発生させる原因」と「発生を促す原因」を増加させることによって、ウイルスが定着して拡散する可能性を高めてしまう。

ある特定の振る舞いを共有する人たちが構築した社会的関係も、ウイルスの拡散に一役買った。西洋では、この病気は同性のパートナーを持つ男性に襲いかかったが、これは、彼らがきわめて密接な関係の集団を、いくつかの街で形成していたからだ。同様に、注射針を使い回す人たちは、他者と接触する度合いが大きく、その分、ウイルスの拡散も大きくした。

アルバート＝ラズロ・バラバシなどの研究者たちが示したように、他者との接触が非常に多い少数の人（ハブ）が、ネットワーク全体に大きな影響を及ぼすのである。たとえば、次のような理由で、ウイルスを多くの人に伝染させてしまう。

- 同性か異性かを問わず、性交渉の相手が多いこと
- 多くの血友病患者に治療の一環として提供される輸血用血液に、感染者の血液成分が混入してしまうこと
- 生理食塩水の袋が医療従事者や薬物乱用者が使い回した針によって汚染されること

また、伝染させられた人もまた別の誰かに伝染させていくのだ。高密度に接続された「サイト」が拡散の中心的な役割を果たすと理解することで、「発生させる原因」と「発生を促す原因」とは違う原因の存在を知ることができる。

第三面――三つの論法モデルで考える

疫学者やウイルス学者、薬理学者、感染症専門家が用いる科学的な**検証型**の推論によって、HIV／AIDSは、体液の交換によって伝染する感染症であり、原因の作用因子《エージェント》は、それまでは未知だった特定のウイルスであると結論づけられた。その証拠は、次の三つだ。

①疾患の発生が、ある特定のグループ（男性同士で性交渉を持つ人、他者と使い回す注射針で薬物を注射する乱用者、輸血を受ける患者、あるいは血液製剤の利用者）に集中している。

②これらのグループには、体液（精液、血液）の交換という共通性がある。

③HIV／AIDSの患者がそれに関連して発症する感染症やがんの多くは、免疫システムが機能していないときに引き起こされることがわかっていた。

この推論の結果、HIVウイルスを効果的に抑える治療法がきわめて迅速に開発されたのは（とはいえ、多くの犠牲者が出たことを思えば、十分に速かったとは言えないが）、すでに抗ウイルス薬が開発されていたからである。

伝染の仕方がわかったからこそ、安全な性交渉を啓蒙したり、針の使い回しに代わる手段を示したり、血液製剤を検査したり、医療従事者同士や医療従事者が接触する人たちとのあいだで伝染を遮断するために手袋を着用するなどのプログラムにつながった。一〇年を経るころには、ウイルスのライフサイクルがより詳しく解明され、より効果の高い治療法が開発された。

このように、検証型の因果性推論は、原因の特定と治療法の管理において中心的な役割を果たした。こうした検証型のデータは、予防戦略の策定も方向づけた。献血や売血をする人のリスク因子を検査して、リスク因子があると判明した人を献血・売血から除外した。血液製剤や感染血液からウイルスを見つける試験方法や、コンドームの使用によって精液の交換を止めてウイルスの伝播を防止する戦略も開始された。

叙述型の推論では、病気の蔓延を助長する要因について、次のような、説得力のある指摘をおこなっている。

● 飛行機による遠隔地への移動が普及したこと
● ハイな気分になるためなら、薬物を注射するときに、針を使い回してもかまわないという気分になってしまうこと
● 性風俗が変化したこと

この病気がどうやって感染し、どうすれば感染を防げるかという知識は今ではもう広く知れわたっているにもかかわらず、感染者があとをたたない。この悩ましい事実に関する要素のいくつかは、検証型のテストにはなじまないが、信憑性は高いといえよう。たとえば、次のような要素が考えられる。

● 特定年齢層に発生する因子（自分は大丈夫だという感覚や反逆精神など）
● 性格（不都合な結果が起こりうるとわかっていても、リスクを気にしない人がいる）
● コンドームを配布して使用を促すような、公衆衛生の施策を一部の政府や個人が拒絶すること
● コストが惜しいか、単なる無策のせいで、HIV陽性の妊婦の出産時に投薬治療をおこなわない
● 性的衝動の強さ
● 人にリスクを忘れさせるほどの薬物の常習性

これらは、エピデミックの発生と拡散のもっともらしい寄与因子であり、その役割に議論の余地はないと私は思う。しかし、これらの主張を支える事実に基づいた証拠、たとえば、快楽のための薬物使用

とウイルス感染のあいだにある関連などはいくつかあるものの、「この病気は、人の行動や社会経済上の変数が変わったのが原因だ」という仮説がどこまで受け入れられるかは、その主張が持つ叙述型の説得力しだいだ。

第一面――三つの概念モデルで考える

そもそも、この病気はどこから来たのか？

HIVウイルスは、アフリカの霊長類から見つかったサル免疫不全ウイルス（SIV）と類似性を持ち、一九五〇年代にアフリカで初めて症例が見つかった事実をもとに、サルから人間に伝染したと考えられている。もっともらしい理論としては、「食用にするためにサルを捕殺したハンターの手の傷口からウイルスが入り込み、ヒトからヒトへ感染するように変異した」というものがある。この叙述は、いかにも信憑性がありそうに見え、SIVとHIVウイルスに関するさまざまな証拠をまとめあげている。たとえば、次のようなものだ。

- 最も早く見つかった症例の場所が、サハラ以南のアフリカだったという事実
- ウイルスが血液を媒介して広がること
- 一九五〇年代には、すでに症例が存在していたこと

この病気が「突発的に」出現し、一九八〇年代はじめに爆発的に広がったことは、これらさまざまな因子の連鎖として理解することができる。どれかひとつの「発生を促す原因」や「発生させる原因」だけで、エピデミックが起きた理由（すなわち、「それをしたときに、なぜこれが起きたのか」）を説明することはできない。だが、複数の因子をまとめて考えれば、信憑性が高く、整然として明快な、説得力のある叙述が浮かびあがる。

また、他で提唱された因子のなかに、広く受け入れられたものがなかったことも判断の材料となる。たとえば、クレイグ・ティムバーグとダニエル・

ハルペリンの『一触即発の状況——西洋でのエイズの流行はいかに始まり、世界はエイズにいかに打ち勝つのか』のように、エイズの出現には植民地制度とその名残が関わったとする見解もあった。

HIV／AIDSは、複数の因果性モデルが共存し、相互に説得力を補填しあっている例でもある。

原因の観点からすると、HIVウイルスと病との関係は**断定型**である。ウイルスがなければ、病気は起こりえない。

ウイルスが人の体内に存在する場合、抗ウイルス薬の治療を始めないかぎり、いずれHIV／AIDSを発症する可能性はきわめて高い。さらに、特定の治療を施すことで、ウイルスの増殖を食い止めることができ、重篤な症状や死に至る確率を劇的に下げることができる。

この二つの事実は、コッホの原則の二つを満たす。ウイルスが体液の交換によって広がるという要件も、断定型である。

HIV／AIDSの「発生を促す原因」は数多く存在するが、それは**確率型**である。性交渉の相手が増えるほどウイルスにさらされる可能性が高まり、したがって感染する可能性も高まる。また、リスクのある行動の多くは、集団のなかに広がりをもって《ディメンショナル》分散している。

たとえば、リスクを気にしない性格の人は、集団のなかに幅広く分布している。どれだけリスクを気にしないかの程度は、さまざまな行為と関連している。たとえば、薬物の乱用障害を起こしたり、無防備な性交渉を不安に思わなかったり、リスクを下げるとわかっている方策をとらなかったりする程度とも関連する。このような行動は、どれもウイルスへの曝露の可能性を増やす。

疫学の研究によれば、同性パートナーを持つ男性や、ひんぱんに買春する男性、静脈麻薬の常用者など、ハイリスクの集団がどのような社会的関係を持っているか、そのパターンを理解することによって、HIV／AIDSの広がりをモデル化できることが明らかになっている。このような社会的関係のパターンは、エピデミックの**非線形**で爆発的な増大を説明し、予防および発症の早期発見のためにはどこをターゲットにすればいいか（「ハブ」を見つける）を特定するのに役立つ。

▼三面モデルを、どう活用するか

ここまでの議論を踏まえ、HIV／AIDSの理解を深め、さらに重要な点として、予防と撲滅の活動が成果を上げるためには、三面モデルをどう活用すればよいか、検討してみたい。

はっきりしているのは、病気の拡散を食い止めるには治療法が必要だということだ。それは、ウイルスを殺して根絶するか、ワクチンなどによって免疫反応を引き出し、ウイルスの定着を防ぐ治療である。これは、**断定型**の原因を標的とした場合である。

ただし、治療法以外にも、いくつかの戦略を世界的規模で実施していけば、拡散を食い止めることは可能である。これは、**「発生を促す原因」**への対応だ。すなわち、次のような戦略だ。

- 注射針の使い回しの防止
- 多数の相手と性交渉を持つ人同士の無防備な性交渉への対策
- HIV陽性の女性が出産する際には、抗ウイルス薬を投与すること
- 患者や医療従事者を、血液や血液製剤に曝露させてしまう医療現場の現状を改善する

三面モデルで考えるなら、この災厄を根絶するには、明らかに二つの対応が必要となってくる。ひとつは、原因となるウイルスを標的にした、より効力の高い生物学的な治療法で、もうひとつは、ウイルスへの曝露を促す、個人的およびネットワーク的な因子をなくすか、少なくとも大幅に低下させる実効性のある戦略だ。

とはいえ、梅毒や淋病は、六〇年以上も前から有効な治療法があるのに根絶できていない。それに

照らせば、体内からウイルスを除去する薬剤を開発しても、病気自体の広がりを食い止めることができないおそれもある。公衆衛生上の戦略を策定し、遂行することによって、発症率は抑えることができるし、実際に抑えてもきたが、それでもウイルスは広がりつづけているのだ。何十年経っても、他の性感染症も、薬物乱用障害も克服できないことからすると、HIV／AIDSを根絶するのは、不可能とは言わないまでも、相当にむずかしいだろう。

この病気を防止できるワクチンの開発が大きな朗報となるのは間違いないが、発病を促す多くの因子が人の振る舞いのなかにあるため、何かひとつの戦略だけで劇的な効果があがると期待してはいけない。こうした戦略にはそれぞれ信奉者がいて、自分の推す戦略の有望さだけを強調しがちだ。

だが、HIV／AIDSによる病苦を撲滅の方向へ、少なくとも軽減の方向へ向かわせるには、三面モデルを適用して、**「断定型の原因」「発生を促す原因」「非線形（創発型）の原因」**をよく理解し、それぞれの因子をターゲットとした戦略を策定する必要がある。このように、三面モデルは、複数の前線で努力を注ぎつづける必要性を強調し、戦略の意義を説明し、指針とするための枠組みを提供する。

三面モデルは確かに複雑だが、さまざまな対抗策を与えてくれる。すなわち、「公衆衛生戦略を受けつけない人」「病気の生態学の重要性を軽んじる人」「コンドームだけ、一夫一婦制もしくは性交渉の相手はひとりだけ、あるいは薬剤投与だけが、エピデミックを食い止める答えだと信じる人」に対抗する手段をもたらしてくれる。これらのどれかひとつだけでは、おそらく失敗するだろう。どれも、HIV／AIDSという複雑な因果連鎖のひとつの面でしかないからだ。

なぜ、「発生を促す原因」やネットワーク上の原因を減らすのが困難なのか？　なぜ、教育だけでは「発生を促す原因」となる行動を抑止できないのか？　それを説明するのに、三面モデルは役に立つ。

行政が公衆衛生に介入する場合は、以下の点を踏まえて施策を設計する必要がある。すなわち、ひとつのアプローチだけでウイルスの拡散を止めたり軽減したりすることは、不可能なこと。また、「発生を促す」因子を攻撃しようと試みても、往々にして、うまくいかないこと。さらに、ウイルスを排除できるワクチンや薬剤の開発にたいへんな労力が投入されているにもかかわらず、これまでのところ、「発生を促す原因」への取り組みが十分に進んでいないこと。

このように、広く分布している《ディメンショナル》「発生を促す」課題や、叙述型の課題にも取り組まないかぎり、病気根絶への道は遠いことがわかる。

2 米国法

法と因果性の関係

法という概念には、主に二つの前提がある。

①人の集団には、その集団にとって受け入れられる行為を定義するためのルールが必要である。

②ルールや手続きは、行政府の担当部門が運用するものとし、事件や犯罪行為の責任を判断し、争いを解決し、責任の所在が明らかになったときに課すべき処罰の種類と範囲を決める。

成文法は、少なくとも四〇〇〇年前から存在していた。現在のイラク南部にあたる地域に住んでいたシュメール人は、かつて石に法を刻んだ。さまざまに異なる何千もの法体系が、集団を治める機関によって策定されてきており、そうした法の中心にあるのは因果性の判断である。米国の法体系は、独立国家になる前、イギリスの植民地だったころに施行されていたイギリスの法体系に基づいてつくられている(ただし、ルイジアナ州の法は、ナポレオン法典がもとになっている)。

米国の法体系の重要な前提は、「個人および集団の実体(企業、政府、団体)は、自由意思を持った作用因子《エージェント》として行動し、その行動の責任を負う」というものである。そして、誤った行動を、「犯罪」と「不法行為」という二つの大きなカテゴリーに分類している。

刑法は立法手続きにのっとって成立するが、そこに示されるのは不法行為の定義だ。不法行為の範囲は広く、横断禁止の場所から故意の殺人まで、さまざまである。犯罪行為に対するこうした判断は、いくつかの一般原則に支えられている。

第一は、不法と見なす行為を特定するのは社会であるということ（立法部門を通じて）。

第二は、成文法は微妙な状況のすべてをすくい取ることはできないので、法による直接的な規定がない状況で事案が発生していたり、意見の不一致がある状況のなかで発生していたりする場合には、先例（判例）を適用するということ。

刑法の法的手続きにおいて裁定が下される場合、それは必ず有罪か無罪かの二値論理（断定型）の決定である。因果性の責任に関して絶対の確かさは要求されないが、「合理的な疑いを差しはさむ余地のない」因果性が成立することを示さなければならない。これを確率的な水準で示すなら、「非常に高い可能性」に相当する。

法学者や裁判所は、この確率を具体的な数字で表すのをいやがるが、ふつう科学界で最も一般的に使われる水準と同じ九五％であると考えられている。科学界では、この数字が意味しているのは、「結果が偶然によらない可能性が二〇回のうち一九回に相当し（九五％）、偶然によってその結果になった可能性は二〇回のうち一回（五％）」ということだ。

断定型（二値論理）と確率型（広がりのある）との力関係は、次の二つのアプローチから見てとれる。社会（行政組織を通じて体現される）は、不法と定義された行為をおこなった者（犯罪者）を罰する必要がある。これには、無罪か有罪かを「イエス／ノー」で断定する法体制が必要である。

だが、何百年も前から先例を形式化してきた慣習法は、一〇〇％の確かさを求めるのは不可能であり、現実的でないと認識している。現実の世界では、いざ判断を下そうとすると、いつも決まって何らかの事実や情報が出てきて、絶対さを損なっていく。被疑者が罪を認めた場合ですら、自白が強要された可能性が存在する。

米国では、この可能性への懸念から、自分自身に不利益な供述をするにも憲法の保護が必要となっている。たとえば、被疑者のＤＮＡが物理的証拠としてあがっていても、何者かが意図的にそこに置いたという可能性はつねにあるのだ。

絶対の証拠や確実さはないとするヒューム派の見解があったにもかかわらず、社会は、不法行為を突き止めるという責任を果たすための手法が必要と判断し、その結果が法体系としてできあがった。アメリカ合衆国憲法の起草者をはじめ、立法者、法学者など、さまざまな法律専門家が、明文化された原則と具体的な法のなかで、正確な決定の可能性を高め、不正確な決定の可能性を低くするための仕組みをつくろうと努力してきたのだ。

因果性の議論に関係のある刑法の主要な特徴は、次のような複数の前提のうえに成り立っている。

- 真実が存在し、判別できること
- 原因を判別する際の絶対的な確かさは、高い水準であること
- 正しい裁定の可能性を高める手法を法体系に組み込めること
- 法体系が機能するには、その基本理念に対して、専門家と一般大衆の両方の合意が必要であること
- 間違った裁定が下される可能性もあるので、再審議のための上訴の仕組みを用意すること
- 最終的には、イエスかノーの裁定を下さなければならないこと

米国では、法体系のもうひとつの要素として、不法行為法がある。これは、過失を扱うものだ。過失は、地域社会がつくりあげた行動基準を守っていない状態として定義される。不法行為の訴訟の原告となれるのは、州ではなく個人である。

この法では、ある人が何らかの行為（たとえば、穴を掘り、その周りに柵を立てなかった、など）によって他者を傷つけたのかどうか、企業が欠陥のある製品をつくったのかどうか、そしてその製品が何らかの害を引き起こしたのかどうか、などを判断する。不法行為法の主要な特徴は、望ましくない結果の責

任を負う当事者が、与えた損害の補償についても責任を負うということだ。責任の負い方としては、金銭によって損害を補償することが多い。

因果性の観点からすると、不法行為法と刑法のあいだの大きな違いは、裁定に必要な確かさの度合いにあり、不法行為法が規定する事件の場合には、「証拠の優越」すなわち「どちらかと言えば多い」が求められる。やはりここでも、法学者は具体的な数字を当てはめるのをきらうが、実質的には真実である可能性が五〇%より大きいということである。

これは、刑事訴訟の場合の「合理的な疑いを差しはさむ余地のない」に比べると、厳格さがかなり低くなっている。両者のあいだの明白な違いは、犯罪の性質がそもそも違うという認識に関係している。因果推論の観点から大局的に見てみると、重要なポイントは、因果性を確立するのに必要な証拠の強さが違う、二つの異なる法的基準をつくったことである。

刑法と不法行為法のこのような違いは、重要な手続きにも及んでいる。刑事訴訟の場合は、被告人は自分に不利な証言はしなくてよい。これは自己負罪に対する防御であり、合衆国憲法の権利章典によって権利が付与されている。対照的に、不法行為訴訟の場合は、被告人は関係資料をすべて差し出し、たとえ自分の不利になるような内容でも、正直に証言しなければならない。

ただし、すべての不法行為訴訟で白黒の決着がつくわけではない。双方が、責任については明確に言及せず、金銭の支払い、あるいは他の何らかの方策をとるという申し立てで合意する場合も多い。因果性の問いは脇に置かれるが、いずれにしても救済の措置はとられる。これは、「法には、因果性の確立と、適切な懲罰あるいは救済という二重の目的がある」ことを示している。

米国法のそれ以外の側面としては、因果性によって段階的な裁定を下すアプローチがあげられる。刑法では、計画的な犯行は、突発的に発生したと判断される犯行よりも厳しく扱われる。

たとえば、第一級殺人（故意による計画的殺人）と過失致死との違いなどだ。不法行為訴訟では、程度が特にひどかったり、何度も繰り返したりする行為には、そうでないものより、たとえば三倍賠償のような重い罰が科される。

事件に先立って起きていた状況や、事件への関与の度合い、あるいは周囲の状況などに応じて、懲罰の内容が段階的に変わる場合もある。裁判官と陪審員は、原因に対する責任を減じる情状酌量や（懲罰の）軽減事由を決定することができる。

現行の議論では、次のようなものがある。配偶者や親、職場の上司などに危害を加えた者の責任を、当人が過去に受けていた身体的・精神的な虐待を考慮して軽減すべきかどうか。また、心神喪失者あるいは心神耗弱者に、正常な認識力のある者と同じ裁定を下すべきかどうか。こうした議論は、因果性が幅のある要素で構成されているモデルであるがゆえの葛藤を反映している。

段階的なアプローチの別の例として、複数の裁判員による判断がある。裁判員団は通常、奇数の人数で構成され、各人が判断を「投票」する。決定には過半数の票が必要である（同数の場合には前の決定が採用される）。最近では、最高裁判所における結審が五対四の票決で決まることが多い。

これまで見てきたように、法の世界の因果性は、文化によって決まる。米国の場合、因果性に基づく責任の決定は、合衆国憲法と、さまざまな司法機関が法案を通過させて決めた修正条項に照らし、そこに謳われた原則と手続きにのっとっておこなわれる。

また、憲法やその他の法で明示的に記述されていない事案については、先例を積み重ねたものが重視される。さらに、正しいと見なされる行為、間違いと見なされる行為は、時間とともに変わる可能性があり、因果性による有責性の定義も変わる可能性がある。

というのも、憲法や法律が、正規の手続きを経て修正されたり、憲法や法的行為の解釈が変わったりするからだ。そのような変化は長い時間をかけておこなわれるのがふつうだが、いずれにせよ、法の世界の因果性が流動的な概念であることにかわりはなく、今後も時間とともに変化していくだろう。

▼三面モデルで考える

第二面――四つの分析レベルで考える

事件が裁判の段階に進むと、裁判官あるいは陪審員が下す重要な判断は、被告人が当該の事件の「**発生させる原因**」だったかどうかである。すなわち、断定型のイエスかノーの答えを出さなければならない。

しかし、被告人が有罪の場合には、罪状と懲罰を決める際に「**発生させた**」環境も考慮することになる。たとえば、第一級殺人、第二級殺人（計画性のない故殺）、過失致死のあいだの違いには、あらかじめ計画があったのか、また、殺す意図があったのか、などが問題になる。

これらは、その犯罪の重大さを決める、幅《ディメンショナル》のある要素である。こうした要素には、次のようなものもある。たとえば、責任範囲を狭めるような軽減事由が事前に存在していたか（虐待されて育った、など）、また、被告人の認識能力に耗弱があり、被告人の行為に法をそのまま適用することができないと考えられるかどうか、などだ。

不法行為訴訟では、その事件の悪質さや、単発の法律違反なのか、再犯なのかによって判断が下される。法律の文脈で働く「**プログラム上の原因**」には、軽減事由となる環境上あるいは社会的な状況や、集団、個人の集まり、あるいは企業など法的に定義された存在に対して不利益な結果をもたらした責任の帰属が含まれる。

「**意図による原因**」は、加害者側の意図（たとえば、意図しない死を「過失致死」、意図した死を「殺人」と呼んで区別する）に関係し、これは責任の所在の決定に直接的に影響を及ぼす（殺人で告発された被告に対し、陪審員が故意ではなかったと判断すると、被害者の死を引き起こしたのは被告であると結論づけられた場合でも、被告は「無罪」になりうる)。

第一面――三つの概念モデルで考える

最終的な法的判断では、**断定型**の論法が必須となる。軽減事由がある場合でも、最終的には、因果性が「ある」か「ないか」を決めなければならない。断定型の決定には、有罪／無罪、有責である／有責でない、賠償責任がある／賠償責任がない、などがある。

留意すべきは、法というものは、原因が存在し、個人または組織を原因の作用因子《エージェント》として特定できることを前提としていることだ。これは、因果性の概念を検証するうえで、必須の前提である。法は、この前提のうえにすべてが成り立っており、実にさまざまな状況下で因果性の各論法が用いられている。

確率型(ディメンショナル型)や**創発型**(非線形型)の推論も、多くの状況で適用されるが、その範囲はさまざまである。たとえば、「行為の重大さの特定(すなわち、第一級殺人か第二級殺人か、故意の殺人か過失致死か)」「軽減事由の決定(刑罰を免除しないまでも、減じる可能性はあるか)」「裁定を裏づけるのに必要な証拠の信憑性の判断(最高レベル=合理的な疑問の余地がない、中レベル=合理的な確実性、低レベル=証拠の優越)」などだ。

ある証拠が、因果性の役割を裏づけてはいるものの、閾値《いきち》に達していなければ無罪が妥当という認識は、**非線形的**な考え方である。興味深いことに、微積分学の発展に貢献したライプニッツは、確率や尤度《ゆうど》(もっともらしさの度合い)に関する彼の思想は、法から主要な着想を得たと述べている。

第三面――三つの論法モデルで考える

証拠は、理想的には**検証型**であるべきだろう。つまり、どの裁判官も陪審員も、同じ認定に到達するような性質を備えているべきである。しかし、証拠のさまざまな要素のつながりや、動機のような概念を取り込むことは、叙述型である。まさに、科学や物語の分野と似ている。なお、米国の裁判では、評議中に信仰型の推論の領域には入らないようになっている。

法体系では証拠の精度が、つねに大きな問題である。なぜなら、ヒューム派の見解にあるように、絶対の確かさに至るのは不可能だからだ。また、人は過ちを犯すものであり、立証に使用する証拠は保証のできない特性を持っている。つまりは、正直さ、別の解釈への寛容さ、意識的か無意識的かを問わず偏見を持たない、といった前提に依存しているからだ。

ここ数年の出来事によって、検証型の証拠の有効性が直面する問題が浮き彫りになった。

ひとつは、DNA指紋法（証拠のDNAが、被疑者のものか他者のものかを確実に判定できる技法）が利用できるようになって以降、下級審の判決が数百件も破棄されていることだ。

もうひとつは、写真による被疑者の特定の際に、まちがって別の人物に嫌疑をかけてしまうことが往々にして見られることだ。証拠に可謬性があるということは、被疑者と犯罪を結びつける検証型の証拠の有効性を、再定義し、精査していく努力が法体系に求められているということである。

証拠を複数の観点から用意するといった安全策を組み込むことは、法体系にとって、事実認定を正確におこなうという目的を達成するために、つねに必要なことであり、ブラッドフォード・ヒルが提唱した手法を思い出させてくれる。

3　うつ病

本書の「はじめに」でも触れたが、私はたびたび、うつ状態の原因（群）について質問される。最も率直な答えは、「まだ十分にわかっていない」だ。

この半世紀のあいだに、うつ状態や双極性障害〔躁《そう》状態とうつ状態を繰り返す疾患〕の生物学的・社会的な根源が幅広く探索されてきた。だが、そこから得た情報は、実験によって確認したり反証したりが可能な説明モデルを構築するには至っていない。

手がかりは多数あり、半世紀前に比べれば、格段に多くのことがわかってきた。だが、専門家たちのあいだでは、いまだに「うつ状態」という用語の定義すら合意できていないのだ。いわんや、経験上、生物学上、社会的な原因を追究するなどというのは、はるか先のことだ。このように合意が欠落しているせいで、研究の新しい発見をどう解釈するかについても揺れている。たとえば、心理療法、薬剤療法、電気ショック療法（ECTや衝撃療法とも呼ぶ）の有効性、幸福感や双極性障害、悲嘆、士気喪失、落胆、臨床的うつ病や大うつ病（単極性うつ病）など、広く使われている構成概念のあいだの関係についても、意見がまとまらない。

私は臨床医として三五年にわたり研究をつづけてきたが、「うつ状態」という語に複数の意味を見出している。しかし、この主張に同意しない学者も多いだろうし、議論が決着するのは、気分の状態についてのこうした仮説の一部または全部が生物学的な面で確定し、気分の状態がある程度は区別されているとか、本質的によく似ている、などが示せるようになったときである。

この議論のために、私は「うつ状態」という語の四つの意味を考えてみたい。

①悲しみと士気喪失
②悲嘆――深い喪失感への普遍的な反応
③大うつ病
④人格特性としての「うつ状態」

私は、これらを検証し、うつ状態の少なくとも四つの「種類」の土台には、異なる因果性があるという証拠を提示したい。とはいえ、知識には限界があり、専門家のあいだでは意見の食い違いは当たり前なので、私の提案は「さらなる研究が待たれる」として脇に置かれるだけかもしれないが。

▼①悲しみと士気喪失

うつ状態の最も一般的な概念は、たったひとつだ。それは、ひとつの普遍的な心の状態のことを言うが、人によって「程度」や重大さが違ってくる。この場合のうつ状態の意味には、あらゆる人が経験する、悲しみや不幸感、望まない出来事や結果に直面したときの落ち込んだ気分などが含まれている。

ほとんどの人にとって、これは数時間かせいぜい数日しかつづかない、一時的な感情の状態であり、日常生活を妨げたりはしない。これがふつうに人が経験する感情だが、ときに、その感情から抜け出す方法がわからないほどの状態に陥ることがある。

私は、この持続する悲しみを「士気喪失《デモラリゼーション》」と呼んでいる。この用語を最初に提案したのは、私の師のひとり、ジェローム・フランクである。彼は、人が専門家（免許を持った医師、宗教関係の実践者、何らかの治療者など）の助けを求めるとき、その最も一般的な理由の根本にあるのは、「トンネルの先の光が見えない」状態であることを強調している。

士気喪失は、不眠や食欲不振、日常活動の意欲低下を伴うことがあるが、当人は、このあと説明するうつ状態の他の症状については、ほとんど感じていない。

第二面――四つの分析レベルで考える

悲しいという感情は誰にでもあるため、よくない結果や、よくない結果になりそうな出来事に対する感情的な反応は、**「発生を促す」**脳のシステムが支えているはずだ。実験心理学、健常者を対象にした神経画像検査、脳を損傷し、うつ状態になった患者の研究などを通じて得た証拠から、何がわかったか。それは、悲しいとか、うれしいという感情の根底には、相互作用する複数のシステムが存在していることだ。

ある出来事に対する感情的な反応の度合いや強さは、認識したストレス要因の重大さだけでなく、それ以外の因子によっても影響を受ける。たとえば、最近の出来事、昔の経験、似たような出来事の経験、社会的な支援の有無、その人の性格、その人が属する集団や文化の社会的な期待、その他の環境上の因子のような、「発生を促す」因子や調節因子によって影響される。

さまざまな心理療法の有効性のなかで、最もよく報告されているのが、学習によって応用できる認知行動療法や対人関係療法だ。ところが、もし人が特定の「自己否定的な」思考パターンを覚えてしまうと、士気喪失に陥るリスクが高まることもありうる(もっとも、これは証明できないが)。抗うつ剤の投与に対する反応の証拠がなければ、この形態のうつ状態が大うつ病とは違うことを裏づけているが、これもやはり異論があるだろう。

この形態のうつ状態には、**「発生させる」**出来事が必要である。なぜなら、悲しい気持ちは、よくない出来事(群)の認識に対する感情的反応として定義されるからだ。何をよくない出来事と捉え、ストレス要因の重大さをどう評価するかは人によって異なっており、その人の使う**叙述型**の論法が両方に大きな影響を与える。

脳に複数のシステムがあるなら、悲しさとうれしさの感じ方や表現、あるいは、子どものころにどんな種類・程度の出来事を経験したか、個人的な出来事をどう認知したかといった、さまざまな変数の影響を調節するだろう。

それを踏まえて、日々の感情の動きを理解するには、統合的な**「プログラム上の」**レベルの分析が、結局は必要になってくる。私が立てた仮説は、こうだ。士気喪失は、一般的には悲しみを経験したときと似たような状態で表れるが、通常の回復メカニズムでは、その人の気持ちを基準値（これも人によって大きく異なる）まで戻すことはできないと。

第一面——三つの概念モデルで考える

失望への反応として感じる悲しみには、普遍性があること。また、士気喪失のきっかけが、人によって大きく異なること。さらに、あるストレス要因に反応して起こる症状が多彩であること。こうしたことから、士気喪失の因果性モデルは**断定型**ではなく、**確率型**で作用することが推測される。

ストレス要因への通常の反応を足し合わせる、確率型のアルゴリズムが開発されている。たとえば、家をなくしたり、待ち望んでいた関係を失ったりすることは、ペンをなくしたとか小テストで悪い点をとったことより強い士気喪失を引き起こすはずだ。だが、失望をどう受け止めるかや、逆境にくじけない気力があるか、社会的支援を利用できるかどうかには、人によって実に大きな差がある。これらはどれも、士気喪失に陥る確率に影響する。

▼②悲嘆——深い喪失感への普遍的な反応

人には悲嘆という深い感情がある。何らかの喪失と、それにつづく比較的短い時間の無感覚のあと、感情や肉体の強い痛みがうずまく時期が来る。その後も、亡くなった人や失ったものを思い出すだけで、喪失と悲しみの深い感覚がよみがえる。やがて回復期が訪れるが、つらい症状がしだいに薄れていくのに何カ月もかかることがある。

第一段階の無感覚は、たいてい数時間から数日間つづく。本人は落ち着いていて、悲しみに打ちひしがれてもおらず、大事な人の死を関係者に伝えたり、文化や地域にふさわしい葬儀や式典の手配をこなせることに驚く人もいるかもしれない。

第二段階は、数カ月つづくことが多く、怒り、悲しみ、情緒不安など、さまざまな感情に襲われる。突然、深い悲しみで身動きがとれなくなったり、不意にその状態から脱したりなど、この段階特有の感情の動きに揺さぶられるのは、悲嘆という、うつ状態の際立った特徴のひとつだ。

深い悲しみの感情が数日間つづくこともあるが、感情のこうした変動は重なり合っていることが多い。不眠の訴えは多く、特にこの段階の最初期には、よく見られる症状である。食欲が減退し、体重が減り、さらには、実際にあったことを思い出して自分を責めることも多い（たとえば、「父が腹痛を訴えたときに、私がむりやりにでも病院に連れていっていれば、がんを早く見つけられたのに」）。

いつも楽しんでいた趣味や活動への興味が薄れる人もいるが、多くの人は、つらい感情に襲われている状態と状態のあいだにある落ち着いた時期には、楽しみを感じる気持ちと自己肯定はふつうであるとの報告がなされている。

第三段階は、他の段階と比べて、時間的にも症状的にも定義しづらい。苦しい感情や、不眠などの身体的あるいは自律神経の症状、エネルギーや行動力の減退は収まっていることが多い。

しかし、失った人のことを思い出すと不意に落ち着きをなくす状況は、この段階でもまだ起こり、ときにはこの時期が数年間もつづくことがある。そのため、悲嘆の「終わり」をはっきりと決めることはできない。

ただし、多くの人が、半年から一年ほど経てば、悲しみの感情はほぼ消え、以前のいつもの気持ちや活力、人生観に戻ると語っている。

うつ状態の悲嘆と、悲しみの他の形態を区別するのは、この特徴的な経過（無感覚の時期→悲しみなどで動揺する感情の時期↓数カ月かけて回復する時期、の順でたどる）と、亡くなった人を思い出して突然、深い悲しみに襲われる時期と、比較的平穏な時期が交互に繰り返されることである。

前項で述べた「士気喪失」の場合、人によっては数週間とか数カ月つづくこともあるが、通常は「悲嘆」のような経過はたどらず、劇的な変動もない。

次項で述べる「大うつ病」の場合は、気分の変動がより規則的で定型化し、予測のつくパターンをたどり、毎日決まった時間に調子が悪くなる。人格障害を伴う場合は、気分がひんぱんに変動し、これが生涯つづく可能性もある。だが、悲嘆の場合の気分の変動は、喪失がきっかけであり、人生の一時期にしか出現しない。

悲嘆は普遍的な感情だが、その表現は、かなりの部分が文化によって形成される。たとえば、ナバホ民族では、人前で感情を露わにすることは非常にまれで、許されない行為だという見方が定着している。一方、イスラム文化では、人前で悲嘆にくれることを、亡くなった人との関係がそれだけ大切だった証しとして理解される。

第二面――四つの分析レベルで考える

悲嘆は、普遍的な性質を持ち、ある程度、型が決まった進行パターンを持っている。そこから見て、悲嘆は、生命のひとつの面として脳に「あらかじめ備わって」いて、人はそれを経験するように「**発生を促される**」という考え方ができる。

喪失は、「**発生させる**」事象である。段階を踏んだ一連の流れには、生得的な「**プログラム上の**」側面が存在し、それが感情体験に指令を出していることがうかがわれる。

「**意図による**」分析レベルでは、悲嘆は、共有される体験であり、遺伝子的に選択された可能性を示している。つまり、農耕や狩猟を共同でおこなうほうが集団の生き残りに有利な時代には、悲嘆は、集団の連帯感を高めるのに役立つ。あるいは、連帯感が育まれた結果として、喪失の悲嘆が生まれるのである。育児や身内の世話の根底にある感情が、生涯にわたって現れる例と捉えることもできる。この立場に立てば、悲嘆は、血縁選択理論を支えるものの帰結といえよう。

第一面――三つの概念モデルで考える

悲嘆には、型が決まった進行パターンと、大切な人の死や喪失という促進要因とのつながりがあることから、**断定型**の状態と考えることができる。

悲嘆のときに振る舞うべきパターンが文化によって期待されている場合もあるが、文化が違えば、そのパターンもさまざまに異なる。

このことから、本質的な性質は生得的に備わっていて、断定型に特有なものとして判断できると考える。ただし、悲嘆の体験を後押しするための儀式というものが出現している。

第三面――三つの論法モデルで考える

悲嘆の普遍性や、文化による大きな影響を裏づけているのは**検証型**の証拠だが、喪失の意味を理解するのは**叙述型**の論法である。

悲嘆の体験を強く形づくるのが文化的規範であることから、悲嘆が人間生活にとって重要であり、他者との関係が人間生活の中心を占めることが暗示される。

▼③大うつ病

臨床的うつ病や大うつ病（単極性うつ病）は、何千年も昔から人類を苦しめてきた。古代ギリシャではこれを「メランコリア（憂うつ症）」と呼び、ヒポクラテスは二五〇〇年前に、現代の見解とほぼ同じ説明をしている。大うつ病には、気分の変化、自己肯定感の変化、身体機能の変化（群）という、三つの重要な特性がある。

大うつ病の三つの特性

その第一の特性は、気分の変化だ。これは、「悲しい」「ブルーだ」「落ち込んだ」など、さまざまに表現される。だが、ほぼ三人にひとりは、気分の変化を悲しみとして経験しないため、「自分は、うつなんかじゃない」と言い張ることがある。この感覚は、ウィリアム・スタイロンが自身の大うつ病の体験をつづった回想録『見える暗闇』の次の文章によく表れている。

「この病気のせいで、気分が落ち込むのを初めて意識したとき、私は何より真っ先に、〈うつ〉ということばに断固、反抗しなければならないと感じた」

この回想録の書名は、ロバート・バートンが著した一七世紀の名著『戀愛解剖学』のなかからとったものだ。スタイロンの回想から明らかなのは、彼が「気分を落ち込ませる」何かを経験していること、つまり、彼が日常で経験している状態から、それとは異なる状態へ連れ出している何かがいるのである。これは、大うつ病の感覚と、士気喪失の悲しみとを区別する、二つの特性のうちのひとつを示している。

区別のひとつめは、大うつ病の人はしばしば、執拗につづく抑うつの気分に翻弄されていると感じることだ（これこそ、多くの人が、日常の悲しさとは違うと言ってくる理由だと私は推測している）。

二つめは、大うつ病は、それまで楽しんでいたもの（たとえば、読書、友人との談笑、運動、孫の世話など）から、喜びを見出したりする能力が減退するか失われていることである。大うつ病の抑うつの気分は、一日の大半の時間にあり、毎日同じ時間にひどく悪くなることが多い。また、良いことにしろ悪いことにしろ、外部の出来事にはあまり影響を受けない。

大うつ病の第二の特性は、自己肯定感や自尊心といった、ふつうの感覚が鈍くなることである。ここで大事なのは、その人が「ふつう」と感じるものが変化していて、通常は他人から指摘されるということだ。往々にして、当人は、変化を何らかの理由や出来事のせいにし、もっともらしく説明しようとする。だが、一番の問題は、それまでの自尊心が減退することである。

大うつ病の第三の特性は、活力や集中力の低下、食欲と体重の減少、寝つきは悪くないが夜中に目が冴えたり、早朝に目が覚めたり、起床時に疲れがとれていないなどの睡眠障害のような身体症状からなる。多くの人は、身体の調子がふだんと「違う」感覚だと訴えている。これは具体的に説明しづらいが、おそらくスタイロンが言っているのと近い感覚だろう。

大うつ病の持続性

大うつ病には、「気分の変化」「自己肯定感の低下」「身体的あるいは自律神経の症状」という三つの特徴がある。それに加えて、持続性という特徴もある（現在、医療現場の申し合わせとしては、少なくとも二週間の持続性が必要とされているが、実際には、治療しないと何カ月にも及ぶ）。

これらの特徴によって、大うつ病は、士気喪失とは区別される。士気喪失の場合、睡眠の問題で多いのは、早朝に目覚めるよりも、寝つきの悪さのほうだ。また、それまで楽しんでいた活動から楽しみを得る能力は失われないことが多い。

大うつ病が悲嘆と区別されるのは、悲嘆には感情の不規則な変動、数カ月に及ぶ決まったパターン（無気力→感情の揺れ→回復）が見られる点である。また、大うつ病の周期性（うつの三つの状態が、ふだんの気分や「正常な」気分よりも長めにつづく）により、うつ状態が終生つづく抑うつ的人格と区別される。

大うつ病の発現より前に起きていたストレス要因が特定されることがある。ただし、その「促進要因」と思われるものが、実際には初期症状の結果だったかもしれず、これを見きわめるのは困難だ。たとえば、約束をすっぽかしたことがストレスとなって病気になったのか、病気のせいで活力が低下した状態にあり、そのせいで約束をすっぽかしたのか、どちらの可能性もありうる。いずれにしても、ストレスと大うつ病の発症とのあいだには、弱いけれども確かに関係があるという調査結果が出ている。

大うつ病の場合は、ストレス要因や想定される促進要因がある場合もない場合もあるが、士気喪失の場合には必ずある。そのため、ストレス要因の「存在」は、うつ状態が士気喪失によるものか、大うつ病によるものかを判断する材料にはなりにくい。むしろ、促進要因が「ないこと」に着目すれば、大うつ病の可能性が高くなる。

第一面――三つの概念モデルで考える

さまざまな症状に三つの特徴が存在することは、多種多様な文化に共通していて、人の生涯の比較的限られた時期に起こり、二五〇〇年のあいだ変化していないことを考えあわせると、**断定型**の状態である。また、その原因（群）は、気分を制御するシステムにおける**断定型**の変化と関係があるという見解を裏づけるものだろう。このシステムに関する私たちの知識は、まだ初歩の段階にある。そのため、具体的な変化が何か、また、それらが他の気分の状態を支えるものとどう違うかを考察するための根拠が乏しい。しかし、こうして系統的に考えることで、変化は、士気喪失のところで述べたように、度合いで変化するのではなく、定性的なものであることが暗示されている。

双生児を調査した結果、大うつ病を発症するリスクの五〇～六〇％は、遺伝であることが推測されている。双生児の両方がこの病気にかかるリスクは、一卵性の場合は五〇～六〇％、二卵性の場合は一〇～一五％ほどだ。これは、親や兄弟姉妹の誰かが大うつ病を持っていれば、兄弟姉妹のひとりが大うつ病になる可能性と同じくらいである。

ひとつの遺伝的な異常だけでこのリスクを説明できるものは見つかっていないが、さまざまな遺伝子が関わることはわかっている。こうしたさまざまな遺伝的リスク因子が最終的に、ひとつの因果経路へつながるのか、複数のメカニズムによってうつ状態が引き起こされるのかは判明していないが、現在、徹底した研究がつづけられている。

うつ状態は、「生化学的」な疾患だとよく言われる。大うつ病が中程度から重篤な症状であるのに対して、抗うつ剤がプラシーボ（偽薬）よりもずっと高い効きめを見せるからである。ただし、薬剤に心理療法を組み合わせたほうが、薬剤だけの場合より、さらに効果があることを付け加えておきたい。

大うつ病の治療に有効な薬剤は、セロトニン、ノルエピネフリン、ドーパミン、そしておそらくアセチルコリンなどで、こうした化学物質の濃度が影響を及ぼしている。そこから、長年にわたって探究されてきた発症理論は、これらの神経伝達物質を利用している脳のシステムのひとつ、あるいはいくつかが正常に機能していないというものだ。とはいえ、うつの人に必ず起こる変化は見つかっていない。

抗うつ剤は、脳の他の化学物質にも影響する。場合によっては、新しい脳細胞の形成など、別の変化を誘発することもあるため、うつを改善するメカニズムを新たに発見できる可能性はある。反事実の発見としては、不安を和らげ取り除く、バルビツール酸塩やアルコール、ベンゾジアゼピン（バリウム、ザナックス、アチバン）のような薬剤が、抗うつ剤によって影響を受ける神経伝達物質ではなく、ＧＡＢＡ化合物に関係した神経伝達物質に作用することがわかっている。

その点で、うつは、脳のすべてのシステムに対する機能不全の総称でもないし、否定的なすべての感情状態の原因《ディスクリプタ》でもないことを暗示している。ただし、不安感は大うつ病に共通する症状であり、最近の遺伝および薬理学の研究によって、ＧＡＢＡのシステムの役割が示唆されている。

脳のＭＲＩを撮る場合、うつ状態であるかないかで画像に違いが出る。気分に改善が見られると、それが抗うつ剤によるものか、プラシーボ（偽薬）によるものかに関係なく、脳の同じ領域か類似した領域で、画像の違いが認められる。

このことから、気分が改善すると、断定型の変化が起こると考えられ、脳のシステムを平常の状態に戻すものが何だったにせよ（時間、薬剤、心理療法、電気ショック療法、体操、脳深部の刺激）、それが平常の気分として作用するシステムにつながったと解釈できる。

すでに述べたように、うつになる人は、対照群に比べて、大うつ病が発現する前の期間に、人生の悲痛な出来事がより多く発生している。因果性の方向は定まらないものの、遺伝子や、人生初期のころの「発生を促す」因子によって、気分を制御するシステムに対する断定型の脆弱性が植えつけられたと考えるのは、確かに理にかなっている。同様に、回復力のような特性が保護的に働くことも、もっともらしく聞こえる。ただし、これらの推測に証拠はない。

複合的な系列を持った証拠の存在は、私の想像をかき立てた。つまり、大うつ病の断定型の出現を説明できる、**創発型**のモデルが見つかるのではないかと予測したのだ。大うつ病と士気喪失の違いは、程度の違いではない。

士気喪失では、「楽しさを感じられない」「自己肯定感が縮小する」「睡眠パターンが特徴的」「昼間の気分の特徴が変化する」といった症状は見られない。

仮に、士気喪失と大うつ病の両方に、同じ「気分のシステム」が関わる可能性があると考えてみよう（おそらく、悲嘆と、うつ的気質にも当てはまる）。その場合、臨床的うつ病においては、人生の出来事に対して「気分のシステム」が示す正常な反応が失われたか、劇的に（定性的に）変化したとする因果性モデルにとって、有利な証拠だと思われる。一方、士気喪失では、劇的な変化ではなく、程度の変化にすぎない。これは推論の域を出ていないので、この推論を実証する**検証型**の研究が必要となってくる。

第三面――三つの論法モデルで考える

先に述べた論点は、**検証型**の手法を使って構築されたものである。うつ状態の原因を最終的に特定し、ここで提示したものも含めたさまざまな枠組みのなかで、どれが妥当かを決めるには、検査が可能で、少なくとも部分的には反論可能な仮説を検証する研究が必要だ。

ただし、**叙述型**の推論では、士気喪失や悲嘆、そしておそらくは大うつ病への関与に、促進要因がつねに使われる。というのも、促進要因が何であるかは、人によって大きく異なるからだ。叙述型の推論も、「士気喪失に陥る可能性」と「ストレス要因の重大さ」との関係を問う質問の検証に使われる。だが、循環論法に陥る危険性は、依然として残っている。たとえば、「ある出来事が、より大きなストレス要因になるのは、それがより深い悲しみを引き起こすから」と「悲しみが深いほど、より大きな脳の部位に変化を起こさせるから」を比較すればわかるだろう。

第二面——四つの分析レベルで考える

大うつ病の発症リスクを高めるものとして、先に述べた因子のいくつかは、「**発生を促す**」因子として働くように見える。「発生させる」因子でないのは、これらの特徴や経験(遺伝的なリスク因子、人生の初期における苛酷な環境、最近のストレス要因など)を持っている人の多くが、大うつ病を発症しないからだ。

一方で、多くの薬剤やホルモンや薬物乱用(ステロイド、テストステロン、血圧降下剤のレセルピンとアルファメチルドパ、アルコール、コカインなど)は、大うつ病を「**発生させる**」因子になりうる。また、医学的な疾患のなかには、大うつ病のリスク増大と関連するものもあるが、疾患の深刻度とうつ状態の発現のあいだに、関係性は見られない。

こうした疾患には、パーキンソン病のような脳の病気のほか、多発性硬化症、心臓血管疾患、糖尿病などが含まれる。また、うつ状態は、膵臓がんや、ある種の肺がんとも関連がある。ときには、うつ状態に気づいたあとに、潜在的な疾患による身体症状が外に現れて、がんと診断されることもある。このことは、これらの疾患が、ホルモンや他の化学伝達物質メカニズムを通じて、うつ状態を引き起こすという見解を裏づけている。

▼④人格特性としての「うつ状態」

「うつ状態」という語の定義として、私が分類した四つめの意味は、私たちがふだんから、あるいは生涯を通じて持っている感情の状態を指す。たとえば、次のようなものだ。

●ある人が、ある状況を楽観的に解釈するか、悲観的に解釈するかの可能性
●ストレス要因に対して、冷静かつ制御されたやり方で反応するのか、それとも、感情あらわに派手なやり方で反応するのか
●変化に対して慎重に対応するのか、すぐに受け入れるのか

これらは、誰にでも見られる普遍的な特徴であり、一〇代半ばごろまでに性格として定着する。生涯にわたって気質が悲観的であるのなら、その人のありよう、すなわち人格の重要な側面として概念化できる。この意味での「うつ状態」は、各人が、不機嫌を経験する非常に高い可能性から非常に低い可能性までが並んだ連続体のどこかに場所を持つとして説明できる。普遍的に共有される気質の場合と同じように、不機嫌さの可能性は、集団のなかの正規分布のように、釣鐘曲線を描いて分散する。

生涯を通じて頑固な気質を持つ人は悲観的であり、明るいことよりも暗いことにすぐ目を向け、多くの人が前向きで幸せと見なす出来事にも、最小限の喜びしか感じることができない。このように、うつ状態のこの四つめの意味は、「生涯にわたる気質の集まり」を指す。

第二面——四つの分析レベルで考える

定義によれば、これは普遍的な特徴であり、「**発生を促す**」モデルで作用する。つまり、個人が正規分布のどこに「位置するか」が、状況やストレス要因に対する反応に影響するのである。うつ病気質があると、ストレス要因に対して不幸せを味わう可能性

が、あるいはより強い不幸せを味わう可能性が高くなる。だが、その反応が絶対の確かさで決まることはない。「**発生させる**」ストレス要因が、あらかじめ存在する気質と作用して、どのような気分になるかが決まるのである。

　このように、士気喪失への陥りやすさは、その人の気質から因果的に影響を受けるが、士気喪失の項で説明した他の多くの変数も影響を与えている。

▼うつ状態に関する考察のまとめ

　これは、完全に実証されたわけでも、精査したわけでもないが、私たちが「気分」と呼んでいるものの実体が何かといえば、脳のあちこちに張り巡らされた網の目に存在している、さまざまなシステムではないだろうか。このシステムには、複数の結節点《ノード》があり、それぞれが入出力の処理をおこなっている。つまり、幸福、悲哀、心配、不安、怒り、喜び、痛みなどの感覚を調節して、睡眠、活力、自発性、リスク評価、認知、注意、集中などを支えるシステムと連結している。こうしたシステムには冗長性があり、補填用のモジュールが組み込まれていることで、回復力を支えている。

　もしこれが本当なら、先に述べた、うつ状態の四つの「意味」は、脳に張り巡らされたネットワークのさまざまなモジュールとモジュール群（補足システム）の異常を調節する機能を反映しているのかもしれない。また、うつ状態の種類は、気分のシステムに備わった「**プログラム上の**」性質から発生したと考えるのが最も妥当だろう。

　そのような複雑なシステムを生物学的に解明しようとするのは、確かに難題だ。脳を生物学的に理解しようとする試みが、これまでのところ限定的な成果しか出せていないのも、そのせいだろう。そうしたシステムが、北野宏明が指摘したように、次にあげるような四つの特性を持っているかもしれないというのは、もっともらしく思える。

①**システム制御**　ここには、**フィードフォワード**制御が含まれている。ある刺激が発生すると、一連の手順が開始される。この手順は、喜び、不快、認知など、それぞれ異なる行動（感情）と結びついている。また、これとは別に**フィードバック・メカニズム**があり、システム（気質、抑うつ的人格）の維持を支えるが、気分を調整する通常の機能で対処しきれなくなると、大うつ病を引き起こす。

②**冗長性**　脳の両側に同じシステムがあることを指す。

③**構造上の安定性**　反応性（気質）をつかさどり、人が、その場に最も適応した反応を繰り返して（学習）、不本意な状況でも機能できるようにする可能性（回復性）を引きあげるための経路を複数用意する。

④**モジュール設計**　非常に動揺する場面に直面したときに、人が、機能不全に陥る（たとえば悲嘆に暮れる）度合いを小さくできるようにしておくこと。その人に有利な反応をとらせる可能性（回復性）を高めるサブシステムと、システム全体に悪影響が及んでうつ状態を発現させないように食い止めるサブシステムを含み、認知やストレス反応、喜び、栄誉の欲求などの反応と、食、睡眠、生殖などの本能の制御を調整する他のモジュールからの入力を提供する。

うつ状態について、ここで提案した「プログラム上の」因果性モデルでは、大うつ病は複数モジュールの機能不全の結果として起こる。この機能不全には、多くのモジュールが関わり、フィードバックやフィードフォワード・メカニズムに対して、ほとんどあるいは完全に反応しなくなる。そのため、**創発型**の原因となって機能不全を引き起こすのだ。

抑うつ的な人格は、複数のシステムにある設定点が、一定のレベルをつねに越えている状況を反映したものだ。

また、士気喪失は、感情反応を調節するひとつか、ごく少数のシステムで機能低下を起こしているが、相互につながった複数のシステムの明確な機能不全には至っていない状態だ。

悲嘆は、連結している複数のモジュールが、特定の誘因群《トリガー》に反応するように事前にプログラムされていて、そのモジュールの結果として起こる。このように、大うつ病は、複数のシステムの断定型・**創発型**の機能不全である。

▼叙述型と検証型の二つを生かす

うつ状態の原因(群)は、うつ状態の概念化について、専門家の見解が一致しないと成熟していかないように見える。しかし、P・W・アンダーソンが四〇年前に指摘したように、トップダウンとボトムアップのアプローチが互いを補完する。正常および異常な気分からはじめ、それらの生物学的基礎を理解しようとすることは、うつ状態の因果メカニズムを発見するひとつの方法である。

しかし、脳が、分子、細胞、シナプス、多細胞の各レベルでどのように機能するのか、また、こうした生物学的な要素が、遺伝子機能やストレスホルモンの変化にどう影響されるのかといった基礎的な調査も必要だ。

さらに、認知(これ自体が、相互作用をおこなう複数のモジュール・システムで構成されている)、痛み、学習などの他のシステムが、うつ状態とどう関わっているのかを知ることも、落ち込んだ気分の原因と表出の根底にある多数の因子を理解するうえで必要である。こうしたトップダウン式・ボトムアップ式の課題に関してより多くの知識を獲得する前に、暫定モデルについて論じるのを正当化する理由は、そうした提案から検証可能な仮説が生まれるからだ。

とはいえ、こうした気分のシステムには大量の構成要素があり、人によって大きな差異があることから、最終的に納得できる完全な説明モデルは作成不可能ではないかと思える。個人の差異には確率的な部分があるため、個人レベルでは、信頼性のある予測を立てることは、まず無理だろう。

気分のシステムに関するモデルを現時点でつくろうとした理由は、もうひとつある。それは、「なぜ、私は気持ちが落ち込んでいるのか？」という問いの背景にある叙述型の問題と関連している。この問いが発せられるのは、一部には、ある気分の状態と反応がなぜそうなっているのかを自分で理解できないことと、人の脳には原因を探そうとする探究心が生まれつき備わっているからだ。きわめて暫定的なものであれば実験による根拠も示せるが、すべての叙述型表現がそうであるように、答える側の視点が答えの中身に大きく影響する。

私は、臨床医として、この問いに全力を傾注して答えたいと思っている。「自分の身に、何が起こっているのかを知りたい」という人の願いに応えることになるからだ。ただし、その答えは、あくまで暫定的なものであり、絶対的、あるいは唯一の正解はないことを承知してもらう必要がある。原因を知りたいという欲求を生まれながらに持つことは、人間にとって諸刃の剣かもしれない。叙述型は受け入れやすいが、役に立つと同時に有害な場合もある。

叙述型は、科学的に生み出された事実と等価になることはない。だが、少なくとも現時点で、叙述型の因果推論は、検証型の手法が答えられない問いにも答えることができる。

私は、**叙述型**と**検証型**の両方のアプローチが、個人レベルの原因の探索にはつねに必要だと考える。なぜなら、気分のような複雑なシステムについて、すべての事実を知ることのできる能力など、私たちにはもともと備わっていないからだ。そのうえ、ここにもハイゼンベルクの不確定性原理と、ゲーデルの不完全性定理が働くからである。

▼人々の「なぜ」に答えるために

本書の前提のひとつに掲げていたとおり、使用する手法を理解し、認めることで、複雑なトピックであっても、その議論を前進させることができる。複雑な問題を解くのではなく（これ自体が十分に複雑なことだが）、今日の過度に単純化されたモデルへの対抗として、また、種類の非常に異なる情報と、非常に異なる情報収集の方法の強みと限界を受け入れ、認める方法として、本書を提案した。

知識をいかに蓄積し、新しい発見を組み込んだことばをいかに表明していくかについて日夜、取り組んでいる多くの学者が、研究の成果をまとめあげるときの枠組みとなるはずだ。包括的かつ多元的であろうと努めているが、批判を受けつけないわけでも、折衷主義に立っているわけでもない。

さまざまな事実に「断定型」「発生を促す」「検証型」のようなラベルを貼ったからといって、それが有用性の証拠になるわけではない。私がこの第11章で示したかったのは、相互の関連を特定し、叙述を組み立てることは容易であるのに対し、それらが因果的に、どのような役割を果たすのかを特定することは格段にむずかしいということだ。

この難題は、テーマが「法律」や「うつ状態」のような複雑で多義的な場合には、さらに厄介になる。因子と記述に関する要素は、テストステロン濃度から、物理、社会、経済、地理的なものまで、実に多彩だ。それゆえに、そうした広範な概念や事実に基づく特徴を組み込んだ包括的な（あるいは、少なくとも洗練された）視点をまとめあげるのは、不可能とは言わないまでも、気が遠くなるような話だ。

私の願いは、三面モデルが、多くの知的ツールの強みを知らしめる枠組みとなることだ。「物事のなぜ」に答えるために。

謝辞

本書で試みたアイデアを最初に披露したのは、ジョンズ・ホプキンス大学医学部で催された、臨床実験の発表の場であった。対象となったのは、精神医学科と行動科学科の教員と学生である。このフォーラムでは、講演者がまず、臨床の場で出会った患者との関わりについて論じ、その患者に起きている課題を手がかりに、より広範な問題を掘り起こそうとしていた。

私が担当している患者から、「なぜ、自分の身に、こんなことが起こったのか?」と質問され、それに答えようとする過程で、私は悟った。これと同じ質問を、誰もが、仕事や日常生活のなかで発していると。因果性のようなテーマを取りあげる場として、臨床実験の発表がうってつけだと思ったのは、当時、学科長を務めていたポール・マクヒューのおかげだ。彼は、「医療の現場は、知的に正当化され、議論が可能な枠組みに根ざしているべきだ」というビジョンをいつも示していたからだ。

一九九五年のその発表会の場で述べたことが、この本の素案になっているが、その後、多くの同僚や友人、家族からの意見や質問、ときには批判を得て、内容を練りあげていった。

そうした方々に、深く感謝を捧げる。

私は小学生のころから、すばらしい教師に恵まれ、大きな影響力を受けてきた。この本の思想が、彼らから受けた教育のたまものであることは間違いない。私は、内科医や精神科医として働くようになったが、特に四人の師が私を育ててくれた。彼らは、私のライフワークである科学研究と臨床業務の両面に、いかに取り組むかについて、特別な役割を果たしてくれた。本書を、恩師である次の四人に捧げたい。

ドナルド・ギャラントが教えてくれたのは、精神医学は、知性が厳しく試される学問であること、まだまだ多くの患者を救える可能性があること、社会の底辺で苦しむ人たちに医療が行き届けば、多くの人の生活が改善することだった。

ポール・マクヒューとフィリップ・スラヴニーからは、多くのことを学んだ。とりわけ、核となる前提を明確にすることの重要性、論理の様式、そして偉大な先人たちについての知識などを学んだ。

マーシャル・フォルスタインは、私が精神医学と脳の接合部に関する研究に打ち込むよう導いてくれた。また、仮説を検証することの大切さも教えてくれた。

二〇〇一年、三カ月の研究休暇《サバティカル》中に、私は執筆を開始した。それから一〇年の歳月が流れるなかで、構想は進化し、蒸留され、多くの書き直しをおこなった。ジョンズ・ホプキンス大学のバーマン生命倫理研究所のスタッフに、感謝したい。彼らは、研究休暇中の執筆場所や、アイデアを発表する場を用意してくれた。

また、マリリン&ピーター・ジュリアス夫妻の厚意に、お礼を言いたい。夫妻が所有するプラム湖畔のキャビンで、私は執筆と編集作業に没頭できた。日ごろの臨床や講義、学科運営など、さまざまな実務から離れて、このようなすばらしい場所を与えられたことで、私の思考は研ぎ澄まされていった。

フィリップ・スラヴニーは、最初の草稿を綿密に読んでくれた。彼の細かいアドバイスのおかげで、本書の論理と表現が、洗練されていった。コロンビア・ユニバーシティ・プレス社の編集者パトリック・フィッツジェラルドは、つねに私を支え、ときに問題点を指摘し、本の完成度を高めてくれた。彼が手配してくれた三人の査読者（お名前は存じあげない）からも、貴重な指摘を数多くもらった。彼らに感謝の意を表す。

私は、すばらしい家族に恵まれた。本書の執筆中には、ずっと支えになってくれた。家族との会話を通して、私の思考が磨かれていった。家族の貢献も、本書に活かされている。彼らは、いまもつねに私を励まし、学びを与えてくれる。最終稿を読み、私のこれまでの著作のときと同様に、アイデアと表現にすばらしい助言をくれた妻のカレンに感謝したい。

Martin, J. L. 2009. *Social Structures.* Princeton, N.J.: Princeton University Press.

Mayr, E. 2001. *What Evolution Is.* New York: Basic Books.

Morgan, S. L., and C. Winship. 2007. *Counterfactuals and Causal Inference.* New York: Cambridge University Press.

Nowak, M. A., C. E. Tarnita, and E. O. Wilson. 2010. "The Evolution of Eusociality." *Nature* 466: 1057–1062. ウィルソンと同僚研究者による血縁選択説の却下。アボットらの反論はAbbot et al. (2011)。

Okasha, S. 2006. *Evolution and the Levels of Selection.* New York: Oxford University Press.

Pinker, S. 2011. *The Better Angels of Our Nature: Why Violence Has Declined.* New York: Viking. 原著p.418から引用。(『暴力の人類史』スティーブン・ピンカー著、幾島幸子他訳、青土社、2015年)

Posner, R. 2001. *Frontiers of Legal Theory.* Cambridge, Mass.: Harvard University Press.

Rabins, P. V., et al. 1982. "The Impact of Dementia on the Family." *Journal of the American Medical Association* 248: 333–335.

Ruse, M. 2003. *Darwin and Design.* Cambridge, Mass.: Harvard University Press. (『ダーウィンとデザイン——進化に目的はあるのか?』マイケル・ルース著、佐倉統・土明文・矢島壮平訳、共立出版、2008年)

Sokal, A. D. 2000. *The Sokal Hoax: The Sham That Shook the Academy.* Lincoln: University of Nebraska Press.

Styron, W. 1992. *Darkness Visible.* New York: Vintage. (『見える暗闇——狂気についての回想』ウィリアム・スタイロン著、大浦暁生訳、新潮社、1992年)

Timberg, C., and D. Halperin. 2012. *Tinderbox: How the West Sparked the AIDS Epidemic and How the World Can Finally Overcome It.* New York: Penguin.

Volberding, P. A., and S. G. Deeks. 2010. "Antiretroviral Therapy and Management of HIV Infections." *Lancet,* 376: 49–62.

Weiner, J. 1994. *The Beak of the Finch: A Story of Evolution in Our Time.* New York: Knopf. 短い時間でおこなわれた自然選択を明らかにした、グラント夫妻の研究の記述。(『フィンチの嘴——ガラパゴスで起きている種の変貌』ジョナサン・ワイナー著、樋口広芳・黒沢令子訳、早川書房、1995年)